Wilhelm Bacher

Die Agada der babylonischen Amoräer

Ein Beitrag zur Geschichte der Agada und zur Einleitung in den babylonischen Talmud

Wilhelm Bacher
Die Agada der babylonischen Amoräer
Ein Beitrag zur Geschichte der Agada und zur Einleitung in den babylonischen Talmud

ISBN/EAN: 9783743397170

Hergestellt in Europa, USA, Kanada, Australien, Japan

Cover: Foto ©ninafisch / pixelio.de

Manufactured and distributed by brebook publishing software (www.brebook.com)

Wilhelm Bacher

Die Agada der babylonischen Amoräer

Einleitung.

Eine nach Inhalt und Form ganz eigenartige Literatur bildet die Hinterlassenschaft jenes Zeitalters der jüdischen Geschichte, dessen Beginn und Ausgang durch die Entstehung der beiden grossen Tochterreligionen des Judenthums bezeichnet werden. Die Arbeit des jüdischen Geistes während einer Reihe von Jahrhunderten ist in dieser Literatur niedergelegt, welche nach ihren Hauptwerken die talmudisch-midraschische genannt werden kann und welche für eine noch längere Reihe von Jahrhunderten Gegenstand und Grundlage weiterer geistiger Arbeit geworden ist. Ihren Inhalt bilden zwei aus dem Boden des gesammten jüdischen Geisteslebens jener Zeit hervorgewachsene Disciplinen, Halacha und Agada,[1]) welche aber so vieles umfassen, dass sie nur in uneigentlichem Sinne Disciplinen, Wissenschaften mit bestimmt abgegrenztem Gebiete genannt werden dürfen.

Die Halacha hat die Feststellung der religiösen Satzung und Übung zum Gegenstande, und vermöge des alle Erscheinungsformen des Lebens durchdringenden religiösen Princips im Judenthume werden alle Verhältnisse des menschlichen Lebens in ihr behandelt, die des Einzelnen sowol als die der

---

[1]) Die ursprüngliche, hebräische Schreibung dieses Wortes ist zwar Haggada — הגדה —; jedoch ist die aramäische Form desselben, Agada — אגדה — in den Quellen die häufiger anzutreffende. Sie ist auch deshalb der erstern vorzuziehen, weil Haggada als Benennung des Pesachabend-Rituales anderweitig als Kunstwort verwendet ist.

Familie und der bürgerlichen Gesellschaft. Form und Methode der Halacha besteht in der dialektischen Erörterung des Religionsgesetzes und seinem bis in Einzelheiten sich verlierenden casuistischen Ausbau, sowie in der Auslegung und Anwendung der heiligen Schrift, zur Herstellung des Zusammenhanges zwischen dieser und dem fortwährend sich entwickelnden und erweiternden traditionellen Gesetze.

Auslegung und Anwendung der heiligen Schrift bildet auch die Form der Agada; ja diese ist, auch was ihren Inhalt betrifft, in erster Reihe nichts anderes als Auslegung der heiligen Schrift, soweit dabei nicht Normirung der Satzungen und Übungen in Betracht kömmt. So ist denn, bei dem reichen und mannigfaltigen Inhalte der biblischen Schriften, das Gebiet der Agada von vorne herein ein ebenso vielumfassendes, als das der Halacha: ihren Gegenstand bilden die Geschichte Israels und seine Zukunftshoffnungen, die Anschauungen des Gottesglaubens und die Lehren des Sittengesetzes, die Wunder des Weltalls und die Empfindungen und Triebe der menschlichen Seele. Und die Fülle von Stoffen, welche die Agada in ihr Bereich zog und ihren Zwecken dienstbar machte, musste um so mannigfaltiger sein, als sie vor Allem im gottesdienstlichen Vortrage unmittelbar aus dem vollen Leben und Empfinden der Gegenwart hinaus an die Gegenwart sich wandte und die Anschauungen und Empfindungen der eigenen Zeit in engen Zusammenhang brachte mit dem geheiligten Worte der durch Gesetz und Geschichte, Propheten und Dichter fortwährend belehrenden und erhebenden, mahnenden und tröstenden Vorzeit.

Indessen es kann nicht Aufgabe dieser Einleitung sein, Wesen und Merkmale der Agada näher zu erörtern. In seinem besonders für dieses Gebiet der jüdischen Wissenschaft bahnbrechenden Werke über „die gottesdienstlichen Vorträge der Juden" hat Zunz für alle Zeit die Wege zum Verständnisse der Agada gezeigt; und zur Erweiterung und Vertiefung dieses

Verständnisses sind während der seitdem verflossenen 45 Jahre in grössern und kleinern Arbeiten zahlreiche Beiträge geliefert worden, welche die sprachliche und sachliche Erkenntniss des Inhaltes der Agada, die Auffassung ihres Geistes und ihrer Methode und die literaturgeschichtliche Kenntniss des agadischen Schriftthums vielfach gefördert haben. Nur nach einer Seite hin ist die Forschung seit den „gottesdienstlichen Vorträgen" nicht weiter gekommen. Zu einer Geschichte der Agada, welche die agadische Literatur nicht nur nach ihrem Gesammtinhalte, nach ihren Hauptwerken und Hauptepochen betrachtet, sondern auch den Antheil darstellt, welchen die eigentlichen Schöpfer dieser Literatur, die geistigen Träger des talmudischen Zeitalters, die Tannaiten und Amoräer an der Ausbildung und Bereicherung der Agada hatten, zu einer Geschichte der Agada, welche vor Allem auch eine Geschichte der Agadisten sein soll, fehlen auch bis heute noch die wichtigsten Vorarbeiten. Freilich gilt dies zum Theile auch von dem Schwestergebiete der Halacha; den Antheil der einzelnen Vertreter derselben an ihrer Erhaltung, Erweiterung und Fortentwickelung haben bisher nur für die Zeit der Tannaiten die Werke von Frankel (Darke Hammischna) und Weisz (Dor dor wedorschaw) mit mehr oder weniger Ausführlichkeit im Zusammenhange dargestellt.

Die Vernachlässigung einer so wichtigen Aufgabe der jüdischen Wissenschaft erklärt sich leicht durch die Art, in welcher der Forschung das Material für eine Geschichte der Halacha und Agada vorliegt. Die talmudisch-midraschische Literatur ist, wie in Bezug auf ihren Inhalt, auch in Bezug auf ihre Entstehung und ihre durch die letztere bedingte äussere Form, eine ganz eigenartige und ohne jede wirkliche Analogie in der Weltliteratur. Als lebendiges Wort ist sie entstanden und gewachsen, als lebendiges Wort lebte sie lange in der Tradition der einander ablösenden Geschlechter, bis sie allmälig in den verschiedenen Sammelwerken durch die Schrift festgehalten wurde.

Von einer schriftstellerischen Thätigkeit der Vertreter der Halacha und Agada kann nicht gesprochen werden; die Arbeit, mit welcher sie die beiden Disciplinen bereicherten, war eine mündliche, in den Discussionen des Lehrhauses und in den halachischen und agadischen Vorträgen für die Schüler und die Gemeinde. Daher kommt es, dass die stylistische Form der halachischen und agadischen Darstellung der **einzelne Ausspruch** ist, und die Sammlung und Aneinanderreihung einzelner Aussprüche bildet das äussere Gepräge dieses ganzen Literaturgebietes. Denn in der mündlichen Discussion, in der gemeinschaftlichen Erörterung des Gegenstandes durch Mehrere ist keine Gelegenheit zu systematischer, zusammenhängender Darstellung, sondern in dem einzelnen Satze finden die einander gegenüberstehenden oder einander ergänzenden Meinungen ihren adäquaten Ausdruck; aber selbst aus dem ausführlicheren und zusammenhängenden Vortrage bewahrt die mündliche Überlieferung zunächst nur das Wichtigste, die einzelnen hervorragenden und mit besonderer Lebendigkeit sich einprägenden Sätze. Was aber insbesondere die Agada betrifft, so wurden auch bei längerem homiletischen Vortrage die Gedanken des Redners in der Form einzelner Erläuterungen und Bemerkungen zu den einzelnen Sätzen des ihm zu Grunde liegenden Schriftabschnittes oder zu andern Bibelversen ausgesprochen.[*)]

So besteht denn die talmudisch-midraschische Literatur zum grössern Theile aus einzelnen Aussprüchen, welche entweder vermöge der Gleichartigkeit ihres Inhaltes zu einem Ganzen geordnet wurden, wie in Mischna, Tossefta und Gemara, oder nach der Reihenfolge der Abschnitte und Verse der heiligen Schrift

---

*) Ein wenig über die ursprüngliche Form des Einzelsatzes geht die Darstellung dort hinaus, wo die dialektische Discussion einer Frage genau wiedergegeben ist, oder wie im spätern Midrasch, verschiedene agadische Sätze mit einem Text als Mittelpunkt zu einem kleinen homiletischen Ganzen vereinigt sind.

aneinander gereiht, wie das bei den Werken des tannaitischen Midrasch (Mechiltha, Sifrâ, Sifrê) und in den rein agadischen Midraschwerken der Fall ist.

Bei einem sehr beträchtlichen Theile der Aussprüche hat die Überlieferung auch die Namen der Urheber erhalten, oft auch die Namen der Tradenten, d. h. derjenigen, welche den Satz im Namen des Urhebers vortrugen; aber es ist natürlich, dass die verschiedenen Sätze eines und desselben Autors über das riesige Gebiet der ganzen Literatur zerstreut sind und die Schwierigkeit, das weithin versprengte Material zusammenzutragen und zu sichten, davon abschrecken musste, die Gesammtproduktion des einzelnen Tanna oder Amora zum Gegenstande der Untersuchung zu machen.

Dass aber zu einer eingehenden Erkenntniss der Entwickelung von Halacha und Agada eine derartige Untersuchung eine der wichtigsten Vorarbeiten bildet, dass es zu einer solchen unbedingt nötig ist, die Thätigkeit der einzelnen Tannaiten und Amoräer auf beiden Gebieten zu beleuchten, wird von jedem Kenner leicht zugegeben werden. Aber es ist gleichsam auch Ehrenpflicht der jüdischen Wissenschaft, welche die Literatur der späteren Jahrhunderte mit mühseliger Arbeit erforscht, um die Thätigkeit der zahlreichen Arbeiter in den verschiedenen Theilen derselben zu ergründen und festzustellen, zu gleichem Zwecke auch jene Jahrhunderte zu erforschen, in denen der gelehrten Thätigkeit sich noch nicht die schriftstellerische gesellte, aus denen aber die mündliche und nachher auch in umfangreichen Werken schriftlich niedergelegte Überlieferung reichen und meist auch zuverlässigen Stoff zu einer derartigen Untersuchung erhalten hat. Und wenn in andern Literaturgebieten es zu den schönsten Aufgaben der Forschung gehört, einzelne Fragmente, welche sich zufällig von einem, wenn auch sonst ungekannten, Schriftsteller erhalten haben, zu einem Ganzen zu vereinigen, und, wo möglich, daraus ein Gesammtbild der

Thätigkeit desselben zu gestalten: so ist sicherlich eine wichtige und der Bemühung werthe Aufgabe, aus einer Literatur, welche von Anfang an und ihrer innern Natur nach aus Fragmenten zusammengesetzt ist, diejenigen Theile herauszuheben, welche ausser dem sachlichen Interesse auch das persönliche an ihrem Urheber bieten und welche in unvollständigem zwar, aber bei der Beschaffenheit der Quellen auch so willkommenem Masse einen Einblick gewähren in das geistige Schaffen der Männer, an deren Namen ein grosser und wichtiger Zeitraum der jüdischen Geschichte geknüpft ist.

Der Verfasser der vorliegenden Schrift ist seit geraumer Zeit damit beschäftigt, zur Lösung eines Theiles der hiemit gekennzeichneten Aufgabe beizutragen, die agadische Thätigkeit der Tannaiten und Amoräer aus den unter ihren Namen erhaltenen Aussprüchen zu ergründen und im Zusammenhange zu erkennen. Bei der Bearbeitung dieser, so zu sagen, persönlicher Seite der Geschichte der Agada, gilt es in erster Reihe auch festzustellen, welcher Antheil den babylonischen Lehrern an ihrer Entwickelung zuzuschreiben ist. Denn die Heimat der Agada war anerkanntermassen Palästina, nicht bloss zur Zeit der Tannaiten, sondern auch in den Jahrhunderten nach Abschluss der Mischna, während welcher auch in den Gegenden des untern Euphrat und Tigris bedeutende Männer in blühenden Schulen die Traditionswissenschaft pflegten und das rege geistige Leben herrschte, dessen Denkmal der babylonische Talmud wurde. Ist doch selbst der grössere Theil der amoräischen Agada, welche das genannte Werk aufbewahrt, palästinensischen Ursprunges. Und in der rein agadischen Literatur, den vorzugsweise sogenannten Midraschwerken, besitzen wir palästinensische Sammlungen, in denen von babylonischen Amoräern bloss solche aus dem ersten Jahrh. der Amoräerzeit mit einer erheblichern Anzahl von Aussprüchen vertreten sind. Die Agada der babylonischen Amoräer ist demgemäss nur als eine Episode in der Geschichte der Agada zu betrachten: sie in chronologischem Zusammenhange darzustellen, ist der Zweck der vorliegenden Arbeit.³) Diese bildet aber auch einen Beitrag zur Erkenntniss jenes Werkes, aus welchem hauptsächlich ihr Material entnommen ist; indem sie die agadische Thätigkeit der babylonischen Amoräer behandelt, darf sie als ein Beitrag zur Einleitung in den babylonischen Talmud gelten.

Was die Art der Bearbeitung des weitschichtigen, schwer zu übersehenden Stoffes betrifft, so ist hier wol das Geständniss am Platze, dass die fragmentarische Beschaffenheit desselben sich zuweilen auch der Darstellung mittheilen musste, dass ferner diese, schon um die räumlichen Grenzen der Arbeit nicht übermässig zu dehnen, sich oft darauf beschränkt, das vorhandene Material einfach zu registriren, dass endlich einige der behandelten Einzelheiten zu Bemerkungen Anlass gaben, welche nicht genau in den Rahmen der Arbeit gehören. Im Übrigen ist zu bemerken, dass die Geschichte der Amoräerzeit als bekannt vorausgesetzt ist und dass von den biographischen Daten über die besprochenen Amoräer nur zuweilen solche berührt wurden, die das innere Leben der babylonischen Schulen und die gegenseitigen Beziehungen ihrer Meister und Jünger zu beleuchten geeignet sind. — Für eine besonders schwierige Frage der talmudischen Chronologie versucht der Excurs im Anhange eine Lösung zu geben.

Zur Orientirung über die häufigern Citate sei Folgendes bemerkt. Die Tractate des babylonischen Talmuds sind entweder mit dem vollen Namen oder in leicht erkennbaren Abkürzungen angeführt, die des palästinensischen (jerusalemischen) durch ein vorgesetztes j. oder jer. gekennzeichnet. Bar. bedeutet

---

³) Der Begriff der Agada wurde dabei im weitesten Sinne genommen, in welchem sie alle nichthalachischen Erläuterungen und Anwendungen der heiligen Schrift umfasst, sowie andere nicht zur Halacha gehörende Aussprüche, meist ethischen Inhaltes.

Barajtha. Die sogenannten Rabboth zu den Büchern des Pentateuchs und den fünf Rollen sind mit dem Namen des betreffenden biblischen Buches und beigesetztem rabba oder r. benannt. (Gen. r. = Genesis rabba, Lev. r. = Leviticus rabba, Schir r. = Schir Haschirim [Hohelied] rabba). Die Stellenangabe für diese Midraschwerke geschah bei den pentateuchischen nach den Capiteln des Midrasch selbst, bei den andern nach Capitel und Vers des betreffenden biblischen Buches. Der jerusalemische Talmud ist nach der Krotoschiner Ausgabe, R. Jechiel Heilprin's Seder Haddoroth nach der von Zolkiew (1808) citirt.

Schliesslich sei bemerkt, dass die Namen der talmudischen Autoritäten der Kürze wegen schlechthin, ohne Hinzufügung des Titels Rabbi, beziehungsweise Rab, angeführt sind.

1.
Rab.

Abba[1]), ein Babylonier aus edlem Geschlechte, war der Urheber einer neuen Entwickelung im geistigen Leben der Juden seines Heimatslandes. Aus Palästina zurückgekehrt, ausgerüstet mit dem ganzen Wissensstoffe der galiläischen Schule, wurde er der Begründer eines regen und auf der Mischna seines Lehrers Jehuda, des Patriarchen, beruhenden Studiums, welches die Aufnahme und Erläuterung des vorhandenen, seit mehr als zwei Jahrhunderten angesammelten und nun auch in übersichtlich geordneter Darstellung vorliegenden Traditionsstoffes zum Gegenstande hatte, und, indem es die Vorkommnisse und Erfordernisse des Lebens fortwährend in die Discussion der Schule zog, die Keime weiterer Fortentwickelung in sich barg. Aber nicht blos für die Halacha, sondern auch für die agadische Auslegung und Anwendung der heiligen Schrift wurden von Rab, — wie man Abba als ersten Meister Babyloniens nannte,[2]) Ansichten und Aussprüche in ungewöhnlicher Fülle dem Gedächtnisse seiner Schüler überliefert, so dass auch als Agadist Rab, dem Verdienste wie der Zeit nach, die erste Stelle unter den Amoräern Babyloniens einnimmt.

---

[1]) Der Beiname Abba's, Arikha ist gewiss nicht, wie Fürst und nach ihm Grätz annehmen, von der im Talmud nie erwähnten Stadt Areka herzuleiten, sondern ist eine auch bei Andern vorkommende Bezeichnung für die ungewöhnlich hohe Statur Abba's, von der in b. Nidda 24b berichtet wird: רב ארוך בדורו.

[2]) Er selbst nennt sich in einer scherzhaften Bemerkung seinem Schüler Huna gegenüber so: עיני דרב הונא גבה זעיני דרב לית אינון גבה „Reichen blos die Blicke Hunas, nicht aber die Rab's so hoch!" J. Erubin 19a.

Die Art, wie diese Aussprüche tradirt wurden, lässt keinen Zweifel an der Echtheit der Urheberschaft entstehen. Es ist bekannt, wie sorgfältig in den Schulen Palästina's und Babyloniens die Sätze der einzelnen Lehrer auf ihre Urheber zurückgeführt wurden. Wo in Bezug auf die Autorschaft die Tradition eine schwankende war, wurde dies ausdrücklich bemerkt; oder es wurde, wenn der Name des Autors vergessen war, der Satz anonym angeführt. Und mit dem Autor selbst wird meist ein Jünger oder auch ein späterer Tradent als Gewährsmann, oft eine ganze Reihe von Gewährsmännern mit angeführt. Auch die agadischen Ausspüche Rab's sind zum überwiegenden Theile mit Anführung eines Gewährsmannes, zumeist eines unmittelbaren Hörers, oder mehrerer eingeleitet.

Ob auch eine schriftliche Agada-Sammlung, im Lehrhause Rab's angelegt, vorhanden war, ist mehr als zweifelhaft. Einmal lesen wir: [3] „Jakob b. Acha fand geschrieben in dem Agada-Buche des Bê Rab," woraus Rapoport schloss, Rab habe sich solcher damals nicht allgemein gebilligter [4] Collectaneen bedient. [5] Indessen ergiebt sich bei näherer Betrachtung dieser Nachricht, dass Bê Rab hier Lehrhaus überhaupt, keineswegs die Schule des ersten Amoräers [6] bezeichnete, da Jakob b. Acha sein palästinensischer Mitjünger bei Jehuda I. war. [7]

---

[3]) Synhedrin 57b. אשכח דהוה כתיב בספר אגדתא דבי רב.

[4]) Doch las auch Rab's Oheim, Chijja, im Bade in einem ספר אגדה תהלים, j. Kilajim 32b, wofür die Parallelstelle Genesis rabba c. 33 אגדת תהלים hat. Jedoch ist es möglich, dass in dieser Erzählung nicht vom Lesen, sondern vom Nachdenken gesprochen wird; was עיין in der Regel, z. B. Sukka 28b, 29a bedeutet.

[5]) Erech Millin, 6b. Der Sohn Elija Wilna's, Abraham, hatte auf Grund dieser Stelle das aus sehr später Zeit stammende Midraschwerk אגדת בראשית dem Rab zugeschrieben, weil die von Jakob b. Acha gefundene Deutung die Verse Gen. 9, 4—6 behandelt. S. Steinschneider, Catal. Bodl. Nr. 3727. Neuere Ausgaben jenes Werkes (Lemberg, 1850, 8°, 1866, 12°) setzen dann Rab als Autor auf's Titelblatt!

[6]) Dieselbe heisst בי רב, z. B. Megilla 14b אמרי בי רב משמיה דרב. Nach Synh. 17b gehen mit אמרי בי רב bezeichnete Sätze auf Hamnuna zurück. S. Tossefoth das.

[7]) S. Friedmann, Mechilta, Einleitung, S. XXV. Jakob b. Acha wird Moed kat. 22b von Rabbi „ein Grosser der Zeit" genannt. Er

Nur aus der mündlichen Überlieferung seiner zahlreichen Schüler kam den spätern Geschlechtern die Kenntniss seiner Aussprüche, bis sie mit dem übrigen Traditionsstoffe schriftlich fixirt wurden.

In erster Reihe ist Jehuda zu nennen, der scharfsinnige und fleissige Hörer Rab's sowohl als Samuels, der in unvergleichlich überwiegender Häufigkeit als Tradent der Ansichten seines Meisters vorkommt. Ausser ihm sind es namentlich folgende Amoräer, denen die Erhaltung Rab'scher Sätze zu verdanken ist: Giddel [8]) (Sabb. 30b, Nedar. 8a, Menach. 30a), Huna, der zweite Nachfolger Rab's an der Akademie von Sura [9]), Zutra [10]) b. Tobijja (Berach. 43b, Chagiga 12a, 13b), Chijja b. Aschi [11]) (Ber. 40a, 64a, Erubin 65a, j. Taanit 69c), Chama b. Goria [12]) (Sabb. 10b); Moed. K. 12a, Taan. 27a), Chanan b. Abba [13]) (Rosch Hasch. 31a, Baba bathra 25a, 91a b, Chullin

---

schätzte ihn wegen seiner Gelehrsamkeit, Eleazar, der Sohn Simon b. Jochai's wegen seiner Frömmigkeit, Sabb. 31b. — Es ist übrigens bemerkenswert, dass der in jenem „Agada-Buche" gefundene Ausspruch nach Gen. r. c. 34 von Chanina, einem andern Jünger Rabbi's, tradirt wurde, aber, wie die Vergleichung zeigt, mit wenig Genauigkeit.

[8]) So ist גידל zu sprechen nach Ezra 2,17, Nehemia 7,49,53.

[9]) In Joma 87a tradirt er im Namen Rab's: „Wer eine Sünde zu wiederholten Malen begangen hat, den möchte sie bald als erlaubt bedünken". Dieser Satz wird noch an vielen Stellen gebracht, aber stets als von Huna selbst herrührend. Es ist das eine vielfach vorkommende und wohl zu beachtende Erscheinung in der Traditionsliteratur, dass der Name des Tradenten den des Urhebers verdrängt. Nach Huna erscheint als zweiter Tradent besonders Abba (Baba mezîa 107a, Jebam. 98a; j. Jebam 9d); oft aber fällt Huna's Name weg und Abba erscheint als unmittelbarer Überlieferer von Sätzen Rab's. S. Frankel, Einleitung in den jerusal. Talmud, 65b. Doch scheint Abba auch Rab selbst gehört zu haben. Derselbe war noch Schüler Jehuda's und tradirte in Palästina, wohin er sich gegen des Letztern Willen begab (Berach. 24b), häufig seine Sätze, Frankel, ib. S. 91a.

[10]) Für רב זוטרא steht zuweilen irrthümlich מר זוטרא.

[11]) Er unterrichtete Rab's Sohn, Chijja, Erubin 47a.

[12]) S. Frankel l. l. S. 85b. Für נוריא steht in palästinensischen Quellen auch נוריון: j. Sabbath 11d, Esther rabba zu 1,11 und 2,7.

[13]) Auch רב הנן בר רבא oder בר רבה. Derselbe war Schwiegersohn

92a [14]), Chananel (Megilla 3a, Pesach. 68a, Chullin 9lb), Jehuda, der Sohn des Samuel b. Schela [oder Schelath] [15]) (Sabb. 119b, 153a, Taan. 29a), Nachman b. Jakob (Megilla 14a, Synh. 44a, 82b), Amram (B. bathra 104b, Aboda zara 19a, Synh. 104a).

Auch aus Palästina brachte man Kunde Rab'scher Sätze nach Babylonien [16]), und wir finden palästinensische Amoräer im babylonischen Talmud als Gewährsmänner für solche, wie Abba b. Zabda [17]) und Samuel b. Isak. [18]) Der palästinensische Talmud selbst hat auch viel Nichthalachisches von Rab erhalten, und in den ältern Midraschwerken begegnen wir oft seinem Namen, in den zu Genesis, Leviticus, Echa und Esther. [19]) In den meisten Fällen ist da die Vermittelung nach Palästina eingewanderter Schüler Rab's, wie Kahana's, oder späterer

---

Rab's. S. Seder haddoroth s. voce. Er unterrichtete Rab's Sohn, Joma 19a.

[14]) An letzterer Stelle ist für חייא zu lesen חנן.

[15]) Samuel b. Schelath war nach den Gaonim (angeführt in Juchasin ed. Filippowski S. 190, 193) ein Vetter Rab's, nach einer Sage ein Proselytenabkömmling. (Wenn Seder Haddoroth II, 68d ihn einen Nachkommen Haman's nennt, so ist das eine irrthümliche Verwendung der Talmudstelle Gittin 57b מבני בניו של המן למדו תורה בבני ברק. Jedenfalls hatte R. Jechiel eine andere Leseart vor sich). Rab stellte ihn als das Muster eines Jugendlehrers auf, Baba bathra 8b. gab ihm Normen über das Alter der Schulpflichtigkeit und über Schulstrafen, B. bathra 21a. Kethub. 50a, und erhielt einmal von ihm, auf den wahrscheinlich scherzhaften Vorwurf, warum er, statt zu unterrichten, im Garten spaziere, die Antwort, dies geschehe seit Jahren zum ersten Male, und auch jetzt wäre sein Sinn bei seinen Schülern. B. B. 8b. Auch als Beispiel eines sorgenfreien Daseins liebte Rab den trefflichen Schulmeister anzuführen. Kethub. 62a. Ihn bestimmte er sich als Leichenredner und bat ihn: „Sei warm in deinem Klagespruch, denn ich werde anwesend sein." אחים בהספידא דהתם קאימנא Sabb. 153a.

[16]) S. Kethub. 19b במערבא משמיה דרב אמרי. Die dort angeführte Deutung von Hiob 11,14 findet sich in der That in j. Kethub. 26b unten.

[17]) Berach. 11a, vgl. j. Berach. 3d.

[18]) Pesach. 113b, vgl. j. Pesach. 35b.

[19]) In der ältern Pesikta nur S. 20b (ed. Buber) über Hiob 37,23. In Pesikta rabbathi steht (11b ed. Breslau), was in Schir rabba (Anfang) von Rab erwähnt wird — zu Daniel 6,11 —, anonym.

babylonischer Amoräer anzunehmen. Doch mag auch Manches auf jene Zeit zurückgeführt werden, in welcher Rab, noch ohne autoritative Stellung, zu den Füssen des Patriarchen und seines Oheims Chijja sass. So wenn Letzterer und Rab als gemeinschaftliche Urheber eines Satzes genannt werden [20]), oder wenn Rab mit Chanina, seinem bedeutenden Mitschüler, in Controverse erscheint [21]), oder als Vertreter derselben Ansicht [22]). Zu Rab und Chanina kömmt an einigen Stellen der bab. Talmudabtheilung Moed der Zeitgenosse Jonathan hinzu. [23]) Auch mit Levi b. Sisi verhandelte er über den Sinn von einzelnen

---

[20]) Jer. Sabbath 14c. In b. B. M. 107b steht Rab allein.

[21]) Über II Kön. 20,18, Synh. 93b.

[22]) Über Epikuräer, Synh. 99b. Über Chanina's eine Zeit lang gespanntes Verhältniss zu Rab s. Jôma 82b.

[23]) In b. Sabb. 54b, Sukka 4b, Megilla 7a sind die betreffenden Sätze so eingeleitet: רב ורבי חנינא ור׳ יוחנן ורב חביבא מתנו [בכוליה] סדר מועד כל כי האי זוגא חלופי ר׳ יוחנן ומעיילי ר׳ יונתן]. Die in Klammern gesetzten Worte erklärte Raschi, wie Samuel b. Meir, sein Enkel, mittheilt (Tossephoth, Sabbath 54b. s. v. רב) nach Vorgang seines Lehrers Eliezer, als Bemerkung der Talmudredaktion, „man pflege an diesen Stellen statt Jochanan zu setzen: Jonathan." Da aber מתנו in solchem Zusammenhange wie hier, nicht üblich ist, da ferner Chabiba, den man sich doch als Zeitgenossen denken müsste, in dem ersten Amoräergeschlechte nicht vorkömmt, so ist es besser anzunehmen, dass die Bemerkung mit ורב חביבא beginnt, dass für מתנו zu lesen ist מתני (singul.): dass also Chabiba es war, der, wenn er die fraglichen Sätze vortrug, stets Jonathan setzte für Jochanan. מתני, das ursprünglich Überliefern oder Lehren von Mischna- (Barajtha-) Sätzen bedeutet, wird auch in Bezug auf Amoräeraussprüche angewendet. Z. B. Schebuoth 40b unt. רב חביבא מתני אסיפא, hinsichtlich einer Meinung des Nachman. Letztere Stelle beweist zugleich, dass Chabiba, ein späterer Amoräer — wahrscheinlich der Zeitgenosse Aschi's, — abweichende Traditionen zu geben pflegte. — Dass er aber mit Recht für Jochanan setzte: Jonathan, sowie zugleich dass Chabiba in der That nicht als Vierter zu Rab und seinen Zeitgenossen hinzutritt, beweist die Parallelstelle zu b. Meg. 7a in j. Meg. 70d unt. (auch Ruth rabba zu 2,4), wo als die übereinstimmenden Autoren der Ansicht über das Estherbuch Rab, Chanina und Jonathan genannt sind, ausserdem aber noch Bar Kappara und Josua b. Levi. — Noch sei bemerkt, dass der Terminus חלופי — ומעיילי in ähnlichem Falle steht Jebam. 45a.

Bibelstellen,[24]) was aber auch in Nahardea geschehen sein konnte, wo Levi längere Zeit sich aufhielt, namentlich mit Samuel[25]) und dessen Vater[26]) verkehrte, auch mit dem nichtjüdischen Astronomen Ablat,[27]) und woselbst er agadische Vorträge hielt, von denen sich Bruchstücke erhalten haben.[28])

Dass Rab agadische Vorträge hielt, im Anschlusse an die halachischen, sei es für das Volk in den Sabbath- oder Festtags-Versammlungen sei es innerhalb des Lehrhauses, für seine Schüler[29]), ist von vorne herein als gewiss anzunehmen. Doch haben sich auch bestimmte Notizen darüber erhalten. Aus der Zeit, in welcher er noch zu Nahardea eine dem äussern Range nach untergeordnete Stellung im Lehrhause einnahm, wird erzählt, er habe nachdem Schela, das Schulhaupt, sich entfernte, dessen eben vorgetragene Bemerkung über Josua 7,10 durch

---

[24]) Ruth r. c. 7 gegen Ende: über die Beziehung des Suffixes in נעלו (Ruth 4,8), עליו (1 Kön. 11,30), מעילו (1 Sam. 15,27). Vollständiger ist das Ganze im Midrasch Samuel c. 18 (daraus Jalkut II. §. 123), indem da noch die Controverse über חיו (II Kön. 25,30) hinzutritt, und als Urheber der Entscheidung zwischen den beiderseitigen Ansichten Samuel b. Nachman genannt ist. — Rab und Levi haben ferner abweichende Ansichten über den Sänger Asaph, Lev. r. c. 17, über בתים (Exodus 1,21), nach Exodus r. z. St., während in Sôta 11b statt Levi Samuel genannt ist. Ferner überliefern sie verschieden das Targum zu Deut. 33,12, Zebach. 54a. S. noch j. Aboda zara 40d ob., vergl. mit b. Nidda 55d. Über die halachischen Controversen s. Jad Maleachi, S. 94. Es ist wol zu berichtigen, was Frankel (l. l. 110b) behauptet, Levi habe nur mit Samuel, nicht mit Rab verhandelt. Letzterer selbst erzählt, Beza 24b: אנא ולוי הוינא קמיה דרבי. Über דודאים (Gen. 30,14) werden (Chullin 91a) die Erklärungen von Rab, Levi und Jonathan mitgetheilt.

[25]) S. Kidd. 39a, Gen. r. c. 80.

[26]) S. Berach. 30a, Megilla 29a.

[27]) S. j. Sabb. 6a, j. Beza 61c.

[28]) Über Exod. 24,10: ר' ברכיה ר' ירמיה בשם ר' חייא בר בא דרש לוי בר סיסי בנהרדעא j. Sukka 54c. S. Lev. r. c. 23, Schir r. zu 4,7. — S. noch Sabb. 59b.

[29]) Diese doppelte Art des Lehrvortrages — s. Zunz. Gottesdienstliche Vorträge der Juden. S. 339 ff. — wird von Rab besonders hervorgehoben, indem erzählt wird, er habe in einer halachischen Streitfrage für seine Jünger die erleichternde, für das Volk die erschwerende Entscheidung gelehrt. Chullin 15a, j. Sabb. 5d oben.

Vermittelung eines sogenannten Amora, Dolmetsch, Zwischenredner, widerlegt und die eigene Ansicht vorgetragen.³⁰) Der Zeit, in welcher Rab an der von ihm neugegründeten Schule zu Sura selbstständig wirkte, gehört wol die Nachricht an, die wir an einer andern Stelle finden: Als Jeremia b. Abba, ein älterer Jünger Rab's, eine allegorische Deutung von Gen. 40,₁₁ vortrug, erinnerte ihn Abba, ebenso hätte Rab diese Bibelstelle gedeutet, wenn er sie im „Agadavortrage" erläuterte.³¹) Einmal wird berichtet, Rab habe in Kimchonia, einem sonst nur durch seine Seile ³²) bekannten Orte öffentlich gelehrt. ³³) Von den Festvorträgen Rab's giebt uns die mehrere Mal vorkommende Nachricht Kunde, dass er nach der Mahlzeit des Festtages bis zum andern Festmorgen „keinen Amora aufgestellt", d. h. nicht öffentlich vorgetragen habe. ³⁴)

Von seinen Vorträgen über das Estherbuch zeugen die noch erhaltenen Einleitungen zu denselben, eine zu 1,₁, anknüpfend an Deut. 28,₆₈, ³⁵) die andere zu 1,₉, mit Anknüpfung an Habakkuk 2,₁₅. ³⁶) Auch finden sich zu diesem Buche mehrere Erklärungen Rab's, sowol im bab. Tractat Megilla, als im paläst. Midrasch. Dasselbe gilt von dem Buche der Klagelieder, welches man am Fasttage des 9. Ab. und am vorhergehenden

---

³⁰) Synh. 44a אוקים רב אמורא עליה ודרש. Ganz so wird Chullin 100a erzählt, Rab habe nach einem Vortrage seines — ältern Vetters Rabba bar Chana (denn so so ist für רבה בר בר חנא zu emendiren) eine abweichende Ansicht vorgetragen. Über רבה בר חנא s. Frankel l. l. S. 57ab.

³¹) Chullin 92a כי דריש להו רב להנהו קראי באגדתא כוותך דרש להו.

³²) Kethub. 67a אשלי דקמחוניא.

³³) Kidduschin 25b דרש רב בקמחוניא. S. noch Baba Kamma 80b נפק רב ודרש, vrgl. mit Sabb. 156b, wo von Samuel die Rede ist. Was unter נפק ודרש zu verstehen sei, zeigt die Erzählung von R. Jochanan in Chag. 5b נפק לבי מדרשא ודרש. Vergl. Joma 84a נפק ודרשה בפירקא.

³⁴) Beza 4a und Parall. רב לא מוקים אמורא עליה מיומא טבא לחבריה.

³⁵) Esther rabba Anfang פתח רב. In Megilla 11a bloss eine Andeutung der im Midrasch erhaltenen Deutung, und zwar nicht unter den übrigen „Proömien" — פתיחתות — sondern als Beginn der fortlaufenden Erklärungen zu Esther 1,₁.

³⁶) Esther r. c. III. Anfang. S. unten, Abschn. VI, Anm. 26.

Tage las und erläuterte. ³⁷) Zum Pentateuch sind verhältnissmässig wenig Deutungen von ihm erhalten. Zahlreicher sind die Aussprüche, welche auf Stellen aus den andern Büchern der heil. Schrift sich beziehen. So wie Rab selbst einst die Aufgabe hatte, vor Jehuda, seinem Lehrer, die heil. Schrift vorzulesen und zu erklären, ³⁸) so liess er dies bei sich durch seinen Jünger Kahana thun. Wir treffen sie beim Lesen des Buches Koheleth, ³⁹) sowie des Propheten Jeremias. ⁴⁰) Besonders hatte er mit seinem Collegen Samuel, wie auf halachischem Gebiete, so auch auf dem der Schriftdeutung sehr häufige Controversen, die unten (Abschnitt II.) noch beleuchtet werden sollen.

Mit ganz besonderer Vorliebe behandelt Rab's Agada die Erzählungen und Personen der biblischen Geschichte. Diese zu ergänzen, ihre Lücken auszufüllen, gegebene Andeutungen auszuführen, scheinbar nicht zusammengehörige Ereignisse und Persönlichkeiten zu verknüpfen, also das Gebiet der „geschichtlichen Agada", wie sie Zunz genannt hat, ⁴¹) wurde von Rab, wie die auf uns gekommenen Proben zeigen, mit besonderer Neigung angebaut. So manche schöne und echt poetische

---

³⁷) Zu 1,₁ Taan. 20a (anonym Synh. 104a), zu 1,₃ Echa rabba, 1,₁₂, Synh. 104a, 1,₁₇ Taan. 20a. (Jebam. 16b), 3,₁₃ und ₁₆ Echa rabba. 3,₂₃ Chagiga 14a, 5,₄ Jebam. 108b.

³⁸) רב הוה פסיק סידרא קמיה דרבי Joma 87a. Raschi das. bezieht diesen Ausdruck auf die ausserpentateuchischen Bücher. פסק סידרא bedeutet eigentlich den Abschnitt nach Versen — Absätzen — vorlesen. Im paläst. Midrasch findet man dafür den Ausdruck פשט קראי „die Schriftsätze erläutern." Wir finden es bei Chijja Lev: r. c. 26 (über Amos 4,₁₃). Jannai, Lev. r. c. 16 (blos ויתיב ופשט), Jochanan. Schir rabba zu 5,₁₄, Simon b. Lakisch, Lev. r. c. 19 (über Prov. cap. 31). Ferner Echa r. zu 4,₂₀ רבי ור' ישמעאל בר יוסי היו יושבין ופושטין (ועוסקין) במגלה קינות (Lev. r.c. 15 dafür ר' ישמעאל בר יוסי בקש לישב הספר הזה (תהלים) Sch. tôb. zu 3,₁ לפני רבי.

³⁹) רב כהנא הוה פסיק סידרא קמיה דרב Sabbath 152a.

⁴⁰) יתיב רב כהנא קמיה דרב ויתיב וקאמר דברים כתבם zu Jerem. 3,₁₄. Rab unterbricht ihn und bemerkt, die wörtliche Auffassung sei hier nicht am Platze. Synh. 111a. — Vgl. auch Echa rabba. Einleitungen Nr. 33, wo Rab dem Kahana eine Frage über den letzten ephraimitischen König 'Hosea beantwortet. In Gittin 88a fragen Kahana und Assi. Vgl. Jôma 10a.

⁴¹) Gottesdienstliche Vorträge, S. 118—157.

Ausschmückung des Geschichtsstoffes der heiligen Schrift, die dann Gemeingut der Agada geworden ist, gehört ihm an.

Gerne redete er vom König David, der ihm als Höhepunkt der Geschichte erscheint. [42] „Wenn du David's Leben — so sagte er — genau erwägst, so findest du keine andere zu rügende Schuld an ihm, als die von Urija." [43] Wenn Jehuda, sein Lehrer, auch diese zu rechtfertigen sich bemühte, so leitete ihn dabei der natürliche Wunsch, den eigenen Ahnherrn zu reinigen. [44] Er selbst sieht in dieser Schuld die Strafe von David's Selbstgewissheit, mit welcher er an Frömmigkeit den Stammvätern sich gleichstellte, [45] und schilderte in dramatischer Darstellung, welche auf sehr sinnige Art meist an Psalmsätze sich lehnt, die Reue David's, seine Sühne und die bei der Einweihung des salomonischen Heiligthums vor ganz Israel sich offenbarende Verzeihung Gottes. [46] Eine andere Schuld David's, die Veranlassung des Blutbades in der Priesterstadt Nob, suchte Rab dadurch geringer zu machen, dass er sie nach ihrem letzten Grunde dem Jonathan zuwälzt. [47] Doch muss David auch für diese Schuld büssen, indem er den Philistern in die Hände geräth. Dies wird in einer volksthümlich gehaltenen Sage über den Kampf mit Jischbi (II Sam. 21,16) ausgeführt. [48] Was David

[42] In hyperbolischer Art ausgedrückt: לא אברי עלמא אלא לדוד Synh. 98b.
[43] (I Kön. 15,5) כי מעיינת ביה בדוד לא משכחת ביה רק בדבר אוריה החתי Sabb. 56a. Doch rügte er ein anderes Mal auch die Empfänglichkeit David's für die verleumderische Anklage gegen Mephiboseth. (II Sam. 16,1—4) Joma 56b; auf diesen Widerspruch machte schon Abaji der ältere aufmerksam (Sabb. 56a). — Auch die Verfluchung Joabs durch David missbilligte Rab und führte aus, wie dieselbe an David's eigenen Nachkommen sich erfüllte. Synh. 48b.
[44] רבי דאתי מדוד מהפך ודרש בזכותיה דדוד Sabb. 56a.
[45] Synhedrin 107a.
[46] Sabb. 30a, Moed Katon 9a. Vgl. Schocher tôb zu ψ 24.
[47] „Hätte Jonathan dem David auf seine Flucht zwei Laibe Brod mitgegeben, so wäre Nob nicht ausgemordet, Doeg seines Heiles nicht verlustig, Saul mit seinen Söhnen nicht getödtet worden." Synh. 104a.
[48] Synh. 95a. Auf diese auch im Ausdrucke volksthümliche Erzählung hat wol die eranische Königssage, jedenfalls das Vorbild der Grosskönige Einfluss gehabt. David geht auf die Jagd, was eine Haupt-

vor Allem hochstellte, ist seine Selbstdemütigung. ⁴⁹) Auch preist ihn Rab als den Urheber der Psalmen, die er sehr gerne zur Erweiterung seiner Geschichte benützt. „Obwohl das Psalmbuch — so tradirt Huna in seinem Namen ⁵⁰) — zehn der alten Weisen zu Verfassern hat, wurde es dennoch von David allein geordnet. ⁵¹) Der auf das Exil sich beziehende 137. Psalm wird demgemäss — wie das auch im Targum Regel ist — als prophetischer Blick David's in die Zukunft erklärt. ⁵²) Das Psalmbuch pflegte Rab „Halleluja" zu nennen, mit der vorzüglichsten der in ihm vorkommenden Überschriften. ⁵³) — Auch den Kreis David's behandelt Rab's Agada. Hoch steht Joab an Edelsinn und Sit-

beschäftigung der Perser- und auch Partherkönige war, und der Satan begegnete ihm in Gestalt eines Hirsches! Das dabei gebrauchte Wort für Jagd שכר באזי -- so ist statt ש' בזאי zu lesen — bedeutet nicht Falkenjäger, — wie Perles in Grätz's Monatschrift Jhg. 1870, S. 259 übersetzt, — wofür באזיאר gesetzt wurde, wie schon Hai Gaon (Aruch s. v. זיידן) erklärte, hängt überhaupt nicht mit באז, Falke zusammen, sondern ist aus schekâr (auch schekar), Jagd und bâzî, Spiel zusammengesetzt, also s. v. als Jagdspiel. Auch die Beschreibung, welche Rab von David's Kindern und ihrer stattlichen Ausrüstung giebt, ist nach den Verhältnissen des heimischen Königshofes gemacht. Synh. 21a, 49a. Kidd. 76b. - Umgekehrt giebt Levi dem Patriarchen Jehuda eine Vorstellung von den Parthern, indem er sagt, sie gleichen den Heeren des Hauses David's. Kidd. 72a.

⁴⁹) Moed Kat. 16b.
⁵⁰) Schocher tôb zu ψ 1,1 אמר רב הונא בשם ר' אבא. R. Abba ist sicherlich an dieser Stelle Rab. Hai Gaon kannte drei Stellen, an denen Sätze Rab's mit אמר ר' אבא eingeleitet sind. (Aruch s. v. רב I). Man kann noch hinzunehmen, was in Mechilta zu lesen ist אמר ר' אבא הדבר הזה הסיח לי רבנו הקדו' .(S. die Anmerkungen der Herausgeber Weisz S. 53b, Friedmann 45a). Ferner Tosefta Beza c. I: א"ר אבא זה אחד מן הדברים שהיה ר' חייא אומר אין לי תשובה.
⁵¹) אע"פ שנאמר על ידי עשרה זקנים לא נתקן אלא ע"י דוד מלך ישראל. Wer die zehn Psalmendichter sind, darüber findet man Rab's Ansicht in Kohel. rabba zu 7,19 und Schir r. zu 4,3, und fast ganz übereinstimmend in der Barajtha, Baba bathra 14b דוד כתב ספר תהלים ע"י עשרה זקנים.
⁵²) הראהו הקב"ה לדוד הורבן בית ראשון וה' בית שני Gittin 57b, Schocher tôb zu ψ 137,1.
⁵³) Schocher tôb zu 1,1. Rab über Halleluja s. j. Sukka 53d, b. Pesach. 117a.

tenreinheit. ⁵⁴) Doeg wird als Typus des Verleumders geschildert, ⁵⁵) Achitophels Selbstmord ist Folge eines unverschuldeten Verhängnisses. ⁵⁶) Salomo steht weit unter seinem Vater, wie das in der schon erwähnten Sage von der Tempelweihe anschaulich dargestellt ist. Als er — nach Koheleth 12,₁₀ sich dem Moses gleichstellen wollte, da verwies eine Himmelsstimme ihn in die Schranken. ⁵⁷) Aber eine Himmelsstimme war es auch, die ihn davor rettete, durch die Männer der grossen Versammlung unter die vom ewigen Leben Ausgeschlossenen gereiht zu werden. ⁵⁸) Von den Nachfolgern Salomo's sind in Rab's Agada nur Chiskija ⁵⁹) und Josia ⁶⁰) behandelt, von

---

⁵⁴) Synh. 49a, zu I Kön. 2,₃₄, und zu I Chron. 11,₈ wo nach א"ר יהודה mit Jalkut zu ergänzen ist אמר רב, Vgl. Makkoth 12a.
⁵⁵) Synhedrin 93b.
⁵⁶) Makkoth 11a, vgl. Berach. 56a und Sukka 53ab.
⁵⁷) R. H. 21b.
⁵⁸) Synh. 104b, nach Hiob 34,₃₃. Rab's Satz ist nur wenig anders als derjenige, welcher j. Synh. 29b von Chanina und Josua b. Levi tradirt wird. Nur ist bei Rab die Darstellung deutlicher, auch sind zwei Himmelsstimmen angewendet. — Rab liebte es, solche Himmelsstimmen — בת קול — als Elemente seiner Agada zu verwenden. Als David übereilt Mephiboseth seine Felder mit Ziba theilen liess (I Sam. 19,₃₀). da יצתה בת קול ואמרה לו רחבעם וירבעם יחלקו את המלכות Sabb. 56b. Den berühmten Asketen Chanina b. Dosa verherrlicht er mit folgenden Worten: „Täglich geht eine Himmelsstimme aus und ruft: Die ganze Welt wird um meines Sohnes Chan. b. Dosa willen ernährt, und ihm selbst genügt als Nahrung ein Mässlein Johannisbrodfrucht von einem Sabbath zum andern!" מהר חורב ist eine irrthümliche Einschiebung aus dem Satze Josua b. Levi's Aboth VI,₂) Berach. 17b, Taan. 24a, Chullin 86a. — Ezechiel 32,₁₉ ist ein Bath Kol, das Nebukadnezar in der Unterwelt begrüsst. Sabb. 149b. — „Vierzig Tage vor Bildung des Kindes geht ein Bath Kol aus und ruft: Die Tochter von diesem und diesem ist für den und den als Frau bestimmt, das Haus, das Feld von diesem und diesem als Eigenthum für den und den!" Sota 2a.
⁵⁹) Synh. 63b. Chiskija's Mutter salbt ihn, um ihn vor dem Tode durch das Molochfeuer zu retten, mit Salamander. S. Zeitschrift der Deutschen Morg. Gesellschaft Band 28, S. 15, Anm. 2. — Das Heer Sancherib's geschildert Synh. 95b. Vgl. Synh. 104b.
⁶⁰) Moed Kat. 28b, Synh. 48b. In j. Kidd. 61a sagte dasselbe Jochanan. — Sabbath 56b.

den Königen des Nordreiches der erste, Jerobeam ⁶¹) und der letzte, Hosea. ⁶²)

Aus der vordavidischen Zeit ist es besonders Moses und seine Geschichte, die Rab beschäftigen. Moses' ungewöhnliche Körpergrösse ⁶³) und sein Priesterthum ⁶⁴) werden betont, seine „die fünfzig Pforten der Einsicht mit Ausnahme einer einzigen" umfassende Intelligenz ⁶⁵) gepriesen, sein Verhältniss zu Josua beleuchtet ⁶⁶) und in einer phantasiereichen Allegorie das Verhältniss seiner schriftlichen Lehre zu der mündlichen, namentlich zu den minutiösen Ausdeutungen Akiba's dargestellt. ⁶⁷) Mirjam, Moses Schwester, verherrlicht Rab als Prophetin ⁶⁸), Korach, seinen Gegner stellt er als Typus der Ketzerei ⁶⁹) und des ungewöhnlichen Reichthums hin. ⁷⁰) Der Theilnehmer an Korach's Verschwörung, On b. Peleth erscheint in einer eigenthümlichen und im Volkstone gehaltenen Erzählung ⁷¹) als der wankelmütige Verführte, den seine kluge Frau rettet, während

---

⁶¹) Zu I Kön. 11,₂₉, Synh. 102a.
⁶²) S. S. 8, Anm. 40.
⁶³) Bechor. 44a.
⁶⁴) Zebach. 101b.
⁶⁵) Nedarim 38b (mit Samuel gemeinschaftlich).
⁶⁶) Temura 16a.
⁶⁷) Menach. 29b ... בשעה שעלה משה למרום מצאו להק״בה יושב וקושר כתרים לאותיות. Ganz so beginnt eine andere Himmelfahrts-Allegorie über Moses, von übrigens verschiedenem Inhalte, die Josua b. Levi dichtete, Sabb. 89a.
⁶⁸) Sôta 12b, wo nach Einen Amram. nach Andern Nachman der Tradent ist, in Megilla 14a nur Letzterer, in Exod. r. c. 1 Amram. In Midrasch Mischle c. 14 Anf. steht das Ganze im Namen Huna's, unter dessen Namen es wahrscheinlich nach Palästina kam.
⁶⁹) קרח אפיקורסי היה j. Synh. 27d.
⁷⁰) Ib. „Korach war sehr reich, er entdeckte die Schätze (תסבריץ) Pharaos am Meere." Der Reichthum Korach's auch in Lev. r. c. 5 Anf. und Midr. Mischle zu 11,₂₈. Vielleicht war die Lautähnlichkeit mit Kroisos von Einfluss auf diese Sage. Sie gieng auch zu den Muhammedanern über, und Kârûn — nach dem Muster Harun (Aharon) gemodelt — wird genannt, wenn von besonders grossem Reichthum die Rede ist.
⁷¹) Synh. 109b; kürzer in Tanchuma, Abschnitt Korach und Num. r. c. 18.

Korach's Frau, indem sie den Ehrgeiz ihres Gatten aufstachelt, ihm Verderben bringt. [72])

Von den Patriarchen ist in Rab's erhaltener Agada nur Abraham Gegenstand verschiedener Aussprüche. Dieselben behandeln seine Jugend, [73]) sein Übergehen von astrologischer zu echt gottgläubiger Weltanschauung [74]) und seinen Tod. [75]) „Als Abraham starb, da stellten sich die Grossen der Nationen — wie das Leidtragende zu thun pflegen — in Reihen auf und riefen aus: Wehe der Welt, die ihren Leiter verloren, wehe dem Schiff, das seinen Steuermann eingebüsst hat!" [76]) Es liegt in diesem letztern Satze wol die Ansicht von der gewissermassen internationalen Stellung Abrahams in der Religionsgeschichte; gleichwol stellte ihn Rab auch als das Prototyp des gesetzerfüllenden Israeliten auf. [77]) — Dagegen wurde Adam, der Stammvater der Menschen, auch als der Vater menschlicher Cultur betrachtet. Er ist nach Rab der Stifter aller Künste, [78]) von ihm rühren die heidnischen, aber auf rein menschliche Empfindungen zurückgeführten Feste der Kalenden (des Januar, Neujahr der Römer) und der Saturnalien her. [79]) Adams Sprache ist die

---

[72]) Auf die beiden Frauen ziele Prov. 14,1. Ähnlich deducirt Rab aus I Kön. 21,25, dass, wer dem Rathe seiner Frau Folge leistet, der Hölle verfällt. B. Mezia 59a.

[73]) Baba bathra 91a.

[74]) Nach Gen. 15,5. Nedar. 32a. in anderer Version Sabbath 156ab. In Gen. r. c. 44 ergeht — nach unbenannten רבנן — an Abraham der Ruf נביא את ואין את אסטרולוגוס.

[75]) B. bathra 91a.

[76]) אוי לו לעולם שאבד מנהיגו ואוי לה לספינה שאבדה קברניטה.

[77]) קיים אברהם אבינו את כל התורה כולה, nach Gen. 26,5. Joma 28b, vgl. Kidd. 82a.

[78]) Gen. r. c. 24 Ende. Die Worte והחרשים המה מאדם, Jesaia 44,11, deutete Rab so: „Die Künstler, sie sind von Adam her."

[79]) Jer. Ab. zara 39c; ausführlicher in b. Ab. zara 8a, als Barajtha und ohne die sonderbare Etymologie des Wortes קלנדא (S. Zeitschrift der D. M. G. 31. Bd., S. 276). Rab ist es auch, der (ib.) bemerkt, Kalendae finde acht Tage nach dem Wintersolstitium, Saturnalia acht Tage vorher statt. In jer. Talmud heisst es irrthümlich קלנדא לפני תקופה ח' ימים סטרנליא לאחר תקופה ח' ימים; das Richtige findet sich im babyl. Talmud. wo als Autor zwar Chanan b. Rabba genannt ist, der aber auch sonst Tradent Rab'-scher Sätze ist (s. S. 3), so dass אמר רב zu ergänzen.

aramäische, [80]) und auch zur Ketzerei hat er den Anfang gemacht. [81]) Seine und seiner Nachkommen Nahrung war nur vegetabilisch, bis mit Noah die Fleischnahrung aufkam. [82])

Die Neigung Rab's zur Construction und Ergänzung des gegebenen Geschichtsstoffes in der Bibel zeigen auch die Fälle, in denen er Personen verschiedenen Namens für identisch erklärt: so den Richter Ibzan (Richter 12,8) mit dem Boaz des Buches Ruth. [83]) Hathach (Esther 4,5) mit Daniel, [84]) Egla, David's Frau (II Sam. 3,5) mit Michal, [85]) Schobi b. Nachasch aus Rabbath-Ammon (II Sam. 17,27) mit Chanan b. Nachasch, dem Ammoniterkönig (ib. 10,1). [86]) — Hieher gehört, wenn er Elimelech (Ruth 1,2), Schalmon (4,21), Peloni Almoni (4,1) und den Vater der Noemi für Brüder erklärt, [87]) oder wenn er die Namen der Mütter von Abraham, David, Haman, Simson, [88]) so wie die Schwester des Letzteren [89]) zu nennen weiss.

Nicht eigentlich in das Gebiet der Agada gehörig, aber sehr beachtenswerth als Beweis für die Vorliebe Rab's, geschichtliche Stoffe zu behandeln, ist der Umstand, dass er sehr oft als Tradent von Berichten und Erzählungen aus der Vorzeit erscheint. [90]) Er rühmt aus der Zeit des zweiten Tempels

---

[80]) Synh. 38b.
[81]) Ib. Andere mehr allegorische Sätze über Adam, Synh. 38a, Chag. 12a.
[82]) Synh. 59b.
[83]) Baba bathra 91a.
[84]) Baba bathra 4a, Megilla 15a.
[85]) Synh. 21a.
[86]) Schocher tôb zu ψ 3,1. Die Psalmendichter Ethan (ψ 89) und Heman (ψ 88) sind Abraham und Moses. Baba bathra 15a.
[87]) Baba bathra 91a. Dasselbe, mit der Änderung, dass für Peloni Almoni der Name Tob genannt ist (nach Ruth 3,13) und dass der Vater Noemi's ganz ausgeblieben, findet sich im Namen Josua b. Levi's im Midrasch rabba zu Ruth 3,13.
[88]) Baba bathra 91a.
[89]) Der Name von Simson's Schwester ist der einzige biblische unter diesen Frauennamen: צללפוני, soviel als הצללפוני I Chr. 4,3. Hazlelponi wird in Verbindung mit den Geschlechtern von Zorea genannt, Simson aber trat im Lager Dan auf, zwichen Zorea und Eschtaol. Nach Midrasch Mischle zu 31,24 hiess הצללפוני die Mutter Simsons.
[90]) Dies bemerkt schon Rapoport. Biographie des R. Nissim. Anm. 39 (Bikkure haittim XII,79).

das Verdienst des Hohepriesters Josua b. Gamala um die Volksschule in Israel. [91]) sowie das des Chananja b. Chiskija um die Rettung des Buches Jecheskel für den Kanon. [92]) Er erzählt von einer Hochzeit, die Königin Salome Alexandra ihrem Sohne machte, [93]) giebt Daten über das jerusalemische Heiligthum, [94]) über die Einrichtung des Synhedrin, [95]) sowie die Entstehung von Satzungen. [96]) Er weiss von der gewählten Ausdrucksweise der Jerusalemier zu erzählen [97]) und von der correkten Aussprache der Judäer im Gegensatze zu der Nachlässigkeit der Galiläer. [98]) Um den Sinn von Bibelstellen zu erläutern, giebt er Anekdoten. [99]) Er weiss Manches aus dem Leben der Tannaiten zu berichten [100]), und auch sonstige von ihm erzählte Anekdoten verschiedenen Inhalts sind uns erhalten. [101]) Er zeigt

---

[91]) Baba bathra 21a.

[92]) Sabbath 13b. Beide Mal mit der Rab eigenthümlichen Formel ברם זכור אותו האיש לטוב „Wahrlich, zum Guten sei jenes Mannes gedacht!" Mit derselben Formel rühmt er auch den Tannaiten Jehuda b. Baba, der mit Gefährdung des eigenen Lebens durch die Ordination der Schüler Akiba's in den Tagen der hadrianischen Verfolgung die fernere Übung des Strafrechtes in Israel möglich gemacht habe. Synh. 13b, Ab. z. 8b.

[93]) Sabb. 16b.

[94]) Über die Leuchter, Menach. 29a, die Vorhänge, Joma 54a, die Errichtung der Frauenhalle, Sukka 51b.

[95]) Synh. 17a.

[96]) Aboda zara 35b, Synh. 21ab.

[97]) Sabb. 62b. Zu Mischna Baba Kamma I,₁ bemerkt er, sie rühre von einem jerusalemischen Tanna her, der für חיי״ב die leichtere Aussprache — לישנא קלילא — gewählt habe: חב. Baba Kamma 6b. In der Einleitung von Ibn Ganachs S. Harikma (S. VI) steht für [רב יהודה] אמר רב irrthümlich: אמר רבא. Ibn Gan. hält קלילא für identisch mit dem spätern Terminus der Grammatiker קל, Gegensatz von כבד.

[98]) Erubin 53a.

[99]) Zu Micha 2,2. Gittin 58a, zu Gen. 18,20, Synh. 109b.

[100]) Hillels Überhebung, Pesach. 66b, Jehuda b. Ilai's Sabbathbräuche. Sabb. 25b, die Heerden Eleazar b. Azarja's. Sabb. 54b, aus Akiba's Kerkerhaft, Jebam. 108b, Chanina b. Dosa, Berach. 17b. S. auch Anm. 92.

[101]) Über einen Leichenredner, Moed Kat. 8a; über einen liebeskranken Mann, Synh. 75a; von einer heidnischen Frau, die sich vom Dienste des Götzen Peor mit Abscheu abwendet, Synh. 64a; von dem

genaue Kunde von heidnischen Institutionen, spricht von den fünf grossen Götzentempeln, [102]) von den Götzen der Kuthäer, [103]) von den Festen der Römer, [104]) sowie der Babylonier und Meder. [105])

Stehen auch in der Agada Rab's die geschichtlichen Stoffe im Vordergrund, wie das Bisherige gelehrt hat, so zeigt dennoch eine Betrachtung der zahlreichen von ihm erhaltenen Aussprüche, dass es von den Gegenständen, mit denen die Agadisten sich zu beschäftigen liebten, keinen giebt, den er unberührt gelassen hätte. Und nicht im geringsten Masse scheint er jenen Fragen sich zugewendet zu haben, deren Behandlung, soweit die Tradition davon Kunde giebt, seit Jochanan b. Zakkai, die Metaphysik und zugleich die Geheimlehre der jüdischen Weisen bildete.

Zwar über die Schöpfung und die damit zusammenhängenden Probleme öffentlich zu sprechen, hat Rab ausdrücklich ein tadelnswerthes Beginnen genannt; [106]) aber im engern Kreise der Jünger wurden auch sie erörtert, wenn auch freilich nur einzelne, den eigentlichen Gehalt seiner Spekulationen blos schwach beleuchtende Sätze uns erhalten sind. Anknüpfend an die ersten Sätze der Schöpfungsgeschichte zählte er die zehn Dinge auf, welche am ersten Tage, vor dem eigentlichen Schöpfungswerke ins Dasein gerufen wurden. [107]) Nach einem Satze des Buches Hiob stellt er dar, wie Gottes Machtgebot das in

---

Golddenar, der unwissentlich in ein Brot gebacken wird. Gittin 35a. Alle diese Anekdoten sind hebräisch und mit dem Terminus מעשה bezeichnet. Die zuletzt genannte findet sich aramäisch und modificirt, — jedoch so, dass die Ursprünglichkeit der babylonischen Fassung klar ist — auch jer. Schebuoth 37a, Lev. r. c. 6 und Pesikta rabb. c. 22 (S. 44d).

[102]) Aboda zara 11b, vgl. ib. 53b.

[103]) Zu II Kön. 17,30.31, Synh. 63b. S. Z. d. D. M. G., Band 28, S. 10.

[104]) S. oben S. 13, Anm. 79.

[105]) Jer. Aboda zara 39c und b. Ab. zara 11b. S. Kobak, Jeschurun VIII, 49 ff. und Brüll. Jahrbuch I, 166 f.

[106]) Nach einer Deutung von ψ 31,19. j. Chagiga 77c. ‎‏זה שהוא מתנאה‬‎ ‎‏לומר אני דורש מעשה בראשית סבור שהוא כמנאה ואינו אלא כמבוה‬‎ Vgl. auch Gen. r. c. I in der Einleitung zur Schöpfungsgeschichte, die Huna im Namen Bar Kappara's giebt.

[107]) Chagiga 12a.

Endlosigkeit sich ausdehnende Chaos in die Schranken fester Ordnung rief; [108]) wie der Himmel aus entgegengesetzten Elementen entstand [109]) und zum Firmamente sich dehnte und festigte, [110]) wird ebenfalls auf exegetischer Grundlage gezeigt, sowie in mythischer Einkleidung die Entstehung des grossen Oceans. [111])

Besonders merkwürdig ist der Satz, in welchem Rab auf Grund von Bibelsätzen die schöpferischen Potenzen, oder wenn man will, die göttlichen Attribute nennt, vermöge welcher die Welt erschaffen wurde. „Durch zehn Dinge wurde die Welt erschaffen: Weisheit, Einsicht, Erkenntniss (Prov. 3,19 f.), Kraft, Macht (ψ 65,7), Strenge (Hiob 26,11), Gerechtigkeit, Recht (ψ 89,15), Liebe, Erbarmen (ψ 25,6)." [112]) Dieser Satz birgt die Lösung eines Räthsels, welches Rab selbst der Nachwelt hinterliess, in seinem Ausspruche von dem „zweiundvierzigbuchstabigen Namen" Gottes. Diesen darf man, so lehrte Rab, nur einem Jünger überliefern, der sittsam und bescheiden ist, in der Mitte des Lebens steht, nicht dem Zorne und dem Rausche unterliegt und nicht starrsinnig bei seinen Ansichten beharrt. Wer jenen Namen kennt und in Reinheit behütet, der ist geliebt vom Himmel, beliebt auf Erden, in Ansehen bei den Menschen

---

[108]) Chagiga 12a. In Gen. r. c. 10 Anf. beantwortet auf ganz ähnliche Weise Josua b. Chananja die Frage Kaiser Hadrian's nach dem Modus der Schöpfung. — Ebenso wird die Ansicht Rab's über die täglich aus dem „Feuerstrom" (Daniel 7,10) entstehenden und, nachdem sie ihr Loblied gesungen, vergehenden Engel in Midrasch r. zu Echa 3,23 von Josua b. Chananja in einem Gespräche mit Kaiser Hadrian geäussert. Nun ist im letzteren Falle die Authentic für Rab gesichert, indem der Ausspruch von seinem Collegen Samuel Chijja, dem Sohne Rab's als einer der „trefflichen Sätze seines Vaters" mitgetheilt wird (Chagiga 14a). Es ist also höchst wahrscheinlich, dass hier Ansichten Rab's in die Sagen von Josua eingeflochten sind. Bemerkenswert ist hiefür, dass ein Ausspruch über die Schlange, Bechor. 8a, von Jehuda im Namen seines Lehrers Rab tradirt, von Andern aber bis auf Josua b. Chananja zurückgeführt wird. Vgl. übrigens Grätz, Gesch. der Juden IV², 450.

[109]) Gen. r. c. 4 Ende. In b. Chag. 12a als Barajtha.

[110]) j. Berach. 2c unten.

[111]) Baba bathra 74b.

[112]) Chagiga 12a. Über כה und גבורה bei Rab s. Pesikta ed. Buber 20b.

und Erbe beider Welten, dieser und den künftigen. [113]) Was nun unter dem 42 buchstabigen Namen Gottes vorzustellen sei, ist eine bisher ungelöste Frage. [114]) Wenn man aber die Buchstaben der zehn hebräischen Worte summirt, welche die eben erwähnten schöpferischen Potenzen bezeichnen, [115]) und noch die vier Buchstaben des Tetragrammatou hinzunimmt, so erhält man gerade die Zahl von zweiundvierzig Buchstaben. Der 42buchstabige Name Gottes ist also nichts Anderes als der Ausdruck für das Wesen Gottes und seine Attribute; ihn überliefern kann natürlich nicht nur bedeuten, die blossen Worte lehren, sondern auch die durch die Worte ausgedrückten Vorstellungen von Gottes Wesen und Walten erzeugen und die daran sich knüpfenden Spekulationen lehren. Diesen Namen kennen und bewahren ist demnach nichts anders, als die höchsten Wahrheiten der religiösen Erkenntniss hüten und hegen; und was aus der Kenntniss des Namens für deren Inhaber erspriesst, ist nicht etwa magische Folge des Wissens von seinen Buchstaben, sondern Ergebniss der aus der Erkenntniss seines Inhaltes kommenden Gesinnung und Lebensführung. — Dass aber in der That Rab in dem ausgeführten Sinne von dem 42 buchstabigen Gottesnamen sprach, dafür bietet einen unabweisbaren

---

[113]) Kidduschin 71a.

[114]) Der Gaon Hai, der diesen Namen schon vom Hohepriester in der Agende des Versöhnungstages anwenden lässt (Ascheri zu Joma c. VIII, §. 19), behauptet, die babylonischen Akademien kennen die Buchstaben desselben (Responsum im Sammelwerke טעם וקנים von Aschkenazi S. 57). Es sind nach dieser angeblichen Tradition die Buchstaben, welche auch im Buche Raziel (43b) als Gottesname sich finden, und welche als die Anfangsbuchstaben des sogenannte Gebetes von Nechunja b. Hakkana in die Gebetbücher Eingang gefunden haben. Raschi, der mit dem 42 buchstabigen Namen von Chanina b. Teradjon missbräuchliche Wunder üben lässt (Aboda zara 17a), bemerkt, man habe über denselben ebensowenig wie über den 12buchstabigen eine Erklärung überliefert לא פירשו לנו שם בן י"ב ובן מ"ב. Kidd. ib. — Maimoni meint, es wäre absurd, sich ein jeder Bedeutung entbehrendes Wort von 42 Buchstaben zu denken; vielmehr seien unter dem fraglichen Namen mehrere, 42 Buchstaben zählende bedeutungsvolle Worte zu verstehen. (More Nebuchim, I. Th. c. 62; Übers. von Munk I. 276).

[115]) חכמה תבונה דעת כח גבורה נערה צדק משפט חסד רחמים.

Beleg ein anderer Ausspruch Rab's, welcher auf ebenso einfache Weise das Räthsel von dem andern „Gottesnamen", dem zwölfbuchstabigen, löst. Von diesem hatte eine Barajtha tradirt, man habe ihn Anfangs Jeden gelehrt, als aber die Sittenlosigkeit sich mehrte, blos die Sittsamen [116]) unter den Priestern. [117]) Nun lehrte Rab, Bezalel, der Künstler des Wüstenheiligthums habe „die Buchstaben zu verbinden gewust", durch welche Himmel und Erde erschaffen sind. [118]) Welche Buchstaben das seien, wird sofort erklärt: sowie nämlich die Schöpfung durch „Weisheit, Einsicht und Erkenntniss" geschah (nach Prov. 3,19, 20), so war Bezalel der „Weisheit, Einsicht und Erkenntniss voll" (Exodus 35,31) [119]) Diese drei schöpferischen Potenzen sind die ersten der oben genannten zehn, und was dort von diesen, das sagt Rab hier von den drei obersten derselben aus. Zählt man aber die Buchstaben der betreffenden hebräischen Wörter, [120]) so sind es zwölf, und die Kenntniss von dem zwölfbuchstabigen Gottesnamen barg die Erkenntniss der drei höchsten Schöpferattribute: Weisheit, Einsicht, Erkenntniss in sich. Ob nun Rab blos diesen letzten Namen aus der Überlieferung hatte und denselben dann selbstständig zum 42 buchstabigen [121]) erweiterte, oder ob, was weniger wahrscheinlich ist, auch der letztere aus früherer Zeit stammt, [122]) lässt sich nicht bestimmen. Aber mit

---

[116]) צנועים, als Gegensatz zu פרוצים. Auf die Wahl dieses Ausdruckes war wol Prov. 11,2 von Einfluss. Ein Priester aus der letzten Zeit des Tempels hiess (Tos. Kelim c. I) שמעון הצנוע.

[117]) Kidduschin 71a. Die Ansichten über diesen Namen s. bei Zunz, Synagogale Poesie, S. 146.

[118]) יודע היה בצלאל לצרף אותיות שנבראו בהם שמים וארץ Berach. 55a. Von Jehuda b. Ilai war die Anschauung überliefert, dass die Buchstaben des Tetragrammaton Theil hatten an der Erschaffung der Welt. Menachoth 29b.

[119]) Diesen Satz, sowie den vom 42buchstabigen Namen tradirt Jehuda, den von den zehn Attributen Zutra b. Tobijja.

[120]) חכמה תבונה דעת.

[121]) Auch in einem andern Satze Rab's spielt die Zahl 42 eine Rolle. Um der 42 Opfer willen, welche Balak, der Moabiterkönig darbrachte (nach Num. 22, 1, 14, 29) verdiente er es, dass die fromme Ruth von ihm abstammte. (Sôta 47a, Synh. 105a.)

[122]) Dafür lässt sich vielleicht der Umstand anführen, dass mit einer der zehn Potenzen — גבורה — schon sehr früh und sehr oft Gott bezeichnet wurde.

Sicherheit kann angenommen werden, dass aus dem nunmehr
erklärten 42buchstabigen Gottesnamen eine Hauptthese der
spätern jüdischen Geheimlehre sich herleitet. Denn die sogenannten zehn Sefiroth — nach einem irrthümlich aufgefass-
ten Ausdrucke des Buches Jezira so benannt — entsprechen
nicht nur der Zahl, sondern auch ihrem Inhalte und ihrer Bedeutung nach den zehn Schöpfungspotenzen Rab's; [123]) ja die
drei obersten der letztern, die gleichzeitig den zwölfbuchstabigen
Namen bilden, nehmen auch im Systeme des Sohar eine hervorragende Stelle ein. [124]) Freilich ist es schwer anzugeben, wie
der geschichtliche Zusammenhang zwischen diesem und den
Sätzen des Talmud herzustellen ist, deren wahren Sinn schon
den Gaonim unbekannt war. [125])

[123]) Die ersten drei sind, wie die nächste Anmerkung zeigt, in beiden
Reihen gleich, חסד findet sich in beiden, דין. die fünfte Sefira, ist
gleich משפט. Den drei Machtattributen Rab's (כח גבורה גערה) entsprechen die Sefiroth: תפארת נצח הוד, welche aus I Chron. 29,11
genommen sind. Demselben Verse ist auch die letzte Sefira מלכות
entnommen (entspr. dem לך ד' הממלכה). Wenn für חסד und דין
auch גדולה und גבורה gesetzt zu werden pflegen, so ist das demselben Bibelverse zuzuschreiben. Die noch übrige Sefira יסוד endlich entspricht vielleicht auf Grund von Prov. 20,15 (וצדיק יסוד עולם)
dem צדק Rab's.

[124]) In der Idra zûta (III. 291a) lesen wir: וכד בעי לאכלולי כולא בהאי
אתכליל האי והאי אב ואם ובן אקרו חכמה ובינה ודעת. Dass also
„Weisheit, Einsicht und Erkenntniss" den Inbegriff der göttlichen
Emanationen ausmacht, ist hier deutlich ausgesprochen, בינה aber
für תבונה gesetzt aus einem Grunde, der im Sohar selbst (ib. 290b)
angegeben wird. Doch ist zu beachten, dass דעת im Sohar nicht
die gewöhnliche Bedeutung hat, sondern als Transposition von
עדת genommen wird. indem diese dritte Emanation aus חכמה und
בינה hervorgegangen, ihre Merkmale in sich begreift, demnach
Zeugniss für sie ist. (S. Franck. Die Kabbala, deutsch von Jellinek, S. 137). In der Reihe der Sefiroth aber entspricht insofern
כתר, die höchste dem דעת, als sie, wenn auch in anderem Sinne
ebenfalls „Weisheit und Einsicht" in sich begreift (Frank, ib. 135 ff.).
Möglicherweise hängt der Ausdruck כת mit Spr. 14, 18 (יכתירו דעת)
zusammen.

[125]) Von den 42 Buchstaben (des Gottesnamens) heisst es auch im Sohar,
dass mit ihnen die Welt erschaffen werde: במ"ב אתוון אתברי עלמא
(II, 180a). Vgl. Raziel 14a וחקק עליו שם המפורש במ"ב אותות. —
Schliesslich sei bemerkt, dass Franck (ib. S. 46) eine der obigen

Von den Aussprüchen Rab's über die in das Gebiet der Geheimlehre hinüberspielenden Probleme der Agada sind, wie das auch selbstverständlich ist, nur wenige noch erhalten. Hieher gehört sein Satz von den 50 Pforten der Erkenntniss, die dem Moses mit Ausnahme einer einzigen offen waren [126], hieher seine allegorischen Sätze über die Engelwesen, deren oberster Fürst Michael, am ewigen Himmelsaltare steht und opfert, [127] die in drei Abtheilungen täglich Gottes Lob singen, [128] die aus dem „Feuerstrom" hervorgehen, um bald ihr Dasein zu enden, [129] mit denen Gott vor der Schöpfung des Menschen berathen hat. [130]

Über die Natur haben wir einige Sätze von Rab, die zeigen, dass er ihre Erscheinungen zum Gegenstande tieferer Betrachtung und agadischer Darstellung zu machen liebte. Wie ein Stück Naturphilosophie klingt folgendes: „Alles in Gottes Schöpfung ist männlich und weiblich geschaffen." [131] Die Teleologie in der Natur drückt Rab so aus: „Alles was Gott erschaffen hat, ist zu einem bestimmten Zwecke da." [132] Er giebt eine

---

ähnliche Erklärung des 42buchstabigen Gottesnamens versucht, indem er sie mit den zehn Wörtern, welche die Sefiroth bezeichnen identificirt. Indessen muss er, abgesehen von der Unzukömmlichkeit, die so spät auftretenden Sefiroth zur Erklärung eines talm. Satzes zu benützen, zu gezwungenen Mitteln Zuflucht nehmen, um die 42 Buchstaben zu erhalten.

[126] S. oben S. 12.
[127] Menachoth 110a; vgl. Chagiga 12b. Dies erinnert an Philo, dessen Logos der Hohepriester ist, welcher Fürbitte für die Welt bei Gott einlegt.
[128] Chullin 91b.
[129] S. oben S. 17, Anm. 108.
[130] Synh. 38b. Denselben Gedanken hat in anderer, weniger phantasievoller Form ausgeführt Chanina in Gen. r. c. 8.
[131] B. bathra 74b. Dazu ein eigenthümlicher allegorischer Mythos vom Leviathan.
[132] Sabb. 77b. Dazu einige Beispiele aus der Welt der scheinbar nutzlosen, ja lästigen Thiere, deren Spitze sich vielleicht gegen die Zendreligion richtet, nach der die schädlichen Thiere nicht Geschöpfe des guten Gottes sind, sondern Ahrimans und sie zu tödten Verdienst ist. — Was Rab, Chag. 5a, vom Bisse der Wespe und des Skorpions sagt, das findet eine gute Analogie in einem beduinischen Spruche, den Damiri (Zoologie, ed. Kairo II. Bd. S. 169) mittheilt: Zwischen dem Bisse des Skorpions und der Wespe ist kein Unterschied.

eigene Theorie der Winde ¹³³) und einen allgemeinen Satz über die Höhe der Flüsse. ¹³⁴) Er nennt die Arten der Ceder, ¹³⁵) bespricht die Eigenheiten der Schlange ¹³⁶) und das ephemere Dasein der Mücke und Fliege. ¹³⁷) Die Thiere will er mit grosser Rücksicht behandelt haben, „man dürfe nicht eher an die Malzeit gehen, bis dem Hausvieh seine Nahrung gegeben ist." ¹³⁸) Hervorzuheben ist auch der Humor, mit dem er die Sprache des Hahnes in menschliche Rede setzt und ihn als schalkhaften Ehegatten reden lässt. ¹³⁹) Es scheint, dass diese Momente auf den Aufenthalt bei einem Hirten zurückzuführen sind, bei dem Rab, wie er selbst erzählt, ¹⁴⁰) achtzehn Monate weilte, zunächst um die Fehler und Krankheiten kennen zu lernen, die bei den Thieren vorkommen können.

Ein unerschöpfliches Hauptthema der Agada bildet das **Volk Israel** und seine **Lehre**. Auch Rab hat es vielfach in der seinigen behandelt und die erhaltenen Sätze zeigen auch hier die Selbstständigkeit des Denkens und Gewandtheit in der Darstellung. Israel hängt nicht von den Sternen — vom Fatum — ab, sondern steht unmittelbar unter Gottes Obhut. ¹⁴¹) Israels Zusammenhang mit Gott ist ein ganz anderer, innigerer, als der der Heidenvölker mit ihren Götzen. ¹⁴²) Wenn Israel einst den Götzen nachhing, so liess es sich durch die im Heidenthum gestattete Sittenlosigkeit verlocken, war aber stets von der Unwirklichkeit der Wahngötter überzeugt. ¹⁴³) Über das aus seinem

---

¹³³) Gittin 31b, Baba bathra 25a.
¹³⁴) Bechor. 55a.
¹³⁵) Nach Jes. 41,19, Rosch hasch. 23a.
¹³⁶) Bechor. 8a.
¹³⁷) Chullin 58b.
¹³⁸) Nach Deut. 11,15. Berach. 40a Gittin 62a.
¹³⁹) Erubin 100b. Vgl. auch seinen Satz über die Stimme des Löwen und des Kameles, Pesach. 112b.
¹⁴⁰) Synh. 5b.
¹⁴¹) Sabb. 156b.
¹⁴²) Synh. 64a, nach Deut. 4,3,4. Man bemerke, wie die Anrede des Textes ואתם mit der homiletischen Anredeformel בית ישראל ergänzt wird, welche, wie aus dem palästinensischen Targum ersichtlich ist, in den gottesdienstlichen Vorträgen gebräuchlich war. S. Rapoport, Erech Millin, S. 169.
¹⁴³) Synh. 63b.

Lande vertriebene Volk klagt allnächtlich der Herr: „Wehe den Kindern, um deren Sünde willen ich mein Haus zerstört, meinen Tempel verbrannt und sie selbst unter die Völker der Erde verbannt habe!" [144]) In ähnlicher Allegorie nennt Rab das „Gebet Gottes" folgende Worte: „Möge es mein Wille sein, dass mein Erbarmen meinen Zorn bezwinge, und dass ich mit meinen Söhnen nach der Eigenschaft des Erbarmens verfahre und für sie die Linie des strengen Rechtes verlasse!" [145]) Die künftige Erlösung ist nicht an einen bestimmten Zeitpunkt gebunden, sondern hängt von der Reue und den guten Thaten Israels ab. [146]) Ein zweiter David wird der Erlöser sein, ein Mann, wie es Daniel in der Vorzeit war, wie Jehuda, der Patriarch in der Gegenwart. [147]) Doch nicht eher erscheint er, als das römische Reich die ganze Erde unterjocht haben wird. [148])

Die Lehre ist Israels von Urbeginn an bestimmtes Erb-

---

[144]) Berach. 3a.
[145]) Berach. 7a.
[146]) Synh. 97b.
[147]) Synh. 98b.
[148]) Synh. 98b, Joma 10a. Damit hängt die Ansicht Rab's zusammen (Joma 10a), dass auch das Persische Reich — sei es, dass noch das parthische, oder die neuerstehende Monarchie der Sassaniden gemeint sei — in die Hände Rom's fallen wird. Doch zeigt die Begründung, dass an die letztern zu denken ist; denn wie Rom den jerusalemischen Tempel zerstört habe, so zerstören die Perser die Synagogen. — Wie hart Rab den Druck der unter dem Ersten der Sassaniden besonders mächtigen Magier (Gebern) empfand, beweist seine Äusserung (Sabb. 11a): „Lieber unter dem Römer, als unter dem Perser!" Vgl. Grätz, G. d. J. IV², 292 f. — Jes. 51,20 deutete er auf die schonungslose Ausplünderung Israels durch den herrschenden Volksstamm (Baba Kamma 117a) und ähnlich Prov. 28,3 auf König Sahabur, den er ironisch als חונן דלים bezeichnet, der den Juden genommenes Gut an Arme verschenkte, Baba mezia 70b und Raschi daselbst. Ferner lehrt Rab, im Gegensatze zu Samuel: „Wer etwas von einem Magier erlernt, verdient den Tod." Sabb. 116b. — Wie sehr andererseits das römische Reich Rab imponirte, beweist sein Ausspruch: „Wenn alle Meere Tinte, alles Röhricht Schreibrohr, die Himmel Pergament, die Menschenkinder Schreiber wären, — diese Hyperbel rührt nach Aboth di R. Nathan c. 25. von Eliezer b. Hyrkanos her, nach Sofrim 6, 8 von Jochanan b. Zakkai, — so würden sie nicht hinreichen, um die Machtfülle der Regierung zu beschreiben (הללה של רשות). Sabb. 11a.

gut. Darum begeht, wer einem Schüler den Unterricht verweigert, Raub. ¹⁴⁹) Wer mit dem Studium der Lehre ohne eigensüchtige Zwecke sich beschäftigt, der hat auf Erden und im Himmel eine feste Burg sich gebaut. ¹⁵⁰) Wer von der Lehre sich abwendet, den verzehrt Feuersglut, ¹⁵¹) und dem Höllenfeuer verfällt, wer einen unwürdigen Schüler unterrichtet. ¹⁵²) Höher steht das Studium, als Darbringen von Opfern. ¹⁵³) Die Weisenjünger (Gelehrten) sind Propheten, die jungen Schüler Gesalbte Gottes. ¹⁵⁴) Epikuräer — Gottesverächter — wird genannt, wer die Gelehrten geringschätzt, ¹⁵⁵) und diese Sünde war es, um deren willen Jerusalem zerstört wurde. ¹⁵⁶) Wer unrechtmässig „mit dem Kleide des Gelehrten sich brüstet", der ist aus der Gemeinschaft mit Gott ausgeschlossen. ¹⁵⁷) Selbstüberhebung verursacht beim Gelehrten Einbusse an Erkenntniss, sowie beim Propheten Verlust der Prophetie; ¹⁵⁸) doch muss er eine kleine, wenn auch sehr geringe ¹⁵⁹) Dosis von Stolz besitzen. ¹⁶⁰) Auch die gewöhnlichen Reden des Gelehrten beanspruchen sorgfältiges Erwägen. ¹⁶¹) Ruheloses Streben nach weiterer Erkenntniss kennzeichnet den Mann des Studiums in dieser Welt und beglei-

---

¹⁴⁹) Synh. 91b.   ¹⁵⁰) Synh. 99b.   ¹⁵¹) Baba bathra 79a.

¹⁵²) Chullin 133a. So tradirt Jehuda; nach Zeira gliche ein Solcher dem, der götzendienerisch einen Stein auf den Hermes-Steinhaufen am Wege legt. Diese letztere Vergleichung beruht auf einer geistreichen Deutung von Prov. 26,8 (s. auch Vulgata z. St.) und findet sich ganz so in Tosefta Aboda zara c. 7 Ende im Namen des Simon b. Eleazar. — Den Ausdruck שאינו הגון liebte Rab besonders: so spricht er von בנים שאינם הוגנים, Kidd. 70a, אשה שאינה הוגנת ib. 70b, שליח צבור שאינו הגון Taan. 16b.

¹⁵³) Erubin 53b. Nach einer andern Version, die aber auch dem Samuel b. Martha zugeschrieben wird, höher als der Bau des Tempels, Megilla 16b.

¹⁵⁴) Nach ψ 105,15, Sabb. 119b.

¹⁵⁵) Synh. 99b. Mit Chanina gemeinschaftlich.

¹⁵⁶) Sabb. 119b. Vgl. Nedar. 81a zu Jerem. 9,11 f.

¹⁵⁷) Baba bathra 98a.

¹⁵⁸) Pesach. 66b.

¹⁵⁹) אחד משמנה בשמינית.

¹⁶⁰) Sota 5a.

¹⁶¹) Ab. zara 19b, Sukka 21b.

tet ihn auch in die kommende. ¹⁶²) Auch wenn er nicht mehr hienieden weilt, lebt er dennoch auf Erden fort in den Lehrsätzen, die in seinem Namen überliefert werden. ¹⁶³) Auf die geistigen Freuden der Unsterblichkeit pflegte Rab mit folgenden Worten hinzuweisen: ¹⁶⁴) Nicht gleicht dieser Welt die kommende; denn dort giebt es nicht sinnliche Genüsse, nicht Handel und Wandel, nicht Hass und Neid, sondern die Frommen sitzen da, ihre Kronen auf den Häuptern und laben sich am Glanze der göttlichen Majestät.

Reich ist Rab's Agada an Sentenzen über das sittliche Leben und über die Beziehungen der Menschen zu einander. Die Gebote der Thora sind nur gegeben, um die Menschen sittlich zu läutern. ¹⁶⁵) Alles was öffentlich zu thun — des Scheines wegen — verboten ist, das darf man sich auch im innersten Gemache nicht erlauben. ¹⁶⁶) Angesichts eines öffentlichen Ärgernisses darf auf die Ehre des Angesehenen keine Rücksicht genommen werden. ¹⁶⁷) Wer eine Sünde begangen hat und darob Beschämung erlitt, dem wird Vergebung zu Theil. ¹⁶⁸) Immer-

---

¹⁶²) Berach. 64a M. Kat. 29a. Vgl. Schocher tôb zu ψ 84,₃, wo Ähnliches von R. Levi.

¹⁶³) Jebam. 96b, Bechor. 31b. Wie Rab bei seinen Äusserungen auch an die Nachwelt dachte, dafür ist Folgendes charakteristisch. Zu einer nicht ganz deutlichen Erklärung zu Mischna Sabbath 7,₃ giebt er die nähere Begründung mit den Worten: Ich will zu meiner Äusserung noch etwas zur Erläuterung hinzufügen, damit die künftigen Generationen nicht über mich lachen דלא ליתו דרי בתראי וליחכו עלי Sabb. 75b. — An den Klagereden, die über den Verstorbenen gehalten werden, sagte Rab, kann man erkennen, ob er ein Sohn der künftigen Welt ist. Sabb. 153a.

¹⁶⁴) מרגלא בפומא דרב Berach. 17a.

¹⁶⁵) לא ניתנו מצות לישראל אלא לצרף בהן את הבריות. Mit Anlehnung an אמרת ד׳ צרופה Prov. 30,₅ ψ 18,₃₁. Lev. r. c. 13. In Gen. r. c. 44 auch durch ein Beispiel verdeutlicht. Vgl. auch Tanchuma zu Levit. 11,₃ und Schocher tôb zu ψ 18,₃₁; Midrasch Samuel c. IV Anf. In Jalkut II, §. 161 irrthümlich אמר רבא.

¹⁶⁶) כל שהוא אסור מפני מראית העין אפילו בחדרי חדרים אסור. So jer. Kilajim 32a. In b. Sabbath 34b כל מה שאסרו חכמים.

¹⁶⁷) Berach. 19b.

¹⁶⁸) Berach. 12b. Als Simon b. Chalafta Rab's Sohn Chijja zum Abschiede mit den Worten gesegnet hatte: Gottes Wille sei, dass du Niemand beschämest, von Niemand beschämt werdest!" und Chijja

hin beschäftige sich der Mensch — und sei es auch in eigensüchtiger Absicht — mit der Lehre und mit guten Werken; denn allmälig wird er es selbstlos zu thun sich gewöhnen. [169]) Niemals begehre der Mensch die Versuchung; denn David, der König Israels begehrte versucht zu werden und kam zu Falle. [170]) Der Mensch wird dereinst Rechenschaft ablegen über Alles, was die Welt ihm bot und dessen Genuss er sich versagt hat. [171])

Wer kein Erbarmen hat mit den Menschen, der ist gewiss kein Abkömmling Abraham's. [172]) Wem es möglich ist, für seinen Nebenmenschen Erbarmen zu erbitten und er thut es nicht, der heisst ein Sünder. [173]) Lieber werfe man sich in einen glühenden Ofen, als dass man seinen Nebenmenschen öffentlich beschäme. [174]) Gastfreundschaft üben ist mehr, als Gottes Herrlichkeit begrüssen. [175]) Wer auf den Tisch Fremder angewiesen ist, um den ist die Welt verdunkelt. [176]) Alle Ämter, selbst das des Brunnenaufsehers, werden vom Himmel bestimmt. [177]) Ein Gemeindevorsteher, der aus selbstsüchtigen Gründen sich bei der Gemeinde gefürchtet macht, der wird keinen im Studium sich aus-

---

    das dem Vater verwundert erzählte, sagte dieser: Es ist dies ein Segen, den Gott über Israel ausgesprochen! Nach Joel 2,27. Moed Katon 9b. Vgl. Schocher tôb zu ψ 6,11.

[169]) Pesach. 50b und Parall.

[170]) Synh. 107a.

[171]) Jer. Kidduschin Ende (66d). Diese Abmahnung von unberechtigter Askese spricht Rab noch deutlicher aus. in dem Rathe, sich Angesichts der menschlichen Vergänglichkeit des ihm verliehenen Guten zu freuen, den er seinem Schüler Hamnuna mit Sätzen aus dem hebräischen Ben Sira (im griechischen Texte wenig anders c. 14,11, 12, 14, 17, 18) ertheilt. Erubin 54a.

[172]) Beza 32b.

[173]) Berach. 12b.

[174]) Berach. 43b und Parall. Doch wird die Autorschaft dieses Satzes auch Simon b. Jochai, von Andern Simon dem Frommen zugeschrieben.

[175]) Sabb. 127a, Schebuoth 35b. Abraham's Gastfreundschaft lohnte Gott an seinen Nachkommen. Baba Mezia 86b.

[176]) Beza 32b.

[177]) Baba bathra 91b. S. oben S. 11, Anm. 58.

zeichnenden Sohn haben. ¹⁷⁸) Wer an Parteiung festhält, der
übertritt ein göttliches Verbot. ¹⁷⁹) Man suche womöglich in
einer noch nicht lange bestehenden Stadt zu wohnen, da sich in
einer solchen noch weniger Sünde angehäuft hat. ¹⁸⁰) Man
wohne in keiner Stadt, die ohne Arzt, ohne Bad und ohne mit
Strafgewalt versehenes Gericht ist. ¹⁸¹) Einem Jeden lässt Gott
den eigenen Beruf schön erscheinen in seinen Augen. ¹⁸²) Ziehe
auf öffentlichem Platze einem Aase die Haut ab — so sagt er zu
Kahana — um deinen Unterhalt zu erwerben, und nimm den
Lohn dafür, und sage nicht: Ich bin Kahana und ein grosser
Mann, es ist entwürdigend für mich. ¹⁸³)

Man soll eine Frau sich nicht verloben, bevor man sie
gesehen; wie leicht könnte man nachträglich einen Fehler an
ihr entdecken und sie verabscheuen, während es doch geboten
ist: Liebe deinen Nächsten wie dich selbst! ¹⁸⁴) Wer eine Frau
um des Geldes willen nimmt, der wird unwürdige Kinder haben. ¹⁸⁵) Man hüte sich sehr seine Frau zu verletzen; denn da
sie leicht weint, wird ihre Verletzung schneller geahndet. ¹⁸⁶)
Man darf die minderjährige Tochter nicht verloben, sondern
warte bis sie erwachsen und ihre Einwilligung giebt. ¹⁸⁷) Man
soll nie ein Kind vor dem andern auszeichnen, wie Jakob's und

---

¹⁷⁸) Rosch Hasch. 17a.
¹⁷⁹) Synhedrin 110a.
¹⁸⁰) Sabb. 10b.
¹⁸¹) Jer. Kidduschin 66d. In b. Synh. 17b werden in einer Barajtha zehn
Erfordernisse einer Stadt genannt, in welcher ein Talmid-Chacham
wohnen dürfe, ausser den von Rab genannten: eine gut verwaltete
Armenkasse, eine Synagoge, Chirurg, Anstandsorte, Schreiber (libellarius), Jugendlehrer und Obst. Vgl. noch Elija zuta c. 16.
¹⁸²) Nach Kohel. 3,11. Berach. 48b.
¹⁸³) Pesach. 113a. Baba bathra 110a.
¹⁸⁴) Kidduschin 41a.
¹⁸⁵) Kidduschin 70a.
¹⁸⁶) שמתוך שדמעתה מצויה אונאתה קרובה Baba Mezia 59a. Rab's Eheleben war kein glückliches. s. Jebam. 63a. Eine seiner Sentenzen
lautet: כל חלי ולא חלי מעים כל מיחוש ולא מיחוש ראש כל רעה
ולא אשה רעה Jede Krankheit, nur keine Unterleibskrankheit, jeder
Schmerz, nur kein Kopfschmerz, jedes Böse, nur keine böse Frau!
Sabbath 11a.
¹⁸⁷) Kidduschin 41a.

Josef's Beispiel lehrt. [188]) Wer in seinem Hause sich zu sehr gefürchtet macht, verfällt den gröbsten Sünden. [189])

Hervorzuheben sind noch Rab's Aussprüche über das Gebet. Er ist der Urheber einiger der schönsten Gebete, welche die Synagoge in ihren Ritus aufgenommen, und hat in denselben echter Frömmigkeit in reiner und wirkungsvoller Sprache Ausdruck geliehen. [190]) — Vor dem Morgengebete soll man Niemand grüssen. [191]) Ehrfurchtsvolle Andacht begleite das Gebet. [192]) Wessen Gemüt nicht beruhigt ist, der bete nicht. [193]) Langes Beten ist eines der Dinge, die das Leben verlängern. [194]) Zu besonderem Dankgebete sind verpflichtet die Seefahrer und Wüstenreisenden, die Genesenen und aus Kerkerhaft Befreiten. [195])

Nach den bisher angeführten Proben aus dem Inhalte der Agada Rab's ist es nötig ihre Form zu betrachten, das ist die Methode seiner Schriftauslegung, die Art, auf welche er eigene Ansichten mit biblischen Sätzen in Verbindung setzt, und die Form seiner Aussprüche nach der stylistischen und sprachlichen Seite. Was die Methode seiner Schriftauslegung betrifft, so darf

---

[188]) Sabb. 10b, Megilla 16ab.
[189]) Gittin 6b.
[190]) S. Mühlfelder, Rabh, S. 72.
[191]) Berachoth 14a.
[192]) Berach. 13b Joma 4b.
[193]) כל שאין דעתו מיושבת עליו אל יתפלל משום שנאמר בצר אל יורה
Erubin 65a. Die Beweisstelle ist, wie schon Raschi vermutete, dem Buche Ben Sira's entnommen (Vgl. S. 26, Anm. 171). Im griechischen Texte lautet sie (c. 7, v. 10): Μὴ ὀλιγοψυχήσῃς ἐν τῇ προσευχῇ σου d. h. Sei nicht kleinmütig in deinem Gebete. Die Worte בצר אל יורה drücken, wenn man mit Guttmann (Die Apokryphen, S. 60) für יורה liest: יודה, dasselbe in umgekehrter Folge aus. Möglich ist, dass יורה irrthümlich einem andern Satze entnommen ist, der das Lehren, Entscheiden in unruhiger Gemütsverfassung untersagt, und der Satz ursprünglich lautete: המיצר אל יתפלל oder בצר אל יתפלל. wie in der That in jer. Berach. 8d Eliezer der Sohn Jose's des Galiläers, wol mit Benützung desselben, lehrt המיצר אסור להתפלל S. auch Tosseph. Erubin 65a. — Übrigens wurde der fragliche Sirach-Satz auch von Chanina angeführt, um zu rechtfertigen, dass er, wenn er erzürnt war, nicht betete. Erubin ib. S, noch Simon Bacher's Bemerkung in Löw, Ben Chananja II, 327.

[194]) Berach. 55a.   [195]) Berach. 54b.

von vorne herein nicht erwartet werden, dass Rab neue Bahnen gebrochen, neue Methoden eröffnet habe. Wie eine nähere Betrachtung des agadischen Nachlasses der Tannaiten zeigt, waren die hermeneutischen Grundsätze und Normen, nach welchen in der Agada die heilige Schrift entweder erklärt oder zu homiletischen und andern Zwecken angewendet wird, beim Abschlusse der Mischnaepoche vollendet. Rab, dessen Thätigkeit unmittelbar an diese Epoche sich anschliesst, nimmt auch in der Agada keine Sonderstellung unter den Männern ein, welche in Palästina als Zeitgenossen und Jünger des Patriarchen und Mischnaredakteurs Jehuda den Übergang von dem Zeitalter der Tannaiten zu dem der Amoräer bilden; nur dass er in Babylonien lehrte und geschichtlich als der erste Agadist der babylonischen Schulen erscheint. Im übrigen ging auch er gleich Chanina, Jonathan, Josua ben Levi — den fruchtbarsten Agadisten unter seinen Zeitgenossen — in den Geleisen der tannaitischen Agada, und wenn von individueller Verschiedenheit die Rede sein soll, so kann sich dieselbe blos auf die Bevorzugung gewisser Stoffe, auf die grössere oder geringere Gewandtheit in der Behandlung der Schrift und in der Anwendung der agadischen Auslegungsweise beziehen. Schon die grosse Produktivität Rab's stellt ihn, den Meister der Halacha, unter die hervorragendsten Vertreter der Agada. Aber eine nähere Betrachtung seiner erhaltenen Aussprüche zeigt, dass er auch eine ungewöhnliche Gewandtheit in der Erklärung und Anwendung des heiligen Textes besass und dass ihm die verschiedenen Methoden der agadischen Hermeneutik zu Gebote standen. In der Mehrzahl erscheint seine Exegese, wenn man sich einmal auf den Standpunkt des Agadisten gestellt hat, durch Einfachheit und Ungekünsteltheit ausgezeichnet; doch finden sich auch Beispiele jener gewaltsamen Auslegungsformen, welchen das moderne Bewusstsein ganz besonders widerstrebt, die aber in der Agada schon zu Rab's Zeit Bürgerrecht erlangt hatten. Auch er erlaubt sich, wenn sein Zweck es erheischt, das Textwort mit andern als den überlieferten Vokalen zu lesen, wobei keineswegs an eine kritische Änderung des Textes zu denken ist. [195]) Er zerlegt — nach der Me-

---

[195]) In Jes. 2,22 liest er für בָּמָה: בַּמֶה, Berach. 14a; — Hohelied 5,13

thode des Notarikon, Schnellschreiberart — ein Wort in zwei bedeutungsvolle Bestandtheile, [197]) und er verwendet zuweilen den Zahlenwerth der Buchstaben eines Wortes zu agadischen Zwecken. [198]) Sehr selten deutet er den Text allegorisch. [199])

Was die Art der Verbindung des eigenen Gedankens mit dem Bibelsatze, von dem er hergeleitet wird angeht, so verfuhr Rab in seinen Aussprüchen — abgesehen natürlich von denen, in welchen die Erklärung irgend eines Wortes oder Ausdruckes einziger Zweck ist — so, dass er zuerst seinen Gedanken ausspricht und hierauf die Ableitung aus der Schrift folgen lässt. Zuweilen — und das sind die eigentlich homiletischen Sätze — ist das Umgekehrte der Fall, und den Satz leitet die Formel:

---

für מר־ד. Sabb. 30b; — Gen. 25,23 liest er: שני גיים und bezieht das ("die beiden Vornehmen") auf Antoninus und Jehuda I. Berach. 57b. (Anonym ebenso in Gen. r. c. 63, jedoch mit Bezug auf Kaiser Hadrian und König Salomo).

[197]) שמים ist gleich אש ומים, Gen. r. c. 4 Ende. — שבתה מרהבה, Jes. 14,4, erklärt er: Vernichtet ist die Nation, welche den Besiegten sagte מדוד והבא Miss zu und bring'! oder מאד מאד הבא Sehr, sehr bring herbei! Sabb. 149b. — תהכמוני, II Sam. 23,8 zerlegt er in תהא כמוני, Moed Katon 16b; שרגים, Gen. 40,10, in שרי גיים, Chullin 92a. — אמרפל (Gen. 14,1) hies Nimrod, weil אמר והפיל לאברהם לכבשן, Erubin 53a. — אחשורש bedeutet אחיו של ראש Bruder (Gesinnungsgenosse) Nebukadnezars (des Hauptes aus Gold nach Daniel 2,38). Megilla 11a. — שמתא „Bann" erklärt Rab als שם מיתה „Da ist Tod." Moed. K. 17a.

[198]) S. Sabb. 149b zu Habakkuk 2.16; Synh. 82b zu Prov. 30,31. Den für diese Methode gebräuchlichen Ausdruck גימטריא (γραμματεία) wendet Rab einmal in der Bedeutung von Buchstabentausch an. Er erklärt nämlich, die Inschrift bei Belsazar's Gastmal (Daniel c. 5) konnte deshalb nicht gelesen werden, weil sie בנימטריא geschrieben war, nämlich für מנא: יטת, also in jener Art des Buchstabenwechsels, der א"ת ב"ש genannt wird. Synh. 22a.

[199]) Zu Zach. 11.12: Die 30 Silberstücke sind die dreissig Gebote, welche die heidnischen Völker einst üben werden. So j. Aboda zara 40c, während in Gen. r. c. 98 dies von R. Jochanan tradirt wird. — Zu I Kön. 11.29: „Auf dem Felde" bedeute, alle Gelehrte dünkten ihnen (Jerobeam und Achija) so gering wie Kraut des Feldes, oder auch: alle Gründe der Lehre lagen offen vor ihnen da, wie ein Feld. Synh. 102a. S. besonders die Allegorisirung des Traumes vom Weinstock. Gen. 40,10, in Chullin 92a.

„Was ist dies, was geschrieben ist?" ein. [200]) Eine andere Form, die Gegeneinanderstellung zweier Schriftstellen, deren Widerspruch bemerkt und gelöst wird, ist bei Rab nur vereinzelt zu treffen. [201]) — Gerne bildet Rab allgemeine Sätze, in denen verschiedene Gegenstände unter einen Gesichtspunkt gestellt werden, und die mit der Angabe der Zahl dieser Gegenstände — bei Rab ist es gewöhnlich die Dreizahl — eingeleitet sind. [202]) Merkwürdig ist, dass Rab eines der ältesten und in Palästina fortwährend beliebten Elemente der Agada, das Gleichniss — משל — fast gar nicht angewendet hat. [203]) Es scheint, dass diese oft so sinnige Anwendung erdichteter Erzählungen auf den Text in dem nüchternen Babylonien niemals recht Wurzel fassen konnte und dass schon Rab es für gut fand, seiner Agada den Schmuck des Maschal zu entziehen.

Was den Styl und die Sprache der Sätze Rab's betrifft, muss vor Allem hervorgehoben werden, dass er, wie dies auch seine Gebete zeigen, die hebräische Sprache in einer vom Biblischen nicht sehr abweichenden Gestalt, mit grosser Klarheit und

---

[200]) מאי דכתיב. Zu ψ 39,5, Sabb. 30a; zu ψ 61,5, Jebamoth 96b; zu ψ 86,17, Sabb. 30a; Spr. 7,26, Sota 22a; Spr. 30,31, Synh 82b; Nehem. 8,8, Megilla 9a (vgl. j. Meg. 74d, wo nach א״ר חננאל zu ergänzen אמר רב).

[201]) כתוב אחד אומר .... וכ׳ אחד אומר zu Deut. 9,9 und 10,10, Megilla 21a. Mit Voranstellung des besonders bei halachischen Discussionen üblichen רמי „er warf gegen einander": Joma 86b zu ψ 32,1 und Prov. 28,13. — Was im Joma 86a unter der Überschrift רב יהודה רמי steht (zu Jerem. 3,14 und Zach. 1,3), wird in Jalkut zu Zach., Anfang, so angeführt: אמר רב יהודה אמר רב מאי דכתיב. Im En Jakob hingegen: אמר רב יהודה ר׳ אמי רמי. Aus beiden Lesearten lässt sich leicht die richtige combiniren: א״ר יהודה רב רמי. Wahrscheinlich ist ר׳ אמי רמי durch Dittographie entstanden.

[202]) Drei Arten tiefen Schlafes giebt es, Gen. r. c. 17 gegen Ende. Drei Sünden, denen kein Mensch entgeht. Baba bathra 164b. Drei Dinge sühnt das Exil., Synh. 37b. Drei Dinge verlängern das Leben Berach. 54b; drei Dinge verkürzen es. Berach. 55a. (S. Dikduke Sofrim z. St.) Drei Dinge bedürfen besonderer göttlicher Gnade. Ib. Vier Vergehen bewirken, dass des Menschen Gut confiscirt wird. Sukka 29b.

[203]) Man findet nämlich nur an zwei Stellen des Schocher tôb (zu 1,1 und zu 14,1), dass Rab ein משל anwendet.

wirkungsvoll zu handhaben verstand. Seine Aussprüche sind denn auch zum überwiegenden Theile hebräisch; die aramäische Volkssprache wendet er besonders dort an, wo er in der sagenhaften Darstellung biblischer Geschichte in den Volkston übergeht. Auch aramäische Volkssprichwörter wendet er zuweilen an, [204]) was die spätern Amoräer viel öfter thun. Er bedient sich schon persischer Wörter. [205]) die wahrscheinlich erst in seiner Zeit in die Mundart der babylonischen Juden einzudringen begannen: häufiger jedoch trifft man in seinen Aussprüchen griechische und lateinische Ausdrücke an. [206])

[204]) S. Synh. 48b. היינו דאמרי אינשי תהא ליטא ולא תהא לאטא „Lieber sei von den Gefluchten als von den Fluchenden!" Zu Num. 31,8: היינו דאמרי אינשי גמלא אזלא למבעי קרני אודני דהוו ליה גזיזן מניה „Das Kamel ging hin, sich Hörner zu erbitten, und man schnitt ihm auch seine Ohren ab." Synh. 106a. Vgl. noch B. Mezia 86b zu Gen. 18,7 und Erubin 86a zu einer halachischen Entscheidung.

[205]) S. S. 10. Anm. 48. — Rosch Hasch. 35a: משום דאוושי קרא Dies Wort אווש, dass auch sonst im babyl Talmud vorkömmt, ist nicht mit Levy. Wörterb.I, 48, von ἄσσω abzuleiten, sondern ist s. a. neupers. âwâz, ursprünglich âwaksh, laut werden, schreien. — Zu נא, Exod. 12,9 bemerkt er: כדאמרי פרסאי אברנים. Pesach 41a. S. Fleischer in Levy, Wörterbuch I. 16. — Zwei persische Wörter leitet Rab sogar aus der Bibel her. Aboda zara 24b.

[206]) Z. B. היושב בבית מרועיע עושה מלאך המות דנסטיס שלו „Wer in einem baufälligen Hause wohnt, der erklärt den Tod als seinen Gläubiger — δανειστής —". J. Sabb. 5b. Der Euphrat ist der Gewalthaber — αὐθέντης — unter den Flüssen. Gen. r. c. 16. Anf. — Korach entdeckte die Schätze — θησαυρός — des Pharao, j. Synh. 27d unt. ץ Jes. 33,21 erklärt Rab mit בורני-λιβυρίς, navis liburna R. H. 23a. So ist auch אספי־ ליבון, die jedenfalls corrupt erhältene Übersetzung von ציץ מיד בתים, Num. 24,24 aufzufassen (Synh. 106a): Liburnerschiffe aus Cypern. S. Brüll. Jahrbücher I, 135. — Zu I Kön, 17,1 fragt Rab: והלא אליהו טירון לנבואה היה. „War denn Elija damals nicht erst ein Anfänger — tiro — in der Prophetie?" Wie konnte er demnach sagen: „Der Gott Israels, vor dem ich gestanden bin." Gewöhnlich erklärt man diese Stelle (j. Erubin 22b) so, dass טירון mit τύραννος identificirt wird. S. Aruch s. v. טרן III und die besonders schiefe Erklärung in Levy, Wörterbuch II, 157. Damit hängt denn auch die Leseart des Aruch zusammen טירונין של נביאים. In der Leseart der Ausgaben — טירונין לנביאים — ist zum Theil die richtige: טירון לנבואה. enthalten; — Ganz so heisst es auch von

Schliesslich möge noch auf eine Seite von Rab's exegetischer Thätigkeit hingewiesen werden, in welcher er gleichfalls Vorbild für die Amoräer Babyloniens geworden ist. Da das Verständniss der Mischna, sowol in Bezug auf den sprachlichen Ausdruck als auf den Zusammenhang ihrer Satzungen mit der heiligen Schrift, in erster Reihe zu den Aufgaben des Gesetzesstudiums gehörte, so musste die Anwendung von Bibelstellen zur Erklärung einzelner Wörter der Mischna und zur Herleitung ihrer Satzungen einer der hervorragendsten Zwecke der amoräischen Exegese werden. Und auch hiefür finden sich von Rab zahlreiche Beispiele, in dem er sich ebenfalls als gewandten Exegeten bekundet. [207]

II.

Die Zeitgenossen Rab's.

Abba b. Abba, Karna, Schela, Mar Ukba, Samuel.

Als Abba Arikha nach Babylonien kam und zunächst im Lehrhause des Schulvorstehers Schela die Stelle des Amora, Interpreten, bekleidete, gab es nur wenige Männer von hervorragenderer Bedeutung in den am untern Euphrat angesessenen jüdischen Kolonien. Doch begann zu jener Zeit Nahardea, der Mittelpunkt dieser Kolonie, eine Stätte eifrigen Studiums zu werden und Rab traf bei seiner Rückkehr in die Heimat einige

---

Moses (Exod. r. c. 3 Anf.): Als sich ihm Gott — am Dornbusch — zum ersten Male offenbarte, טירון היה משה לנבואה.

[207]) Beispiele für halachische Deduktion: Berach. 11a, Kethub. 16b, Begründung eines Trauergesetzes nach Ezechiel 24,17; Berach. 43b, Benediktion über Wohlgerüche, nach ψ 150,6; Sabb. 129b, zum Sabbathgesetz nach Ezechiel 16,4; Synh. 28b, zu den Verwandtschaftsgraden, nach Lev. 18,14; Makkoth 11b, Lösung des Bannes, nach Gen. 43,9; Chullin 139b, vom Vogelnest, nach Jesaja 43,16. — Beispiele für Erklärung von Mischnawörtern: יאחז Berach. 8,7; מאברין Erubin 5,1, אידיהן Aboda zara 1,2; bei diesen drei Wörtern vertritt Rab die Schreibung mit א gegen Samuel, der dafür ע setzt. S. j. Aboda zara 39c und Par. Vgl. Frankel, Einleitung in den jer. Talmud, S. 40b. — צופים נופת Sôta 9,12, Sôta 48b; מבעה Baba Kamma 1,1. B. K. 3b.

Berufsgenossen, deren Namen, gleich dem seinigen, von der dankbaren Nachwelt bewahrt wurden, als die der Begründer eines neuen geistigen Aufschwunges unter den Juden des Ostens. An Ruhm und Bedeutung steht Rab zunächst Samuel, zu dem er in einem merkwürdigen, durch gegenseitige Hochachtung gefestigten und durch die naturgemässe Rivalität zweier ebenbürtiger, auf demselben Gebiete wirkender Kräfte nicht gestörten Freundschaftsverhältnisse stand.[1]) Auch Samuel's Vater, Abba b. Abba, war durch Charakter und Gelehrsamkeit unter den Zeitgenossen hervorragend, wird aber gewöhnlich blos als der „Vater Samuel's" bezeichnet. Ausser diesen sind zu nennen Karna, der „Richter der Diaspora", der eine Sammlung der auf das Civilrecht sich beziehenden Traditionen anlegte, Schela, das Haupt des Lehrhauses und Mar Ukba, der nach einer nicht unbestrittenen Nachricht Exilarch war,[2]) jedenfalls aber in Kafri, — einem Orte, aus dem auch Chijja, Rab's Oheim und Rab selbst stammte — einem Gerichtshofe präsidirte.[3])

Nur von Samuel hat sich eine grössere Anzahl agadischer Sätze erhalten; die übrigen Genannten sind nur durch wenige Aussprüche in der agadischen Literatur vertreten, die aber immerhin beweisen, dass in der neuen babylonischen Schule neben der Halacha auch die Agada gepflegt wurde.

Von Abba b. Abba haben wir die Klagerede, die er über seinen langjährigen Freund und Reisegenossen Levi b. Sisi hielt. Die letzten Worte von Koheleth 12,13 [4]) wendet er auf den Verstorbenen so an, dass derselbe Gott so lieb gewesen, wie alle

---

[1]) Als Rab starb, konnte sich Samuel, trotz der aufrichtigen Trauer die er bekundete, nicht enthalten, auszurufen: Hingegangen ist der — einzige — Mann, vor dem ich fürchtete! Moed Katon 24a.

[2]) Die betreffende Notiz im Sendschreiben des Gaon Scherira hat Grätz, Gesch. d. J. IV², 488 abgewiesen, doch sind seine Gründe widerlegt und das Exilarchat Mar Ukba's nachgewiesen worden durch Hoffmann in seiner Schrift Mar Samuel, S. 74 ff. S. auch Brüll, Jahrbücher für Jüd. Gesch. und Literatur II. Band, S. 90.

[3]) Mar Ukba tradirt im Namen des Vaters Samuel's, Sabb. 108b, und zu diesem selbst stand er so, dass er seine Superiorität als Gesetzeslehrer bescheiden anerkannte, als Richter aber über ihm war. Moed Kat. 16b.

[4]) כי זה כל האדם.

übrigen Menschen zusammen. Diese hyperbolische Verherrlichung wird noch durch ein Gleichniss vom Weinberge deutlich gemacht. [5])

Von Karna hat sich nur eine einzige agadische Bemerkung erhalten, [6]) zu Gen. 47,30, in der er Jakob's Wunsch, nicht in Aegypten begraben zu werden, mit der Auferstehungslehre in Zusammenhang bringt. [7])

Dass Schela in seinem Lehrvortrage auch Agadisches vorbrachte, ist schon gezeigt worden. [8]) Doch hat sich ausser der dort erwähnten Deutung zu Jos. 7,10, kein sonstiger Ausspruch von ihm selbst erhalten. [9]) Hingegen findet sich eine Reihe von Sätzen, von denen überliefert wird, dass sie in seinem Lehrhause entstanden. [10]) Dass für solche Sätze mindestens nicht immer Schela selbst als Urheber angenommen werden kann, beweist einer derselben, „der Name des Messias werde Schela sein", was zwar mit einer Bibelstelle [11]) begründet wird, in Wirklichkeit aber blos eine Huldigung der Jünger für ihren Lehrer ist, wie deren an derselben Stelle [12]) noch andere erwähnt sind. — Die übrigen Sätze sind zum Theil gegen die Ansichten Rab's — oder auch Samuels — gewendet, [13]) oder

---

[5]) Jer. Berach. 5c. Vom Vater Samuel's findet sich ausserdem die Anwendung von Deut. 33,11, Kiddnschin 66b; von Exod. 23,13, Synh. 63b; von Num. 5,19, Sôta 20a.

[6]) Kethub. 111a.

[7]) Der Ausdruck (oder בנו) דברים בגב „Hierin ist ein Geheimniss verborgen", dahinter steckt etwas, welcher den Satz Karna's einleitet, und mit dem auch palästinensische Amoräer ihre Bemerkungen zu derselben Stelle — Gen. 47,30 — beginnen (j. Kethub. 35b, Gen. r. c. 96), wird von Karna selbst noch bei anderer Gelegenheit angewendet, Kidd. 44b.

[8]) S. oben S. 6.

[9]) In דרש ר׳ שילא Schir. r. zu 8,1 ist Schela aus Kefar Tamartha (in Judaea) gemeint, aus dessen agadischen Vorträgen — stets mit דרש gekennzeichnet — auch der bab. Talmud Proben hat. Megilla 16a, 16b, Sota 35a.

[10]) אמרי דבי ר׳ שילא.

[11]) Gen. 49,10 עד כי יבוא שילה.

[12]) Synhedrin 98b.

[13]) Zu Spr. 11,21, Sôta 4b (קשיא להו לדבי ר׳ שילא); zu Kohel. 12,14, Chag. 5a; über נפר Gen. 6,14, Synh. 108b (vgl. Rosch Hasch. 23a); איש הבינים, I Sam. 17,4, Sôta 42b.

gegen Aussprüche der Schule Rab's. [14]) Einige dieser Controversen sind in der palästinensischen Agada niedergelegt, aber so dass die Gegenansicht bloss als die der — übrigen — Gelehrten [15]) gekennzeichnet wird. [16]) Von zwei Aussprüchen der Schule Schela's wird im babylonischen Talmud berichtet, man habe über sie in Palästina gelacht. [17]) Charakteristisch ist der aus dieser Schule stammende Ausspruch über Roms Reichthum [18]) und über die gegen den Menschen Zeugenschaft ablegenden Geleitengel. [19])

Mar Ukba's Sätze sind fast durchaus durch den aus Kafri stammenden Chisda, den nachherigen Akademievorsteher von Sura, tradirt. [20]) Sie bekunden geistreiche Auffassung und Geschicklichkeit im Auslegen. Schön sind die Aussprüche über die Verwerflichkeit der Verläumdung, [21]) über den Hochmut, [22]) über

---

[14]) Über Chulda. die Prophetin. Megilla 14b. über Jesaia 59,15, Synh. 97a.

[15]) דבית ר׳ שילא ורבנן.

[16]) Zu Hohelied 7.14, Schir r. z. St.; zu כסוחה ψ 80,17, Schocher tôb z. St. (wo für שילא ר׳ zu lesen דבית ר׳ שילא).

[17]) מחכו עליה במערבא: Vom Thurmbau zu Babel. Synh. 109a; über Keren happuch. Hiob's Tochter (Hiob 42,14) B. bathra 16b.

[18]) In Rom ist ebensoviel an Goldmünzen, als in der ganzen übrigen Welt. Gittin 58a.

[19]) שני מלאכי השרת המלוין לאדם הם מעידין עליו, nach ψ 91,12. Taan. 11a; vgl. Berach. 58a. — S. noch Joma 38b unten.

[20]) Chisda, der, bevor er nach Sura ging, sein Lehrhaus in Kafri hatte, tradirt auch im Namen des Mari b. Mar. Dieser letztere war vielleicht ein Sohn des Mar Ukba, in dessen Namen er tradirt: Jebam. 76b. רב מרי בר מר אמר מר עוקבא אמר שמואל. Vor seinen von Chisda mitgetheilten Aussprüchen ist stets דרש angegeben; sie sind also öffentlichen Vorträgen entnommen. Es sind deren nur drei, aber sie zeigen, dass Mari b. Mar ein Agadist von ungewöhnlicher Gewandtheit war. An ψ 119.96 anknüpfend, bespricht er die Grösse der Gotteslehre gegenüber der Kleinheit der Welt, Erubin 21a; die doppelte Exilirung unter Nebukadnezar, nach Daniel 9,14. Synh. 38a, Gittin 88a (wo irrthümlich מרימר). Diesen letztern Satz tradirte Chisda nach Einigen im Namen Mar Ukba's. — Deutung des Symbols von den guten und schlechten Feigen, Jerem. 24,1, Erubin 21a. Eine Combinirung der beiden letzten Aussprüche giebt R. Levi in Schir r. zu 7,14.

[21]) Arachin 15b.

[22]) Sôta 5a.

die Weihe des Sabbath. [23]) In den beiden unersättlichen Töchtern der Hölle (Spr. 30,15) sieht er die Ketzerei und das römische Reich angedeutet. [24]) Hohelied 5,11 deutet er auf die minutiöse Ausdeutung des schriftlichen Gesetzes mit Ausdrücken, wie sie auch Rab gebrauchte. [25]) Auch in Palästina tradirte Samuel b. Nachman eine Erklärung von Mar Ukba zu Jes. 22,16. [26])

Samuel's Agada ist hauptsächlich in den Controversen enthalten, die zwischen ihm und Rab über agadische Gegenstände stattfanden und welche durch den babylonischen Talmud, aber auch durch den jerusalemischen und in palästinensischen Midraschwerken erhalten sind. Sie bilden ein eigenthümliches Denkmal gemeinsamen, einander anregenden geistigen Hervorbringens, wie es auch auf halachischem Gebiete vorkömmt, in der Agada aber mit so zahlreichen Beispielen, wie von Rab und Samuel, nur noch von Jehuda und Nehemia, den Schülern Akiba's, nachzuweisen ist. Bei einer grossen Anzahl dieser nebeneinander stehenden Erklärungen der beiden Freunde ist nicht angegeben, welche Ansicht von Samuel, welche von Rab herrührt. Doch ist auch bei diesen in den meisten Fällen anzunehmen, dass von Rab die zuerst genannte Ansicht ist. [27]) Was bei der

---

[23]) Wer am Eingangsabende des Sabbat betet und die Bibelverse von der Vollendung der Weltschöpfung recitirt, dem legen die beiden Geleitengel des Menschen segnend die Hand auf's Haupt und sagen (nach Jesaia 6.7): Es weicht deine Schuld und deine Sünde ist gesühnt! Sabb. 119b. — Die Anschauung von den zwei Engeln, die den Menschen durch's Leben begleiten, auch von Schela benützt (s. S. 36), findet sich schon bei Jose b. Jehuda (Barajtha ib.).

[24]) מינות, רשות‎ Aboda zara 17a.

[25]) Erubin 21b, vgl. mit Menach. 29b.

[26]) Lev. r. c. 5. Vgl. noch die Erklärung Mar Ukba's zu פרשת העבור‎ (M. Berach. 4,4), Berach. 29b, und die Anwendung eines Volkspruches zu M. Sabb. 2,6. Sabb. 32a. — In Taan. 11b wird von Mar Ukba erzählt, er habe in Ginzak — Gazaka, Medien — öffentlich vorgetragen. Jedoch ist die Ab. zara 34a stehende — von den Tosephot gegen Raschi gebilligte — Leseart R. Akiba die richtige, da von diesem auch in Gen. r. c. 33 erzählt wird, dass er in Ginzak predigte.

[27]) In Echa rabba zu 3,13 (auch Esther r., Anfang) hat Samuel — gegen Rab — eine Ansicht über das Wort אשפתו‎, welche der in Sota 42b, zu Jerem. 5,16, an zweiter Stelle gebrachten entspricht. —

Mehrzahl dieser einander gegenüberstehenden Erklärungen [28]) das Charakteristische ist, besteht in Folgendem: sie gehen von derselben Grundansicht aus, auf der als gemeinschaftlicher Grundlage die entgegengesetzten Deutungen sich erheben. Wenn, zum Beispiel, Rab den Hathach für identisch mit Daniel erklärt, [29]) so thut dies auch Samuel, aber er giebt eine andere Etymologie des erstern Namens. Von der Annahme aus, dass Achan (Josua 7) mit Zimri (I Chr. 2,6) dieselbe Person ist, erklärt dann Rab Achan für den eigentlichen Namen und allegorisirt den andern, Samuel verfährt umgekehrt. [30]) Das Wort ת, Ezech. 9,4, erklären beide als den Namen des letzten Buchstaben des Alphabets; nur bedeutet es für Rab ein anderes mit diesem Buchstaben beginnendes Wort, als für Samuel. [31]) Dass der Name des Königs Achaschwerosch symbolisch zu deuten sei, darin stimmen sie überein, doch thun es Beide verschieden. [32]) Die geheimnissvolle Inschrift Belsazar's war auch nach Samuel eine Art Chiffreschrift durch Buchstabentausch, aber in anderer Art, als nach Rab. [33]) Dass in Exod. 1,15 Frauen aus Moses

---

Bei einigen der Controversen wird angegeben, dass man sie auch von Jochanan und Eleazar, also jüngeren Zeitgenossen überlieferte. So Berach. 17a, ib. 17b, Baba bathra 3a b.

[28]) Und das gilt nicht bloss für Rab und Samuel.

[29]) S. oben S. 14.

[30]) Synh. 44b. Ähnliche Fälle: Nimrod und Amraphel Erubin 53a.; Pithom und Raamses, Exod. 1,11, Sôta 11a; Schobach, II Sam. 10,16,18, und Schophach, I Chr. 19,16, Sôta 42b; Harapha, II Sam. 21,18, und Orpa, Ruth 1,4, Sôta, ib.; Machlon und Kiljon, Ruth 1,2 identisch mit Joasch und Saraph, I Chron. 4,22, Baba bathra 91b.

[31]) Sabb. 55a, vgl. Echa rabba zu 2,1.

[32]) S. S. 30, Anm. 197. Vgl. Pesach. 87b zu dem vom Propheten selbst symbolisch gebrauchten Namen גמר בת דבלים (Hosea 1,3).

[33]) S. oben S. 30, Anm. 198. Nach Samuel waren die 15 Buchstaben der Worte מנא מנא תקל ופרסין so versetzt, dass drei Gruppen zu fünf Buchstaben entstanden: ממתום ננקפי אאלרן. Ganz so lautet auch die Annahme Chijjas in Schir r. zu 3,4, wo die Ansicht Rab's dem Simon b. Chalafta zugeschrieben ist. Vielleicht muss man hier die Namen wechseln und dem Chijja die Ansicht seines Neffen Rab geben. Dafür spricht auch, dass von Chijja ausdrücklich erwähnt wird, dass er solche Buchstabentausche nach der Art des Ath Basch anzuwenden pflegte. Zum Worte מנון Prov. 29,21 wird

Familie gemeint sind, bildet den Ausgangspunkt für die Erklärung Rab's, es seien Jochebed und Mirjam, und für die Samuel's, es seien Jochebed und Elischeba zu verstehen. ³⁴) Man sieht aus solchen Beispielen, dass die gemeinsame, nicht etwa im Texte selbst offen daliegende Grundansicht, wenn sie nicht schon aus früherer Zeit stammte, von dem Einen der Gegner ausgesprochen und angewendet wurde, während der Andere sich dadurch zur Äusserung der entgegengesetzten Ansicht anregen liess. Die Anregung wird wol zumeist von Rab, als dem produktivern und gelehrtern Agadisten von den Beiden, ausgegangen sein. Ferner ersieht man aus solchen und andern Beispielen, dass diese Art der Controversen nicht so sehr aus der Absicht den Text ernstlich zu erklären, als aus der Liebe zum Bekunden des Witzes und des Scharfsinnes hervorging. ³⁵) Doch handelt es sich oft um das eigentliche Verständniss eines biblischen Ausdruckes, ³⁶) um die Auffassung eines biblischen Berichtes, ³⁷) oder die sagen-

---

nämlich. Sukka 52b, berichtet: בא"ט ב"ח של ר' חייא היו קורין לסהדה מנון.

³⁴) Sôta 11b.

³⁵) Hieher gehören besonders Controversen wie über Hodu und Kusch. Esther 1,1 und über Tiphsach und Azza. I Kön. 5,4. wo der richtigen Ansicht, dass hier die äussersten Enden des persischen, beziehungsweise salomonischen Reiches bezeichnet werden sollen, die andere gegenübersteht, es seien neben einander liegende Örtlichkeiten und deshalb genannt, um darauf hinzuweisen, dass Ahasverus, bez. Salomo, über die entferntesten Provinzen ebenso herrschte, wie über diese nahen. — Vgl. noch die Erklärungen zu בזיון וקצף Esther 1,18 und כי רבה ib. 1,20. Esth. r. z. St.

³⁶) Über וירק Gen. 14,14, Nedar. 32a; מערת המכפלה Gen. 23,9, Erubin 53a; כתנות עור Gen. 3,21, Sôta 14 a.; מסכנות Exod. 1,11, Sôta 11a; ויהר Exod. 18,9, Synh. 94a; אדרת שנער Jos. 7,21, Synh. 44a; איש הבינים I Sam. 17,4, Sôta 42b; עלית קיר II Kön. 4,10, Berach. 10a; אח Jerem. 36,22, Sabb. 20a; גדול Chaggai 2,9, Baba bathra 3ab; חמדות כזהב Esra 8,27, Arachin 10b; דר Esther 1,6, Megilla 12a; חר ib., ib.; בחצר גינת ביתן Esther 1,5, ib.

³⁷) Schöpfung des Weibes Berach. 61a, Erubin 18a; der neue Pharao, Exod. 1,8, Erubin 53a; der Tod des Pelatja b. Benaja. Ezech. 11,13, Kidduschin 72a; die Todten, die Jecheskel erweckte (c. 37), Synh. 92b; das Opfer des Moabiterkönigs, II Kön. 3,27, Synh. 39b.

hafte Erweiterung eines solchen, ³⁸) sowie um die Beurtheilung biblischer Personen. ³⁹) — Bei manchen der erhaltenen Controversen bilden Fragen der religiösen Weltanschauung den Gegenstand, ⁴⁰) bei andern die rein homiletische Anwendung einer Bibelstelle. ⁴¹)

Was sonst von Samuel's Agada sich erhalten hat, ist im Verhältnisse zu der seines Freundes Rab weder zahlreich noch bedeutend. Wie die Rab's, sind auch seine Aussprüche zum grössern Theile durch Jehuda, der auch sein Schüler war, tradirt worden, und ausser diesem besonders durch Nachman, dessen Vater Jakob als Schreiber an Samuel's Gerichtshofe fungirte ⁴²) und der nachher, gleich Samuel, auf dem Gebiete der Rechtskunde eine Autorität wurde. ⁴³) Auch ausdrückliche Notizen über seine agadischen Vorträge finden sich, ⁴⁴) unter Anderm zwei Proömien zum Estherbuche. ⁴⁵) Von Unterredungen mit seinen Schülern über agadische Gegenstände wird be-

---

³⁸) Zu Gen. 33,₁₃, Sabb. 33b; Esther 4,₁, Megilla 15a; Esther 4,₁₇, Megilla 15a.

³⁹) Über David, den Samuel von der Schuld. der Verleumdnng Gehör geschenkt zu haben, freispricht. Sabb. 56a, s. oben S. 9. Anm. 43. Über Salomo, Gittin 68a, Rosch Hasch. 21b. Sancherib. Synh. 94a; Ahasveros, Megilla 12a.

⁴⁰) Das Verdienst der Frommen um die Welt. nach Jesaia 46,₁₂. Berach. 17b; über das Nachwirken des Verdienstes der Patriarchen in der Geschichte Israels. Sabb. 55a; über den Zweck — Höhepunkt — der Geschichte. der nach Rab David — s. S. 9. Anm. 42. — nach Samuel Moses ist. Synh. 98b; über das Ende des Exils, Synh. 37b; über den bösen Trieb. Berach. 61a.

⁴¹) Zu Num. 25, 7 — וירא — Synh. 82a; Jesaia 2,₂₂, Berach. 14a; Jerem. 8,₅. Synh. 105a; Zach. 8,₁₀, Chagiga 10a; ψ 14.₄ — לא ד' קראו — Synh. 104b; Koh. 12,₁₄ — על כל נעלם — Chag. 5a; I Chr. 21,₁₅ — ראה — Berach 62b.

⁴²) Baba Mezia 16b.

⁴³) S. Berach. 29a. Sabb. 152b, Joma 83b.

⁴⁴) נפק שמואל אוקים שמואל אמורא עליה ודרש über ψ 78,₃₆ f., Taan. 8a. ודרש. Sabb. 156b, über Prov. 10.₂.

⁴⁵) Zu 1,₁. über Lev. 26,₄₄, Megilla 11a und Esth. r., Anf.; zu 1,₉, über Jerem. 51,₃₉, Esth. r. z. St.

richtet [46]) und auch Einiges von seinen Unterredungen mit dem König Schabur I erwähnt. [47])

Welche Art von Gegenständen Samuel mit Vorliebe behandelt hat, lässt sich bei der nicht sehr grossen Zahl seiner Aussprüche nicht erkennen; dieselben sind des verschiedensten Inhaltes. Von hervorragendem Interesse sind die Sätze, welche auf den Kosmos und seine Erscheinungen sich beziehen, da Samuel als Naturkundiger und Astronom berühmt war. Er erläutert einige astronomische Stellen der Bibel nach den Anschauungen damaliger Wissenschaft, [48]) erklärt die Entstehung des Donners, [49]) bestimmt die Dauer des kleinsten Zeittheilchens, [50]) führt drei Erscheinungen aus der Akustik an, die ihm unbegreiflich sind. [51]) Als er einen Skorpion auf dem Rücken

---

[46]) Huna befragt ihn über Koh. 9.11. Kohel. r. z. St. — Dem Jehuda empfiehlt er lautes Studium der heiligen Schrift und der Mischna, weil dieses das sichere Behalten des Gelernten befördere und das Leben verlängere, mit Anlehnung an Spr. 4.22. Erubin 54a. Demselben giebt er eine an das Horazische Carpe diem erinnernde Mahnung zum Genusse der Lebensgüter ib. Ein anderes Mal trifft er ihn weinend über die nach der Mischna, Synh. 11.1 vom ewigen Leben ausgeschlossenen Doeg und Achitophel; er beruhigte ihn mit der Bemerkung, ihr Glaube wäre kein echter gewesen. Chagiga 15a. — Samuel selbst hatte Levi b. Sisi über den Sinn von בטה. Gen. 34.25 befragt. Genesis r. c. 80.

[47]) Über das Reitthier des Messias. Synh. 97b; über Träume. Berach. 56a; über des Königs Wohlwollen für die Juden. Moed Kat. 26a.

[48]) Berach 58b; s. j. Berach. 13 c. Beachtenswerth ist, dass er mit der Formel נמיר astronomische Sätze anführt. Berach. ib. Dasselbe thut Abaji bei meteorologischen Sätzen. Ber. 59a. Der Traumdeuter Bar Hedja führte einen anderwärts (Makkoth 11a קללת חכם אפילו להנם היא באה) dem Rab zugeschriebenen Satz mit demselben Einleitungsworte an. Berach. 56a. In solchen Fällen (s. Chisda. Aboda zara 14b) kann נמיר I. pers. s. perf. = נמירית sein; doch findet man das Wort auch in anonymen Sätzen. z. B. Kethub. 77b, wo man es dann als partic. plur. erklären muss. Ganz so wird נקיטינן „wir haben es überkommen" angewendet (Kethub. 111a. Kidd. 33a. Nedar. 41a. Taan. 10a), ebenfalls bei kurzen nichthalachischen Traditionssätzen.

[49]) Nach ψ 77.19. Berach. 59a.

[50]) רנע. j. Berach. 2d. Echa r. zu 2.19. Anonym b. Berach. 7a.

[51]) Schocher tôb zu ψ 104.12. In Schocher tôb zu 19.2 wird Samuels astronomisches Wissen aus seinem fleissigen Studium der Thora

eines Frosches über den Fluss setzen sah, um einem am andern Ufer weilenden Manne einen tödtlichen Stich beizubringen, sah er darin höhere Fügung und wandte darauf den Psalmvers 119,91 an. ⁵²)

Über Israel, seine Geschichte und Zukunft hat Samuel einige beachtenswerthe Ansichten ausgesprochen. Salomos Abfall von der reinen Religion, in der Nachsicht gegen den Götzendienst seiner Frauen, ist der Wendepunkt in Israels Geschichte, was so ausgedrückt wird, dass in derselben Stunde, in welcher Salomo die Tochter Pharao's heimführte, der Engel Gabriel Schilfrohr ins Meer stiess, um welches sich allmälig Land anschwemmte, auf dem nachher die zur Weltherrschaft und zur Züchtigung Israels bestimmte „grosse Stadt Rom" sich erhob. ⁵³) Der Reichthum, welchen Israel aus Egypten mitnahm, ist nach den verschiedensten Wanderungen zu den Griechen, von diesen nach Rom gekommen, wo er sich noch dermalen

hergeleitet. Es ist das eine Art Apologie für den gefeierten Lehrer, aus späterer Zeit, in der man seine profanen Kenntnisse entschuldigen zu müssen glaubte. Noch deutlicher ist die Apologie in dem jungen Midrasch zu Deuteronomium, c. 8 Ende. Dort wird dem Samuel selbst zu Deut. 30,12 — „sie ist nicht im Himmel" — die Deutung in den Mund gelegt. die Thora fände man nicht bei den Sternkundigen, deren Beschäftigung am Himmel sei — אין התורה מצויה באצטרולוגין שאומנתן בשמים. Als man Samuel nun fragte, wieso denn er selbst ein Sternkundiger und dennoch gross in der Thora sei, erwiederte er, er hätte der Sternkunde nur jene Zeit gewidmet, in der er frei vom Thorastudium war.

⁵²) Nedarim 41a. Diese Erzählung, welche kürzer auch in Gen. r. c. 10 sich findet, wird mit nur wenig Änderungen in der muhammedanischen Legende von dem berühmten egyptischen Mystiker Dulnûn (st. 859) berichtet. Derselbe stand einmal am Ufer des Nil und bemerkte, wie ein Skorpion auf dem Rücken eines Frosches über den Fluss setzte, an dessen anderm Ufer ein Jüngling schlief. Der fromme Mann rief aus: Gewiss lässt sich der Skorpion hinübertragen, um den Schlafenden zu stechen. Und so geschah es; der Skorpion that sein Werk und liess sich vom Frosche wieder auf die andere Seite bringen. Damiri, Zoologie, ed. Kairo II. Band, S. 164. Auch im Anwâri-Soheil setzt der Skorpion auf dem Rücken einer Schildkröte über den Strom und beweist sich undankbar, indem er sie sticht. Benfey, Pantschatantra, I, 223.

⁵³) Sabb. 56b.

befindet. [54]) Für Israel selbst aber giebt es keinen schönern Schmuck, als seine Armut, so äusserte Samuel mit den Worten eines Volksspruches. [55]) Der Messias wird erscheinen, wenn Läuterung nach Läuterung das jüdische Volk der Erlösung würdig gemacht haben wird; [56]) doch ist die Dauer der Leidenszeit eine bestimmte. [57]) Zwischen der Messiaszeit und der Gegenwart giebt es keinen andern Unterschied, als dass es dann keine Unterjochung durch die Völker geben wird; [58]) sie wird so lange dauern, als bis zu ihrem Eintritt von der Weltschöpfung an verflossen. [59]) Am Tage des grossen Weltgerichtes werden die heidnischen Völker die Ohnmacht ihrer Götzen einsehen und zu Gott sich wenden. [60])

Der Askese war Samuel ebenso abgeneigt wie Rab. [61]) Wer seine Zeit in Fasten verbringt, wird Sünder genannt, [62]) und ebenso, wer sich durch Gelübde eine Erschwerung auflegt, auch wenn er das Gelübde erfüllt. [63]) Doch muss jeder Genuss durch den Gedanken an Gott geweiht sein: wer von den Gütern dieser Welt etwas geniesst ohne Segensspruch, der hat gleichsam von geweihtem — Gott angehörigem — Gute unrechtmässigen Gebrauch gemacht. [64]) „Alles um Gottes Willen" — in

---

[54]) ועדיין מונה בעיר Pesach 119a. Über den Reichthum Rom's und die Armut Israels s. meinen Aufsatz „Eine culturgeschichtliche Barajtha" in Grätz Monatschrift Jhg. 1873, S. 270—276. Vgl. auch oben S. 36, Anm. 18.

[55]) Chag. 9b.

[56]) Kethub. 112b, nach Jesaia 6,13.

[57]) Synh. 97b.

[58]) Berach. 34b und Parall.

[59]) Synh. 99a. nach Deut. 11,21.

[60]) Sch. tôb zu ψ 9,1. In dem fortwährend sich vollziehenden Gerichte Gottes über der Menschheit — so lehrt Samuel — ist kein Unterschied zwischen Israel und den Völkern. מי שהוא דן את ישראל הוא דן את האומות j. R. Hasch. 57a.

[61]) S. oben S. 41, Anm. 46.

[62]) Taan. 11a.

[63]) Nedar. 22a.

[64]) Nach ψ 24,1 „Gottes ist die Erde und ihre Fülle" Berach. 35a. Fast ganz so anonym Tosefta Berach. c. IV, Anfang.

guter Absicht! — wird als eine von Samuels Sentenzen angeführt. [65])

Die Form von Samuel's Agada und die sprachliche Einkleidung seiner Sätze bieten keine charakteristischen Momente. Es scheint, dass auch in dieser Beziehung Rab auf ihn Einfluss geübt hat. Die Neigung, „Himmelsstimmen" eingreifen zu lassen [66]) hat er mit ihm gemeinsam. [67]) Er wendet ebenfalls die Methode des Notarikon an [68]) und ändert die Vokale zum Zwecke der Deutung. [69]) Er pflegt zu allegorisiren [70]) und wendet, wie

---

[65]) הכל לשם שמים Kidduschin 82a.
[66]) S. oben S. 11. Anm. 58.
[67]) Koh. 8,1 sind die Worte, die vom Himmel ertönten, als Moses starb. Sôta 13b. — Mit Koh. 12,10 weist eine Himmelsstimme die Selbstüberhebung Salomo's zurück. R. H. 21b. — Spr. 23,15 ist eine solche Stimme, die an Salomo erging, als er die Institution des Erub einführte. Erubin 21b, Sabb. 14b. — Ein Bath Kol entschied den drei Jahre lang zwischen den Schulen Hillel und Schammai geführten Streit und rief: Beider Schulen Ansichten sind Worte des lebendigen Gottes, aber die Satzung des Hauses Hillel's ist massgebend! Erub. 13b. Vgl. j. Berach. 3b. Täglich ergeht eine Himmelsstimme und verkündet, welche Ehen und welche Besitzänderungen stattfinden sollen. Dies tradirt. Moed Katon 18b, Jehuda, der einen ganz ähnlichen Satz von Rab mittheilt, Sôta 2a. Eine andere Art, die Vorherbestimmung zu bezeichnen, zeigt Samuel's Antwort an den ihm, wenn auch ungern, die Ordination verweigernden Patriarchen: Sei nicht betrübt, Herr! Ich sah das Buch Adams, des ersten Menschen, in dem verzeichnet steht, dass Samuel Jarchinai nur Weiser aber nicht Rabbi genannt ward. B. Mezia 85b f.
[68]) מלקוש Spätregen ist דבר שמל קשיותן של ישראל Taan. 6a. Das Sternbild כימה bedeutet כי מאה „soviel als hundert" scil. Sterne. Berach. 58b. Die אשכולות der Mischna (Sôta c. VIII) erkl. er mit איש שהכל בו Sôta 47b. Vgl. Temura 15b.
[69]) Zu Spr. 4,22: למוצאיהם Lies nicht למוצאיהם, sondern למוצאיהם, „Die sie — die Worte der Lehre — aussprechen. Erubin 54a. S. oben S. 41, Anm. 46.
[70]) In Hohelied 8,12 findet er das Verhältniss zwischen der Machtvollkommenheit der himmlischen Regierung und der Machtfülle der irdischen Regierung angedeutet, Schebuoth 35b. (Von der letztern hatte er einen grossen Begriff und sagte: „Wenn die Regierung sagt: Ich will diesen Berg entwurzeln! so thut sie es und nimmt das Wort nicht zurück אי אמרה מלכותא עקרנא טורא עקרה טורא ולא הדרא ביה Baba bathra 3b, Arachin 6a. Damit hängt auch

Rab, kein Maschal an. Hingegen bringt er Volkssprichwörter mit Bibelsätzen gerne in Parallele.[71]) — Auch die Exegese zur Ableitung halachischer Satzungen hat Samuel mit Geschicklichkeit gehandhabt.[72])

III.
Rab's und Samuel's Schüler.

Wie fruchtbar und nachhaltig einwirkend die Thätigkeit Rab's und Samuel's für das geistige Leben der babylonischen Juden gewesen war, beweist deutlich ein Blick auf die Schulen derselben in der zweiten Hälfte des dritten Jahrhunderts der gewöhnlichen Zeitrechnung. Rab war 247, sein älterer Freund Samuel um sieben Jahre später gestorben; kurz darauf — um 260 — wurde Nahardea durch Odenath von Palmyra — Papa b. Nazor — zerstört,[1]) und dieser früheste Sitz jüdischer Wissenschaft in Babylonien hörte für lange auf, Sitz und Mittelpunkt der Gelehrsamkeit zu sein. Aber die Meister hatten wäh-

---

sein bekannter Grundsatz zusammen דינא דמלכותא דינא. Baba bathra 55a). — Das Gleichniss von Habakkuk 1,14 führt er weiter aus: So wie die Fische, wenn sie das Meer, ihr Element verlassen, umkommen, so kommen die Menschen um, wenn sie vom Studium und der Erfüllung der göttlichen Gebote sich entfernen. Aboda zara 3b. (Ähnliches schon Akiba. Berach. 61b Bar.) Vgl. auch die Erklärung zu דובב Hohelied 7,10. Schir r. z. St.

[71]) Eine ganze Reihe von Beispielen hiefür findet man Synh. 7a, wo aus Samuels richterlicher Praxis erzählt wird, wie er zu sprichwortartigen Ausrufungen, welche er von Parteien anhörte, seinem Schüler Jehuda eine analoge Bibelstelle in Erinnerung bringt. Es sind die Stellen: Exodus 18,23; Amos 2,6; ψ 41,10; Spr. 17,14; 24,16; Kohel. 10,6.

[72]) Ja er rühmt in einigen Fällen die eigene Deduction als der früherer Gesetzeslehrer bei weitem vorzuziehen. „Wenn ich dort gewesen wäre, hätte ich ihnen gesagt: meine Deutung ist besser als die eurige!" Chagiga 10a, Joma 85b. Megilla 7a. — Andere Fälle halachischer Exegese: Kidd. 66b, zu Num. 25,13; Gittin 38b, zu Lev. 25,46; Schebuoth 29b, zu Num. 5,22; Arachin 11a, zu Num. 8,26; Synh. 47b, zu II Kön. 23,6; Chullin 4b, zu II Chr. 18,2. — Jer. Berach. 3d oben, zu ψ 146,8; j. Ber. 12b zu Esra 8,28.

[1]) S. Grätz. Geschichte der Juden, IV², S. 295 und 489.

rend ihrer langen Lehrthätigkeit eine Menge Schüler herangebildet, und an Stelle der Nahardeanischen Schule, zur Zeit der Heimkehr Rab's der einzigen, gab es unter der Leitung der hervorragendsten dieser Schüler deren eine ganze Anzahl: in Sura nahm nach dem Interregnum, in welchem Samuel von Nahardea aus der von Rab gegründeten Akademie vorstand, Huna die Würde des letztern ein, in Pumbeditha gründete Jehuda ein neues Lehrhaus, das zu langer Dauer bestimmt war; und in der Tigrisgegend waren drei Städte, welche durch den Fall Nahardea's in den Vordergrund treten: Machuza, wohin der auch als Gesetzeslehrer sich auszeichnende Exilarch Rabba b. Abuha [2]) sich begeben hatte, Schakanzib, wo sein Schwiegersohn, Nachman b. Jakob zeitweise zu lehren pflegte, [3]) nachdem er in Nahardea der Nachfolger Samuel's gewesen, und Schilhe, das Schescheth als Wohnsitz wählte. [4]) dazu kam noch Kafri, wo Chisda wohnte und lehrte, [5]) bis er sich in Sura im Jahre 293, eine Lehrstätte gründete. Mit den Genannten, den Säulen der babylonischen Traditionswissenschaft, wirkten noch andere mehr oder minder namhafte Männer; und es entfaltete sich in den Lehrhäusern eine ungewöhnliche Regsamkeit, welche in den vom Talmud oft mit protokollarischer Genauigkeit wiedergegebenen Discussionen sich sehr treu wiederspiegelt. Vor Allem Sura und Pumbeditha bildeten die Brenn-

---

[2]) In der Liste der Exilarchen ist Rabba bar Abuha nicht angeführt; doch Scherira Gaon, der seinen Stammbaum auf die vorbostanaischen Exilarchen zurückführte, nennt ihn ausdrücklich seinen Ahnen — זקני —, und andererseits wird Nachman, der sein Schwiegersohn war (Jebam. 80b), der Schwiegersohn des Exilarchenhauses genannt (Chullin 124a, vgl. Gittin 31b.). Über Rabba b. Abuha in Machuza s. Erubin 26a; Sabb. 59b.

[3]) S. Joma 18b. Gewöhnlich wohnte Nachman in Machuza selbst, am Sitz des Exilarchen, was aus Erzählungen, wie B. Kamma 58b. Menach. 33a. Sukka 31a ersichtlich ist. S. Chullin 18b. Abajji sagte dem Josef: „Es kamen Gelehrte aus Machuza, die im Namen Nachman's Folgendes mittheilen." Dass auch im vierten Jahrhundert der Exilarch in Machuza residirte, sieht man Erubin 25b f.

[4]) S. Fürst, Geschichte der jüdischen Literatur in Babylonien. Achtes Capitel.

[5]) S. oben S. 36. Anm. 20.

punkte eines gelehrten Verkehres, den nach dem Osten zu kürzerem oder längerem Aufenthalte kommende Jünger der palästinensischen Schulen bedeutend belebten und verstärkten. Nicht nur innerhalb der einzelnen Schulen, sondern zwischen den Häuptern und Angehörigen der verschiedenen Lehrhäuser bestand ein lebhafter Austausch von Ansichten, eine fortwährende wechselseitige Anregung, auch im persönlichem Verkehre, wie sie schon zu Lebzeiten der beiden grundlegenden Lehrer bestanden hatten. Die darüber im Talmud erhaltenen Erzählungen und Berichte, die Rahmen der verschiedenen Discussionen, bilden eine ziemlich sichere Unterlage für eine genauere Kenntniss der babylonischen Schulen; doch ist dieselbe in den bisherigen Darstellungen, welche bloss die eigentlich biographischen und die wenigen geschichtlichen Daten berücksichtigen, noch zu wenig benutzt werden. Auch hier kann dies nur insofern geschehen, als es für den Gegenstand dieser Abhandlung nöthig ist; jedenfalls kann der Nachweis, in welchem Masse und mit welchem Erfolge sich die Schüler und Nachfolger Rab's und Samuel's auch mit der Agada beschäftigt haben, als Beitrag zur näheren Kenntniss des babylonischen Schullebens gelten. Dieser Nachweis kann naturgemäss nur durch besondere Behandlung der einzelnen Amoräer geführt werden.

1. Jehuda.

Von Jehuda b. Jecheskel, dem Begründer der Schule zu Pumbeditha, haben sich agadische Sätze in geringerer Zahl erhalten, als man von dem bei weitem häufigsten Tradenten der Agada Rab's und Samuel's erwarten sollte. In der That scheint sich Jehuda auf diesem Gebiete darauf beschränkt zu haben, das Überkommene weiter zu überliefern, ohne selbst in erheblichem Masse zu produciren; auch findet sich nirgends eine ausdrückliche Notiz darüber, dass er öffentlich einen agadischen Vortrag gehalten hätte. Jedoch ist es wahrscheinlich, dass er Fastenversammlungen als Gelegenheit zu solchen Vorträgen zu benutzen pflegte, aus denen einige Sätze sich erhalten haben, wie folgende: „Der Regen ist der Erde Ehegatte", sagte er einmal [1]): ein anderes Mal: „Gross ist der Tag des Regengusses, gleich dem Tage, an welchem die Lehre gegeben wurde." [2]) „Für die dreizehn göttlichen Eigenschaften ist das Bündniss geschlossen, dass die Berufung auf sie — im Fastengebete — niemals eine vergebliche ist." [3]) Hieher gehören auch die zum Theil auf Bibelsätzen beruhenden Aussprüche über Wind und Regen, [4]) sowie diejenigen, welche die Schwierigkeit, den Lebensunterhalt zu erlangen, zum Gegenstande haben. „Komm' und sieh, wie schwer ist die Ernährung des Menschen, wenn um ihretwillen sogar die Naturgesetze [5]) geändert werden!" [6]) „Sehr behutsam verfahre der Mensch mit dem in seinem Hause befindlichen Getreidevorrathe, denn der Mangel daran ist die gewöhnliche Veranlassung der Zwistigkeit im Hause." [7]) Die „Länder des Lebens", in denen der Psalmendich-

---

[1]) מיטרא בעלה דארעא Mit Benützung von Jesaia 57,10. Taanith 6b. In demselben Sinne sagt (ib.) Chisda: „Wohl dem Jahre, das wohl verwittwet ist — in dem nicht zu reichlich Regen fällt. — טבא לשתא דטבא אדמלתא. — Mit diesem Bilde hängt keineswegs, wie Levy, Neuh. und Chald. Wörterbuch I. 248a will, der Mischnaausdruck בית הבעל, שדה הבעל (vom Regen bewässertes Feld) zusammen; vielmehr ist dieser Ausdruck, sowie auch ערבה של בעל — die auf solchem Felde wachsende Weide. — Überrest der altheidnischen Redeweise, wie sie bis auf den heutigen Tag sich in Syrien erhalten hat. Wetzstein berichtet nämlich (Zeitschrift der D. M. G. Bd. XI. S. 489): „Alles Land, das von keines Menschen Hand bewässert, von keiner Quelle berieselt werden kann, das seine Nahrung nur vom Himmel bekommt, heisst Land des Baal — ar. ارض بعل — und alle Bäume, Früchte, Getreidearten und Kräuter, welche daselbst wachsen, tragen seinen Namen." Vgl. Deuteron. 11,10—11. S. auch Lagarde. Semitica I, 8.

[2]) Nach Deut. 32,2. Taan. 7a.

[3]) Nach Exod. 34,10. Rosch Hasch. 17b.

[4]) S. Taan. 3b zu Deut. 28,24; ib. 9b zu Zachar. 10,1; Gittin 31b zu Jona 4,8. An letzterer Stelle wird הרישית von הרש, pflügen, abgeleitet und als der Sturm erklärt, der das Meer pflügt, d. h. im Meere Furchen zieht.

[5]) Eigentlich „Ordnungen der Schöpfung" סדרי בראשית.

[6]) Dieser Ausruf ist Schlussanwendung einer der Barajtha nacherzählten Geschichte von einem Manne, dem in höchster Noth die Fähigkeit ward, sein der Mutter beraubtes Kind selbst zu säugen Sabb. 53b.

[7]) Nach einer witzigen Deutung von ψ 147,11. Baba Mezia 59a.

ter — 116,9 — zu leben wünscht, sind Orte mit gut versehenem Lebensmittelmarkte.⁸) Das Gebet des Hohepriesters am Versöhnungstage schloss — nach Jehuda — mit den Worten: „Nicht weiche ein Ausüber der Herrschaft vom Hause Juda's; nicht seien die Söhne deines Volkes genötigt, von einander sich zu nähren, und nicht lasse das Gebet der Reisenden — gegen den Regen — vor dich kommen!"⁹) Jehuda pflegte auch das Dankgebet anzuführen, welches sein Vater Jecheskel über den Regen sprach. ¹⁰) Die von ihm bei anhaltendem Regenmangel angeordneten Fasten hatten, wie man nachher rühmte, immer Erfolg. ¹¹) Sein Schüler und Nachfolger Rabba b. Nachmani, dem seine Mitbürger dem gegenüber die Erfolglosigkeit des eigenen Fastengebetes vorhielten, schob die Schuld auf die Gesunkenheit und Unwürdigkeit der Zeit, während der Eifer und der Umfang des Studiums grösser sei, als zur Zeit Jehuda's. ¹²) Rabba's Neffe und Schüler Abaji findet die Ursache in dem grössere Aufopferungsmute jener Zeit ¹³); dessen College endlich, Raba, löst den Widerspruch zwischen der grössern Gelehrsamkeit und der geringern Gunst vor Gott so, dass er ausspricht, „Gott verlangt vor Allem Herz", d. h. wahre Herzensfrömmigkeit. ¹⁴) Von Jehuda's innerlicher Frömmigkeit giebt in der That sein Ausspruch über die Gottesfurcht Kunde: „Gott hat seine Welt nur erschaffen, damit man ihn fürchte." ¹⁵)

---

⁸) Joma 71a.
⁹) Joma 53b. Taan. 24b. In jer. Joma 42b ist als Schluss des anonym mitgetheilten und längern Gebetes des Hohenpriesters auch der Zusatz Jehuda's zu lesen.
¹⁰) Nur in palästinensischen Quellen: jer. Berach. 14a ob., Taan. 64b. Genesis r. c. 13 g. Ende. Jecheskel war ein durch fromme Handlungen ausgezeichneter Mann — בעל מעשים —, dem selbst Samuel Achtung bezeigte (Kidd. 33b).
¹¹) Jehuda liebte auch in andern Fällen Fasten anzuordnen, so wegen Heuschreckennot (Taan. 21b) und wegen unter Thieren wüthender Seuche, die leicht auf die Menschen übergehen könnte (ib.).
¹²) Taan. 24a.
¹³) Berach. 20a.
¹⁴) רחמנא ליבא בעי Synhedrin 106b.
¹⁵) Sabb. 31b, nach Koheleth 3,14. Besser ausgedrückt dasselbe in Kohel. r. z. St.: „R. Judan sagte: Gross ist die Gottesfurcht, denn Himmel und Erde wurden nur um ihrer willen geschaffen."

Auf die Andacht beim Gebete legt er besonderes Gewicht; er giebt es selbst als sein Hauptverdienst an, dass er dieselbe stets beobachtet habe, [16]) wie er denn zum Gebete nicht bloss durch vorhergehende Sammlung, [17]) sondern auch durch Anlegen eines bessern Kleides [18]) sich vorbereitete. Auch das Privatgebet sei dadurch geweiht, dass man es hebräisch, nicht in der aramäischen Volkssprache verrichte. [19]) Ein schönes Beispiel für seine fromme Betrachtung der Natur ist der Segensspruch, den er empfahl, wenn man „in den Tagen des Nissan — Frühlingsmonates — ausgeht und die Bäume in vollem Blütenschmucke erblickt", [20]) ferner sein Segensspruch über die Erscheinung des neuen Mondes. [21]) Doch den Schwerpunkt der Frömmigkeit legte er in die beim Verkehr mit den Mitmenschen obliegenden Pflichten und sagte: „Wer fromm sein will, der erfülle die Vorschriften in Bezug auf Mein und Dein." [22]) Auch seinen Lehrer

---

[16]) תיתי לי דקיימית עיון תפלה Sabb. 118b.

[17]) מסדר צלותיה ומצלי Rosch Hasch. 35a. Dies wird dort in der Discussion damit erklärt, dass J. nur alle dreissig Tage das Pflichtgebet verrichtete.

[18]) Berach. 30b unt. Damit hängt vielleicht zusammen, dass er an jedem Morgen den nachher allgemein üblich gewordenen Segensspruch über das mit Schaufäden versehene Gewand (להתעטף בציצית s. Tosefta Berach. c. VI) sprach. Menach. 43a.

[19]) Sabb. 12b, Sôta 33a. Jehuda bediente sich auch im gewöhnlichen Leben gerne des Hebräischen, wie Sabb. 41a ersichtlich, wo er im Bade seinem Diener zuruft: הבא לי נתר הבא לי מסרק. — Wie sehr er die Anwendung von Volksausdrücken, namentlich persischen, damals immer mehr aufkommenden, an Stelle biblischer oder mischnischer perhorrescirte, zeigt sein Gespräch mit Nachman, der sich solcher Ausdrücke bediente und von dem durch die Vorladung vor Nachman's Richterstuhl gekränkten Jehuda fortwährend zurecht gewiesen wird. Kidd. 70a. Das daselbst vorkomemnde גונדריתא s. v. a. hebr. מעקה und neuhebr. מחיצה. — ist eine Nebenform des neupersischen âkunda oder âgunda = praesepe, stabulum. S. Vullers. Lexicon Pers. I, 46b.

[20]) ברוך שלא חיסר בעולמו כלום וברא בו בריות טובות ואילנות טובות להתנאות בהן בני אדם Berach. 43b. Rosch Hasch. 11a.

[21]) Synh. 42a.

[22]) Eig. „Die Worte des Mischnatraktates Nezikin" האי מאן דבעי למהוי חסידא ליקים מילי דניזקין Baba Kamma 30a. Auch die Lehr-

Samuel scheute er sich nicht, als derselbe die Klage einer armen Frau nicht berücksichtigte, mit Hinweis auf Sprüche 21,13, an seine Pflicht zu mahnen. ²³)

Was die Überreste von Jehuda's Schriftauslegung betrifft, so geht aus denselben hervor, dass er besonders der Erklärung einzelner Worte sich zuwandte. So erklärte er die in Amos 6,6 und Esther 2,12 genannte Ölgattung, ²⁴) die Ezra 4,13 aufgezählten Steuergattungen, ²⁵) ferner mehrere der in Lev. c. 11 erwähnten Vögelnamen. ²⁶) Bei diesen letztern verbindet er die etymologische Ableitung mit Angabe der naturgeschichtlichen Merkmale. Beides, Beobachtung der Thierwelt und Gewandtheit in etymologischer Deutung bekunden namentlich seine Antworten auf die Fragen seines Schülers Zeïra, ²⁷) die dieser, als er den Meister in heiterer Laune fand, an ihn richtete und

---

vorträge Jehuda's bewegten sich vorzüglich in diesem Theile der Mischna. Berach. 20a und Parall.

²³) Sabb. 55a.

²⁴) Lev. r. c. 5 und Schir r. zu 4,8. Beidemale ist der volle Name Jehuda b. Jecheskel genannt und als Urheber der Gegenansicht R. Jannai. Letzteres ist vielleicht corrumpirt aus Huna; denn im babylonischen Talmud, wo die Controverse über שמן המור fünfmal vorkömmt, hat an der Hauptstelle (Megilla 13a) Huna die zweite Ansicht, welche in den Parallelstellen — die zum Theil in Bezug auf die Namen corrumpirt sind — seinem Mitschüler Jeremia b. Abba zugeschrieben ist. Jehuda's Ansicht hat an der Hauptstelle Chijja b. Abba, vielleicht corrumpirt aus R. Achba, welcher letztere besonders als Tradent von Jehuda's Sätzen bekannt ist (Seder Haddoroth 67c).

²⁵) Nedarim 62b.

²⁶) Chullin 63a.

²⁷) Sabb. 77b. Zeïra, der gleich Abba — s. oben S. 3. Anm. 9 — gegen Jehuda's Willen nach Palästina ging und dort zu grossem Ansehen sich erhob, erscheint als ein sich Jehuda besonders enge anschliessender Schüler. So wie dieser aussprach, die Nacht sei zum Schlafe, nicht zum Studium geschaffen, so erklärte auch Zeïra auf die Frage seiner Collegen, woher die Scharfsinnigkeit seiner Äusserungen, diese komme daher, dass er nur am Tage studire. Erubin 65a. — Bekanntlich wurde Jehuda von seinen Lehrern שיננא, der Scharfsinnige genannt. Doch ist diese Erklärung des Wortes nicht unangefochten; vielleicht soll damit eher die eiserne Ausdauer Jehuda's im Lernen bezeichnet werden.

von denen sechs Eigenthümlichkeiten der Thiere betreffen, [28]) zweiundzwanzig die Herleitung aramäischer Bezeichnungen für Dinge aus dem gewöhnlichen Leben. Jehuda erklärte die Worte fast durchaus mit Anwendung der Notarikon-Methode, Zerlegung des Wortes in bedeutsame Bestandtheile. [29]) Die übrigen noch vorhandenen und wenig zahlreichen Beispiele der Schriftauslegung Jehuda's sind entweder eigentlich homiletischen Inhaltes, [30]) oder sie beziehen sich auf biblische Geschichte, [31]) oder sie haben die Begründung halachischer Normen zum Zwecke. [32])

2. Huna.

Viel bedeutender als die Agada des Schulhauptes von Pumbeditha ist die seines in Sura wirkenden Zeit- und Amtsgenossen. Hier, in dem von Rab gegründeten Lehrhause, scheint dessen Liebe zur Schriftauslegung sich bei seinen Nachfolgern besser erhalten zu haben. Wenigstens ist der agadische Nach-

---

[28]) Die Erklärungen Jehuda's sind merkwürdig durch ihre Ähnlichkeit mit der Anpassungstheorie neuerer Naturforschung. Z. B. Warum hat das Rind einen langen Schweif? „Weil es im Freien lebt und die Mücken abwehren muss." — Warum hat das Kameel einen kurzen Schweif? „Weil es von dornigen Gewächsen sich nährt" (und ein langer Schweif durch dieselben belästigt würde). Vgl. Placzek, Die Agada und der Darwinismus in Rahmer's Jüd. Literaturblatt, Jahrg. 1878. Num. 1.

[29]) Z. B. דרנא, Treppe ist דרך גג, Weg zum Dache; לבושא, Gewand ist = לא בושה Mittel, um sich „nicht schämen" zu müssen.

[30]) Aus Jerem. 27,22 entnimmt er, hierin weiter gehend als Samuel (Kethub. 111a), dass, wer Babylonien verlässt, um nach Palästina zu gehen, ein religiöses Gebot verletzt, Berach. 24b; aus Zach. 2,14, dass das Wohnen in Babylonien mit dem in Palästina gleichen Werth hat, Kethub. 111a. — ψ 44,23 wendet er auf die Makkabäermutter mit ihren sieben Märtyrersöhnen an, deren Geschichte er erzählt, Gittin 57b. — S. noch seine Deutungen zu ψ 36,7, Arachin 8b; zu Zach. 11,13, Chullin 92a; zu ψ 126,6, Taan. 5a; seine Anwendung von Kohel. 7,28 beim Bibelunterrichte seines Sohnes Isak, Jebam. 63b. Synh. 22a b.

[31]) Vom Stamme Levi, Joma 66b; Michal, Synh. 21a; Joab, Synh. 49a; Chiskija zu ψ 11,3, Synh. 26b.

[32]) Zu Deut. 8,10, Ber. 21a; Deut. 32,3, ib.; Exod. 28,32, Joma 72a; Deut. 1,16, Synh. 7b; Kohel. 12,9, Jebam. 21a.

lass — wenn man so sagen darf — Huna's und seiner Gefährten ein viel reicherer als der Jehuda's. Huna's Agada wurde auch vielfach ausser Babylonien bekannt, gleich der seines Lehrers Rab, indem seine Schüler so manchen Ausspruch von ihm in Palästina lehrten, der dann in der Midraschliteratur einen Platz fand. Als Zeïra, der wie Jehuda's, auch sein Schüler war, nach dem heiligen Lande kam, theilte er dem berühmten Eleazar b. Pedath die „Perle" [1]) mit, welche Huna zu Sprüche 14,23 vorgetragen hatte. [2]) Ein anderer Jünger Benaja tradirt das Proömium — Pethichta — zum Abschnitte von Amalek, worin Huna die beiden ersten Sätze des 11. Cap. der Sprüche, gewiss mit Rücksicht auf das eigene Zeitalter so deutete: „Wenn du ein Geschlecht siehst, das Betrug übt, wisse, dass die Regierung gegen es auftritt und das betrügerisch Erworbene wegnimmt." [3]) Unter den agadischen Sätzen, welche in den ältern

---

[1]) מרגליתא. So nannte man einen ganz besonders kostbaren Ausspruch. R. Josef sagt in Bezug auf das Gebet zum Sabbathausgang: Rab und Samuel haben uns in Babylonien diese Perle — מרגניתא eingesetzt. Berach. 33b. Vgl. den häufigen Satz: „Hätte ich dir nicht die Scherbe aufgehoben, du hättest die darunter liegende Perle nicht gefunden." Jebam. 92b und sonst.

[2]) ר' זעירא שלח לר' אלעזר א"ל שמעת ההוא מרגליתא דהוה רב הונא דריש על הדין פסוקא Pesikta ed. Buber 13b. Vgl. Lev. r. c. 32 g. Ende, wo berichtet wird, wie Zeïra bei seiner Ankunft in Palästina Gelegenheit nimmt, einen Satz Huna's zu citiren; j. Sabb 12a, wo er dem Abahu in Caesarea eine Ansicht Huna's „des grossen Mannes" — אינשא רבא — mittheilt. S. z. B. noch j. Sabb 10a unt., wo Zeïra verschiedene Normen Huna's zum Sabbatgesetz tradirt.

[3]) Pesikta ed. Buber 24b. — Ebenfalls in der Pesikta 19a wird von Benaja im Namen Huna's gelehrt, Mose habe die Thora in dreizehn Exemplaren geschrieben — man beachte, dass Huna selbst den Pentateuch siebzigmal abschrieb, nach Baba bathra 14a —, deren zwölf für die Stämme Israels, eines für die Leviten, damit diese, wenn einer der Stämme etwas aus dem heiligen Buche beseitigen sollte, nach ihrem unversehrten Exemplar berichtigen können. Wenn in Schocher tob. zu ψ 90 als Urheber dieser Ansicht Chelbo genannt wird, so kömmt dies daher, dass Chelbo ebenfalls Sätze Huna's tradirte, z. B. Berach. 6b. In Deuteron. rabba c. IX ist Jannai der Autor, was aus Huna corrumpirt sein kann, s. S. 51. Anm. 24. — Noch zu zwei Sätzen des Buches der Sprüche hat die Pesikta Aussprüche Huna's, wahrscheinlich ebenfalls des babyloni-

Midraschwerken zu Genesis, Leviticus und den fünf Rollen den
Autornamen Huna tragen, gehören sicherlich nicht wenige
unserem Huna; doch ist schwer zu entscheiden, wo er, wo sein
jüngerer Namensgenosse aus dem vierten Jahrhundert ⁴) zu
verstehen ist. Manchmal geht es aus dem Inhalt hervor, dass
der betreffende Ausspruch dem babylonischen Schulhaupt gehört,
wie in den beiden Sätzen über die Wichtigkeit des Mischnastudiums für die babylonische Diaspora: „Alle die zerstreuten
Gemeinden Israel's werden nur um der Beschäftigung mit der
Mischna willen vereinigt werden" ⁵) „Giebt es denn reine Opfer
in Babel?" So fragt er in Bezug auf Mal. 1,11 und antwortet:
„Das ist die Mischna, deren Studium ⁶) so angerechnet wird,
als ob man Opfer dargebracht hätte." ⁷) Zuweilen spricht für
die Autorschaft Huna's des Ältern der Zusammenhang, in welchem der Satz angeführt wird, ⁸) oder die Analogie eines andern

---

schen, zu 6,20, über die von den Patriarchen gespendeten frommen
Gaben (98a). und zu 8,20 ein Gleichniss (103a).

⁴) Diesen erkennt man daran, dass er Sätze palästinensischer Amoräer
tradirt oder benützt.

⁵) Nach Hosea 8,10, wo יתנו von dem aramäischen תנ = neuh. שנה
abgeleitet wird.

⁶) Zunächst der auf die Opfer sich beziehenden Abschnitte.

⁷) Beide Sätze Pesikta. 60b und Lev. r. c. 7 (unmittelbar vor einem
ähnlichen Ausspruche Samuel's); Vgl. Menach. 10a, wo Huna in
Jesaia 43,6 die Diaspora Babyloniens und die der übrigen Länder
angedeutet findet.

⁸) So Lev. r. c. 13, die Erkl. von ויחי Hab. 3,6. entgegen der Rab's.
und beleuchtet durch ein Gleichniss Ullas. Dazu ist zu vergleichen
Baba Kamma 113b, wo in der That Huna in derselben Frage eine
der Rab's entgegengesetzte Ansicht hat. — Die Bemerkung Huna's
zu ψ 41,2 (Lev. r. c. 34 Anf.) stimmt mit der Ansicht Rab's (Nedarim 40a) überein. ist aber im Talmud selbst (ib. 39b) dem Schüler
Huna's, Acha b. Chanina zugeschrieben. — In j. Chagiga 76 c und
Echa r., Pethichta 2, sagt Huna: „Studiere die Lehre. und sei es
auch nicht um ihrer selbst willen; denn eigennütziges Studium
führt zu selbstlosem." Es ist dies eine kürzere Form der Sentenz
Rab's. oben S. 20. (Vgl. auch oben S. 3. Anm. 9). — Die Ansicht
Huna's über die sechs Monate aus David's Regierungszeit, die nicht
miteingerechnet wurden (zu 1 Kön. 2,11, j. R. H. 56b, Ruth r. zu
2,14) ist beinahe die Rab's in Synh. 107a. — Zu Ruth 1,1 findet
sich in Ruth rabba Huna's Ansicht. unter den „Richtern" seien

mit Gewissheit ihm angehörigen Satzes,[9]) oder auch der Tradent des Huna'schen Ausspruches.[10]) Wenn der Ansicht Huna's die Judan's gegenübersteht,[11]) so sind nicht, wie man leicht anzunehmen geneigt wäre, Huna aus Sura und Jehuda aus Pumbeditha gemeint, sondern es sind die beiden gleichnamigen palästinensischen Amoräer aus dem folgenden Jahrhundert.[12])

Indessen auch ohne die in palästinensischen Quellen vorkommenden Beispiele der Agada Huna's würde, was der babylonische Talmud an solchen erhalten hat, genügen, um seine grosse Gewandtheit in der Schriftauslegung zu bekunden. Huna erscheint als geübter und selbstständiger Agadist, sei es, dass er einen Gedanken hinstellt und hierauf die Schriftstelle anführt, aus der er ihn ableitet, sei es, dass er an einen Bibelvers mit

---

Debora und Barak zu verstehen, nach den abweichenden Ansichten Rab's und Josua b. Levi's.

[9]) In Lev. r. c. 12, gegen Anf., wendet Huna Sprüche 23,29 auf den an, der sich nicht mit dem Studium des Gesetzes bemüht; nun ist es Huna, der (Erubin 54b, Ab. zara 19a) einen Satz aus dem B. der Spr., 13,11, auf das Gesetzesstudium anwendet, wie er denn überhaupt gerne aus diesem biblischen Buche Texte entnimmt. S. S. 53, Anm. 3. Wenn nach H. in Gen. 1,31 (טוב מאוד) die Vorzüglichkeit der — nach Prov. 6,23 — zum Leben führenden göttlichen Züchtigungen (יסורין) angedeutet sind, Gen. r. c. 9, so erinnert dies an Huna's Preis der Züchtigungen, nach Jesaia 53,10, im bab. Talm., Berach. 5a.

[10]) In Schir r. zu 1,7 erklärt Chelbo — s. S. 53, Anm. 3 — im Namen Huna's כעוטיה als „Trauernde (nach Lev. 13,45).

[11]) Es ist beachtenswert, dass solche Controversen zwischen Huna und Judan fast nur in Genesis rabba vorkommen und zwar: c. 14 Ende, über לנפש היה, 2,7; c. 16 über den Namen des Euphrat (wie schon ähnlich in Sifrê, Deuteron. §. 6); c. 22, über דמי אחיך 4,10; c. 43 g. E. über מגן, 14,20; c. 44 über אחרי 15,1 (nach Jose b. Zimra, s. nächste Anmerkung); c. 50 g. A., über סורו נא, 19,2; c. 68 g. A., über מבאר שבע, 28,10; c. 74, über אחיו, 31,46; c. 80, über ויקחו את דינה, 34,26; c. 84 Ende, über 37,26; c. 85, über 38,25; c. 85 Ende, über 38,28 f. — Ferner Schir rabba zu 7,9 über סרבליהון, Daniel 3,21.

[12]) Das ist besonders deutlich in Gen. r. c. 44, wo sie auf verschiedene Weise die Überlieferung Eleazar b. Pedath's von Jose b. Zimra's Erklärung zu Gen. 15,4 tradiren. Huna, der Jüngere tradirt oft im Namen Eleazar's.

der Frage „Was bedeutet dies, was geschrieben ist?" seine
Deutung anknüpft, sei es endlich, dass er den Widerspruch
zwischen zwei Stellen der heiligen Schrift auszugleichen sucht. [13])
Die letztgenannte Form der Auslegung, [14]) bei Rab noch selten,
findet sich bei Huna schon häufiger und er befolgt in der Lösung
der Widersprüche consequent die Methode, dieselben durch den
angenommenen Unterschied in der Zeit zu rechtfertigen. [15])

Was den Inhalt seiner Sätze betrifft, so bezieht sich ein
beträchtlicher Theil derselben, wie schon die bisher angeführten zeigen, auf das Studium der Lehre. „An wem Gott
Wohlgefallen hat — so folgert er aus Jesaia 53,10 — den beugt
er durch Heimsuchungen, die aber nur dann wirksam sind, wenn
sie mit Bewusstsein und Hingebung aufgenommen werden. Wer
dies thut, dem erspriesst nicht nur irdisches Heil, sondern auch
sein Studium ist ein erfolgreiches." [16]) — „Wer von Gott heimgesucht wird, der prüfe sein Leben; findet er die Schuld, so
thue er Busse, [17]) wo nicht, so muss er die Ursache in der Vernachlässigung des Thorastudiums erblicken; [18]) wenn er auch
dieser sich nicht bewusst ist, so erkenne er die in der Heimsuchung sich offenbarende göttliche Liebe." [19]) — Wer das
Wissen in ungeordneten Massen sich aneignet, dem verringert
es sich; wer es allmälig und behutsam erwirbt, der mehrt es
wirklich. [20]) In ψ 68,11 „findet er die Andeutung, dass nur was

---

[13]) Es sind dies die drei Hauptformen der Rab'schen Agada; s. S. 30.
[14]) Mit dem Terminus רמי.
[15]) Zu II Sam. 7,10 und I Chr. 17,10 (בתחלה לענותו ולבסוף לכלותו), Berach. 7b; zu Hosea 4,12 und 5,4 (בתחלה. התעה ולבסוף בקרבם), Sukka 52b; zu ψ 145,17 (בתחלה צדיק ולבסוף הסיד), Rosch Hasch. 17b; vgl. noch Aboda zara 44a, zu II Sam. 5,21 und I Chr. 14,12. — Eine beliebte Auskunft der Agada, um einen im Satze selbst hervortretenden Widerspruch zu beseitigen, wendet er zu Kohel. 11.9 an, wo er erklärt, die ersten Worte „Freue dich Jüngling u. s. w." spreche der böse Trieb, die Schlussworte „Aber wisse, dass Gott dich in's Gericht führt!" seien Mahnung des guten Triebes. Sabb. 63b.
[16]) Berach. 5a.
[17]) Nach Echa 3,40.
[18]) Nach ψ 94,12.
[19]) Berach. 5a.
[20]) Nach Spr. 13,11, wo הבל mit הבל = הבילה identificirt wird. Erubin 54b.

mit wahrem Eifer erlernt ist, sich erhält.²¹) Doch das blosse Studium ohne Werke der Menschenliebe genügt nicht; ja wer sich bloss mit der Lehre beschäftigt, gleicht Jemandem, der keinen Gott hat. ²²) Ebenso hart rügt er den Missbrauch, der mit dem Besitz des religiösen Wissens getrieben wird: Der „listige Frefler" der Mischna (Sôta 3,₄) ist wer für sich selbst die religiöse Satzung erleichtert, für Andere erschwert. ²³) Das Mischnastudium, das er, wie oben ersichtlich, sehr hoch stellt, ist auch dem äussern Wohlstand förderlich; denn selbst in ihren nebensächlichen Ausdrücken zeigt sie, wie er an Beispielen erläutert, den Weg zu Segen, Reichthum und Gesundheit. ²⁴)

Von den höhern Fragen der religiösen Weltanschauung scheint ihn namentlich die alte Frage vom Leiden der Frommen beschäftigt zu haben, wie schon die angeführten Aussprüche über göttliche Heimsuchungen beweisen. Hieher gehört seine Auffassung der Psalmworte (90,₁₁): „Gleich der Furcht vor dir ist dein Zorn", die nach Huna besagen, dass je strenger Jemand gegen sich selbst, desto strenger auch Gott gegen ihn ist. ²⁵) Jedoch Gottes wirksamer Beistand ist dem das Gute Erstrebenden sicher, sowie andererseits die böse Absicht scheinbar von obenher unterstützt wird: „Aus der Thora (Num. 22,₁₂ und ₂₀), den Propheten (Jesaia 48,₁₇) und den Hagiographen (Spr. 3,₃₄) kann bewiesen werden, dass man den Menschen auf den Weg leitet, nach dem sein Wille sich hinneigt." ²⁶)

---

²¹) Erubin 54a.
²²) כל העוסק בתורה בלבד דומה כמי שאין לו אלוה. nach II Chron. 15,₃, Aboda zara 17b. Wie Huna selbst noch im hohen Alter rüstig und wohlthätig wirkte, schildert sehr anschaulich Ephräm b. Papa. Taan. 20b.
²³) זה המיקל לעצמו ומחמיר לאחרים b. Sôta 21b; in j. Sôta 19a oben, ebenfalls von Zerika tradirt: מורה קלות לעצמו וחמורות לאחרים. Zerika — im j. Talmud זריקן genannt — lehrte in Palästina. S. Frankel, Mebo 79a b.
²⁴) מרפא ... עושר ... ברכה חכמים לשון Kethub. 103a.
²⁵) Taan. 8a.
²⁶) בדרך שאדם רוצה לילך בה מוליכין אותו Makkoth 10b. tradirt von Huna's Sohne Rabba. Doch habe es nach Andern Huna (der Jüngere) im Namen Eleazar's gelehrt.

Damit hängt auch wahrscheinlich die Ansicht Huna's von den Träumen zusammen: Dem guten Menschen werden keine guten – angenehmen –, dem bösen keine bösen Träume gezeigt: [27]) indem der böse Mensch durch gute Träume in Sicherheit gewiegt, der gute durch böse Nachtgesichte in Unruhe und fortwährende Sorge um sein sittliches Wohl gehalten werden soll. — Huna hatte auch asketische Neigungen, wie sein Verbot der Musik beweist, welches nachher von Chisda wegen der traurigen Folgen für die gesellschaftlichen Verhältnisse aufgehoben ward. [28])

In Bezug auf das Gebet sind wenige Sätze Huna's erhalten, welche zeigen, dass er namentlich auf die in der Synagoge verrichtete Andacht grosses Gewicht legte. — Wer einen bestimmten Ort für sein Gebet hat, dem steht der Gott Abraham's bei und bei seinem Tode wird über ihn geklagt: O des Demütigen, o des Frommen, der ein Schüler unseres Vaters Abraham war! [29]) Wer hinter der Synagoge sein Gebet verrichtet, wird Frefler genannt. [30]) Wer aus ihr hinausgeht, thue es nicht eilig mit grossen Schritten. [31]) Am höchsten hielt er das Nachmittags (Mincha)-Gebet. [32])

Eine Eigenthümlichkeit Huna's war es, seine Schriftauslegung mit Ausrufen zu begleiten, die seine empfindungsvolle Betrachtung des Gegenstandes darthun. Als er Exodus 23,17 las, wie Israel geboten ist, jährlich dreimal vor Gott zu erscheinen, sagte er weinend: Ein Diener, den sein Herr so sehr zu sehen

---

[27]) Berach. 55b לאדם טוב אין מראין לו חלום טוב ולאדם רע אין מ' לו חלום רע. Nach der Version Raschi's und in En Jakob bedeutet der Satz: Dem bösen Menschen werden gute, dem guten böse Träume gezeigt.

[28]) Sôta 48a. H. verbot auch die — wahrscheinlich rohen — Lieder der Weber, während er die der Schiffzieher und Rinderhirten gestattete. Ib. — Von der Rohheit der Weber ging das — von Rab, Joma 20b angewendete — Sprichwort: Der Flötenspieler, der Fürsten angenehm ist, wird von den Webern nicht beifällig aufgenommen.

[29]) Mit Bezug auf Gen. 19,27. Berach. 6b (vgl. die Barajta ib. 26b).

[30]) Nach ψ12,9. Ib.

[31]) Ib.

[32]) Mit Hinweis auf das Gebet Elijas, 1 Kön. 18,36. Ib.

begehrt, und dennoch kam es so weit, dass er von ihm sich abwandte. ³³) Und ebenso zu Deut. 27,7: Ein Diener, an dessen Mahlzeit Theilzunehmen sein Herr so sehr begehrte, und dennoch wandte er von ihm sich ab. ³⁴) Als er Saul's und David's Leben betrachtete, rief er: „Wie so wenig leidet und empfindet der Mann, dem sein Herr beisteht! Saul sündigte einmal ³⁵) und es wurde ihm schwer angerechnet, David beging zwei grosse Sünden und fiel dennoch nicht aus Gottes Gunst." ³⁶)

Als Beispiel eigentlich homiletischer Schriftdeutung stehe zunächst hier Huna's Auslegung von Jes. 10,30, in welcher die Städtenamen nach ihrer etymologischen Bedeutung aufgefasst sind. „Der Prophet sagt zur Gemeinde Israels: Du Tochter Abraham's, der Gottes Gebote erfüllt hat, zahllos wie die Wellen des Meeres, ³⁷) nicht vor diesem — Sancherib — fürchte, sondern vor Nebukadnezar, der dem Löwen gleicht ³⁸) und über den einst Jeremia aus Anathoth ³⁹) prophezeien wird." ⁴⁰) Ebenso deutete er den Namen der Provinz Kabul (I. Kön. 9,13), er bezeichne das Land, dessen Leute goldene und silberne Ketten

---

³³) Nach Jes. 1,12, Chagiga 4b.
³⁴) Nach Jes. 1,11. Ib. — Als Huna Jemand sagen hörte: „Da unsere Liebe stark war, schliefen wir auf des Schwertes Schneide, nun da sie's nicht mehr ist, genügt uns ein Lager von sechs Ellen Breite nicht!" — trat ihm das allmälig locker werdende Verhältniss zwischen Israel und Gott lebhaft vor's Bewusstsein und er sagte: Dasselbe besagen auch die heiligen Schriften. Zuerst genügte der Deckel der Bundeslade zur Erscheinung der göttlichen Gegenwart (nach Exod. 25,22), später wurde der weite Raum des Tempels nöthig (I Kön. 8,2), endlich verwarf Gott jegliches Heiligthum als zu enge, nach Jesaia 66,1.
³⁵) I Sam. c.13. Huna stellte Saul sehr hoch und sagte, das schwierige בן שנה I Sam. 13,1 erklärend, er wäre an Sündenreinheit wie ein einjähriges Kind gewesen. Joma 22b.
³⁶) Ib.
³⁷) גלי הים — גלים.
³⁸) ליש — לישה.
³⁹) ענתות.
⁴⁰) Synh. 94b. — In Pesikta ed. Buber 116b findet sich eine ähnliche Deutung von Abba b. Kahana (4. Jhdt.); doch ist בת גלים anders erklärt, und ליש sowol als ענתות doppelt, so dass die zweite Erkl. der Huna's entspricht.

trugen.[11]) Als ihn Rabba fragte, warum eine so reiche Gegend dem Hiram nicht gefallen habe, erwiederte Huna, der Reichthum hätte die Einwohner verweichlicht und zu Arbeit unfähig gemacht.[12]) — Als der Exilarch Huna in Bezug auf Josua 7,24 fragte, was denn Achans Kinder gesündigt hätten, erwiederte er, sie wären in der That nicht mit gesteinigt worden, sondern, wie das ebenfalls zum Orte der Hinrichtung geführte Volk, nur deshalb hingebracht worden, um sich ein warnendes Beispiel zu nehmen.[43])

Auch zu halachischem Zwecke hat Huna die Schriftauslegung gehandhabt, in zuweilen origineller und sinnreicher Weise.[44]) — Worterklärung scheint er nicht geliebt zu haben, auch findet sich kein Fall, dass er ein Wort zum Zwecke der Deutung zerlegte.[15])

---

[11]) מכובלין — כבול Sabb. 54a.

[42]) Rabba ist Huna's Sohn. oder R. b. Nachmani. der Huna's Schüler war (S. Seder Hadd. II 20b). Jedenfalls aber ist statt רבא zu schreiben רבה, da Raba (רבא) erst um die Zeit von Huna's Tod geboren ward. In Jalkut z. St. (II, §. 195) steht für הונא: Hamnuna.

[43]) Synh. 44a.

[44]) Dass Sklaven nicht nach Jerusalem wallfahren (Chag. 1,1) deducirt er aus האדון Exod. 23,27: „Bloss wer Einen Herrn über sich hat, erscheine, nicht aber wer noch einen andern Herrn hat. Chag. 4a. — Aus Jes. 58,7 schliesst er, dass man das Bedürfniss des Armen in Bezug auf Nahrung erst untersuchen solle. nicht aber das nach Kleidung. welches vielmehr ohne weiters befriedigt werde. Baba bathra 9a. Vgl. Lev. r. c. 34. — Die Andeutung (רמז) für die verbotenen Ehen zweiten Grades findet er in האל Lev. 18,27, Jebam 21a, (wo in Scheelthot. §. 97 die Leseart רב הונא erhalten ist); eine andere „Andeutung" zum Ehegesetze in Levit. 20,21, Jebam. 54b. S. noch zu Hiob 38,15, Synh. 58b; zu Gen. 43,9. Baba bathra 173b; Deut. 25,1. Synh. 10a; II Chr. 24,9. j. Schekalim Anfang. Besonders die Deduktionen der verschiedenen Ansichten in der Mischna Megilla II,3, nach Esther 9,26, Megilla 19a.

[45]) Änderung der Vokale erlaubt sich Huna in der Deutung von בְּעֻלַת בַּעַל. Gen. 20,3, wofür er בעלת ב' liest. um herzuleiten, dass die Rechte der Frau mit dem Range des Mannes steigen. aber nicht sinken können Kethub. 61a. — In Jes. 58,7 ändert er מרוד in פרוש. Baba bathra 9a.

3. Chisda.

Chisda stand zu Huna in einem Verhältnisse, wie es unter den Tannaiten und Amoräern häufig wahrzunehmen ist: aus dem Schüler war er College und gleich angesehener Freund geworden. Wie in diesem Falle der Übergang stattfand, zeigt eine interessante Anekdote. Als nämlich einmal die Beiden, welche übrigens im Alter nicht sehr verschieden waren,[1]) beim gemeinschaftlichen Studium der Mischna zu den Sätzen kamen, in welchen die ausserordentlichen Pflichten des Schülers gegen den Lehrer umschrieben sind,[2]) fragte Chisda, wahrscheinlich ohne Beziehung, wie es denn ein Schüler zu halten habe, den sein Meister nötig hat (im Studium); da fuhr Huna auf, und sagte: Chisda, Chisda, ich bedarf deiner nicht, vielmehr bedarfst du meiner! Sie grollten nun lange Zeit[3]) und besuchten einander nicht; doch erkannte Huna sein Unrecht und hielt vierzig Fasten dafür, dass er Chisda verdächtigt hatte, während dieser ebenso bereute, dass er Huna zu solcher Kränkung Anlass gegeben.[4]) Dieser Vorfall scheint den Wendepunkt in ihrem Verhältnisse gebildet zu haben, das fortan auf Freundschaft und gegenseitiger Hochachtung beruhte. Die Tradition der Schule sieht in ihnen die beiden Hauptpfeiler der Schule Rab's und nennt sie die „Alten von Sura."[5]) Ein in Palästina ansässiger Schüler, Ze-

---

[1]) Chisda starb 309 im Alter von 92 Jahren; Huna war, als er 297 starb, über achtzig Jahre alt geworden. S. Moed Kat. 28a.
[2]) M. Baba mezia 2,11.
[3]) „Vierzig Jahre" ist wol eine hyperbolisch runde Zahl, veranlasst durch die bald nachher erwähnten Fasten von vierzig Tagen.
[4]) Baba mezia 33a. Chisda legte grosses Gewicht auf die dem Lehrer schuldige Ehrerbietung und sagte: „Wenn ein Vater auf die ihm gebührende Ehrenbezeigung verzichtet, so hat der Verzicht Giltigkeit, nicht aber, wenn der Lehrer es thut" (Kidduschin 32a). Ferner: „Wer gegen seinen Lehrer streitet, der streitet gleichsam gegen Gottes Herrlichkeit (nach בהצותם על ד׳, Num. 26,10)," Synh. 110a. Aussprüche Rab's citirt er mit den Worten „das hat unser grosser Lehrer gesagt, Gott sei ihm Beistand" S. Zunz. zur Geschichte und Literatur, S. 335. Wie hoch er die Mittheilung ihm noch unbekannter Aussprüche Rab's aufnahm, zeigt die Erzählung Sabb. 10b.
[5]) סבי דסורא רב הונא ורב חסדא Synh. 17b.

rika.⁶) bezeichnet sie als die „Frommen Babyloniens", und erzählt, sie hätten, wenn die Welt sehr von Regenmangel bedrängt war, gemeinschaftlich Fasten angeordnet und gebetet.⁷) Einst befanden sich beide beim Exilarchen; derselbe fragte Huna, aus welchem Grunde seit der Zerstörung der Hochzeitskranz verboten sei. Huna erwiederte, das Verbot sei rabbinisch und verwies auf den Schluss des Mischnatractates Sôta. Als er auf eine Weile hinausging, sagte Chisda dem Exilarchen, das Verbot sei auch biblisch begründet, und zwar mit Ezechiel 21,31.⁸) Als Huna dies nachher vernahm, sagte er: „Bei Gott, das Verbot ist bloss rabbinisch; aber wie dein Name „Huld" ist, so sind auch deine Worte, hold."⁹) Seinen Sohn Rabba ¹⁰) hielt Huna zu fleissigem Verkehre mit Chisda an, von dessen Scharfsinn er Nutzen ziehen könne.¹¹) Rabba, der wahre Frömmigkeit ¹²) mit echter Be-

---

⁶) S. oben S. 57. Anm. 23.

⁷) Taan. 23b.

⁸) Die Worte והרם העטרה הסר המצנפת erklärt er so: Nachdem der hohepriesterliche Kopfbund (s. Exod. 28,39), genommen ist, sei auch der Kranz beseitigt. Gittin 7a.

⁹) האלהים מדרבנן אלא חסדא שמך וחסדאין מילך. — In Ruth rabba, Abschn. 3, Anf., fragt der Exilarch Chisda nach dem Sinne der angeführten Worte in Jecheskel und erhält eine — von der des Talmud verschiedene — Deutung, die er mit den Worten lobt: את חסד ומה לך (l. ומילך) חסד. Dass der Exilarch Huna (רב הונא) genannt wird, ist wol Rest der ursprünglichen Erzählung, in der Huna vorkam. — Noch anders lautet die Erz. in j. Sôta Ende (74c), wo der Exilarch Chisda nach dem Sinne der Stelle fragen lässt. Als R. Jochanan in Palästina die Antwort Chisda's vernahm, sagte er הוא חסד ומילוי חסד. Es braucht nicht betont zu werden, dass der babyl. Talmud den ursprünglichen Vorgang erhalten hat.

¹⁰) רבה בר רב הונא. Fürst hält ihn für den Sohn eines Exilarchen Huna Mare (Literaturbl. des Orients, 1847, S. 132); doch hat schon Heilprin (Seder Haddor. II. 66b) genügend bewiesen, dass er der Sohn des Schulhauptes Huna war. Indessen hat auch Heilprin das Versehen begangen, אבא מרי Gittin 29b unt. und 76b als nomen proprium zu nehmen, an Stellen, wo Rabba seinen Vater so anführt „mein Vater und Lehrer" (= hebr. אבי מורי). Seder Hadd. s. v. מרי 33b. — Vgl. hiezu Synh. 5a.

¹¹) Sabb. 82a.

¹²) Er lehrte (Sabb. 31a b): „Ein Mensch, in dem nur Gesetzeskunde, aber keine Gottesfurcht ist, gleicht einem Schatzmeister, dem man

scheidenheit [13]) verband, hielt sich Anfangs von Chisda fern, weil dieser auch von Dingen sprach, welche seiner ernsten Natur nicht zusagten; [14]) doch kam auch er später in ein vertrautes Verhältniss zu Chisda, nach dessen Tode er Schulhaupt von Sura ward. Sie besuchen gemeinschaftlich das Exilarchenhaus, [15]) halten zusammen Gericht [16]) und behandeln auch gemeinschaftlich agadische Fragen. In einem Agadabuche fand sich — wie aus der Mitte des vierten Jahrhunderts berichtet wird — [17]) geschrieben, Chisda und Rabba bar Huna hätten den Namen des Berges Sinai auf dieselbe Weise gedeutet [18]).

---

die innern Schlüssel übergeben hat, nicht aber die zu den äussern Pforten; wie soll er da in's Innere gelangen?"

[13]) Raba wünschte sich neben Huna's Gelehrsamkeit und Chisda's Reichthum auch die Bescheidenheit — ענוותנות — Rabba b. Huna's, aber, wie er selbst gesteht, vergebens. M. K. 28a. Von dieser Bescheidenheit giebt auch Folgendes Zeugniss. Als Rabba b. Huna in einem Lehrvortrage eine Ansicht aussprach, die Chisda zu berichtigen genötigt war, erklärte Jener öffentlich: Es ist unvermeidlich, dass Jemand, der mit dem Gesetzesstudium sich beschäftigt, auch Irrthümer begeht (nach einer Deutung von והמכשלה Jesaia 3,6, die Ketina, einem Schüler Rab's angehört, Sabb. 119b). Gittin 43a. — Wer frech ist — so lehrt er nach Spr. 21,29 — darf Frevler genannt werden. Taan. 7b.

[14]) Sabb. 82a.

[15]) Sukka 28a; ib. 10b. Als Nachman einmal nach Sura kam, besuchten sie ihn gemeinschaftlich ib. 14b; Schebuoth 48b.

[16]) Sabbath 10a.

[17]) רב פפא ורב הונא בריה דרב יהושע מעייני באגדתא Sabb. 89a. Der Ausdruck lautet vollständiger עיינו בספרי דאגדתא, nämlich Jochanan und Simon b. Lakisch, Gittin 60a. S. auch oben, S. 2, Anm. 4. — „Schreibe es in deine Agada und erkläre es!" (כתוב באגדתך ופירשה) sagte Chisda zu Tachlifa b. Abina in Bezug auf zwei in ältern Aussprüchen vorkommende Fremdwörter. Chullin 60b.

[18]) Vgl. auch Pesach. 117a, ihre Ansichten über die Stellung des Wortes הללויה zwischen einem Psalme und dem andern. Nach Chisda ist es zum Schluss des ersten Psalmes zu ziehen, nach Rabba b. H. an den Anfang des zweiten. — S. ferner Pesach. 110a und Sota 39a. — Von Rabba b. Huna hat sich sonst nur wenig Agadisches erhalten: Über Jesaia 14,12 (חלש), Sabb. 149b; über den Unterschied zwischen

Doch öfter hatte Chisda mit dem Vater Rabba's gemeinschaftliche Schriftauslegung getrieben und wir haben eine Reihe von Beispielen, [19]) wo sie über einzelne Bibelstellen entgegengesetze Ansichten aussprechen, ohne dass angegeben wird, welche Ansicht Huna, welche Chisda gehört; solche Unbestimmtheit ist auch bei Rab's und Samuel's Controversen sehr oft zu finden, [20]) sowie überhaupt dort, wo zwei Gelehrte häufige Controversen hatten und die Überlieferung die Urheberschaft der einzelnen Ansichten nicht mehr genau sondern konnte.

Ein anderer Antagonist Chisda's in agadischen Fragen war Isak b. Abdimi. [21]) Dieser war in Exegese, namentlich halachischer, so ausgezeichnet, dass Raba von ihm sagte: „Eine Bibelstelle, die Isak b. Abdimi nicht erklärt hat, ist unerklärt." [22]) Doch sind ausser den Aussprüchen, in denen seine Ansicht der

---

Juden und Proselyten nach Ezech. 37,27 und Jerem. 30,21 f. Kidd. 70b; über den Zorn, nach ψ 10,4 (Wer zürnt, der nimmt auch auf Gottes Herrlichkeit keine Rücksicht) Nedar. 22b.

[19]) Über Jes. 57,15, Sôta 5a; über Hiob 24,24 ib.; Hiob 27,8, Baba Kamma 119a; ψ 112,3 Kethuboth 50a. In Gittin 31b wird ihre Unterredung über die Winde mitgetheilt; in Tamid 31b ihre verschiedenen Ansichten über den Grund der Mischnavorschrift, das Opferlamm nicht zu binden (nach dem Einen, weil das eine Missachtung des Geweihten wäre, nach dem Andern, weil es heidnische Sitte); in j. Sabbath 7c ihre Erklärungen des Wortes נימין (M. Sabbath 5,4), zu welchen als dritte die von Abba (= Rabba) b. Huna beigefügt ist. In b. Sabbath 54b findet sich nur die Erklärung Huna's.

[20]) S. oben S. 37.

[21]) Der Jüngere dieses Namens; s. Seder Hadd. s. v. Der oft vorkommende Name אבדימי (s. Frankel, Mebo 58a b) ist aus אבדימוס abgekürzt; dieses aber ist nicht, wie Levy, Neuh. und Chald. Wörtb. I. 7 will, Εὐδαίμων, sondern Εὔδημος (wie z. B. ein Hauptschüler des Aristoteles hiess). Einen ähnlichen, mit δῆμος zusammengesetzten Namen hatte einer der Söhne Jose b. Chalafta's. Derselbe wird aber schon im Talmud missverstanden, indem ורדימוס von ורד, Rose (ῥόδον) abgeleitet wird (Sabbath 118b). Auf das Richtige leitet die in palästinensischen Quellen vorkommende Schreibung אורדימוס, אברדימוס, אבדימוס (s. Levy I. S. 505), was nichts Anderes ist, als Εὐρύδημος, ein z. B. bei Herodot vorkommender Name, welcher genau dem hebr. רחבעם entspricht.

[22]) Zebach. 43b.

Chisda's gegenüber steht,[23] nur wenig Schriftdeutungen von ihm geblieben.[24]

Welch eine hervorragende Stellung die Agada in Chisda's Studien einnahm, ist auch daraus ersichtlich, dass in seinem Lehrhause bestimmten Männern die Aufgabe zuertheilt war, ihm regelmässig Agada vorzutragen. Einen derselben[25] fragte er einst, ob er nicht gehört, was in Hohelied 7,14 der Ausdruck „neue mit alten" zu bedeuten habe; jener antwortete, damit seien die leichten und die schweren Gebote gemeint, worauf Chisda versetzte, man könne passender den Unterschied der biblischen und nachbiblischen Gebote darin angedeutet finden.[26] Ein anderes Mal fragte er einen solchen Agadisten, ob er etwas darüber gehört habe, was David mit seinen fünfzehn „Stufengesängen" (ψ 120—134) andeuten wollte; als er eine Erklärung Jochanan's zur Antwort erhielt, erinnerte er sich dieselbe bereits in anderer Gestalt gehört zu haben.[27] Besonders wird ein galiläischer Gelehrter erwähnt, der vor Chisda agadische Vorträge hielt.[28] In dieser Erscheinung berufsmässi-

---

[23] Mit genauer Scheidung der Urheberschaft: zu II Sam. 18,18 (אין לי בן) Sôta 11a; oder ohne solche: zu Gen. 2.16 (ויצו). Synh. 56b; II Kön. 25,6, Synh. 96b; Ezech. 47,12 (לתרופה), Synh. 100a. — Vgl. noch Menach. 93a unten.

[24] Halachisches: Jebam 3a und oft, zu Lev. 18,10; Zebach. 43b zu Lev. 7,20. — Agadisches: David's nächtliche Aeolsharfe angedeutet in ψ 57,9, Synh. 16b; über den Lohn mühseligen Studiums, nach Spr. 16,26, Synh. 99b: Eva's zehnfacher Fluch, nach Gen. 3,16, Erubin 100b (vgl. Aboth d. R. Nathan c. I).

[25] ההוא מדרבנן דהוה מסדר אגדתא קמיה. S. auch oben, S. 63, Anm. 17.

[26] Erubin 21b.

[27] Sukka 53a b.

[28] דרש ההוא גלילאה עליה דרב חסדא. Sabb. 31b f., über den Parallelismus des menschlichen Wesens mit den göttlichen Geboten; Synh. 113a, Gleichniss zu I Kön. 18,1. Dieses Galiläers Vorträge vor Ch. waren auch halachischen Inhaltes (Sabb. 88a, Baba Kamma 52a). Er ist vielleicht identisch mit Obed dem Galiläer (so, עובד, ist mit En Jakob, Seder Hadd. zu lesen, nicht עובר). aus dessen agadischen Vorträgen — דרש — zwei Sätze sich erhalten haben: über die dreizehn „Wehe" (וי, d. h. mit dieser Silbe beginnende Zeitwörter), welche in der Erzählung von dem ersten Weine und seinen Wirkungen, Gen. 9,20—24, vorkommen (in Gen. r. c. 36 ist das ein Ausspruch Jochanan's, jedoch mit 14 „Wehe", indem noch ויאמר

ger Agadisten, denen wir hier zum ersten Male in Babylonien begegnen, erkennen wir die Wirkung der aus dem heiligen Lande gekommenen Schüler Jochanan's, welche, wie im nächsten Abschnitte gezeigt werden soll, eine Masse agadischen Stoffes, namentlich Aussprüche des genannten, auch auf diesem Felde grossen Meisters, nach den babylonischen Schulen brachten und den Geschmack an der agadischen Schriftauslegung weckten und förderten. Dieser palästinensische Einfluss auf Chisda selbst zeigt sich am deutlichsten in Aussprüchen, deren Grundlage bis auf die Ausdrucksweise in den Sätzen der ältern palästinensischen Amoräer nachzuweisen ist. — Chanina, der Mitschüler Rab's, hatte einem Ketzer auf die Frage, wie denn möglich sei, dass Palästina die Menge volkreicher Städte zählte, von denen die Sage spricht, mit dem Hinweis auf eine im Buche Daniel (11,41) vorkommende Bezeichnung des heiligen Landes geantwortet, welche er als „Hirschland" [29]) auffasste: „Wie die Haut des Hirsches sein Fleisch nicht umschliesst, [30]) so ist auch der Boden Palästina's zwar weit genug, wenn seine Bewohner auf ihm weilen, aber enge, wenn sie entfernt sind." [31]) Chisda deutet nun ganz so einen ähnlichen Ausdruck in Jeremia (3,19) in Bezug auf die Fruchtbarkeit des Landes und führt die Analogie derselben mit den Eigenthümlichkeiten des Hirsches noch weiter aus. [32]) — Auf die Frage, warum der Hohepriester am Versöhnungstage nicht im Goldgewande den Sühnedienst verrichte,

---

    von v. 25 zugerechnet ist, im Midrasch Mischle zu 23,29 anonym und wie im Talmud), Synh. 70a; und über die Verschiedenheit der rituellen Tödtung der Thiergattungen — Vieh, Vogel, Fisch. — im Verhältniss zu ihrer physiologischen Beschaffenheit, Chullin 27b. Von einem andern „Sohne Galiläa's, der nach Babylonien kam," wird erzählt, er sei, nachdem er über Geheimlehre vorgetragen, gestorben. Sabb. 80b.

[29]) ארץ הצבי, eigentlich „Land der Herrlichkeit."

[30]) אין עורו מחזיק את בשרו; ebenso wird von einem Kleidungsstücke gesagt אם מחזקת היא לך „ob es dir passe", Pesikta ed. Buber 98b. Veranlassung zu dieser Ansicht von der Haut des Hirsches gaben die in derselben sich zeigenden zahlreichen Risse.

[31]) Gittin 57a.

[32]) Kethub. 112a.

hatte Josua b. Levi geantwortet,³³) mit Anspielung auf die Sünde vom Goldkalbe, weil man den Ankläger nicht zum Anwalt mache. ³⁴) Mit denselben Worten sagt das im babylonischen Talmud Chisda. ³⁵) Auch aus der Agada der Tannaiten lassen sich bei ihm Entlehnungen nachweisen. Über die Art, wie die 127 Provinzen des Perserreiches allmälig erobert wurden, wurde in Palästina eine Ansicht von Nehemia, dem Gegner Jehuda's, tradirt. ³⁶) Dieselbe hat fast ganz so Chisda ausgesprochen. ³⁷) Eine palästinensische Barajtha zält auf Grund biblischer Bezeichnungen sieben Arten des Goldes auf; ³⁸) mit wenig Änderungen giebt im bab. Talmud dieselbe Aufzählung Chisda. ³⁹) Bei einem seiner Aussprüche wird ausdrücklich bemerkt, dass Andere denselben als Barajtha lehren. ⁴⁰)

---

³³) Lev. r. c. 21 g. Ende ר' סימון בשם ר' יהושע, genauer in Jalk. I, §. 571 בשם ר' יהושע בן לוי. Vgl. j. Joma 44b.

³⁴) אין קטיגור נעשה סניגור.

³⁵) Rosch Haschana 26a. In j. Nedarim 41c deducirt Josua b. Levi — ebenfalls ר' סימון בשם ר"י בן לוי — eine wichtige Satzung der Lehre von der Gelübdelösung (M. Nedar. 9,2) aus Exod. 4,19. Dasselbe in b. Nedar 64b von Chisda.

³⁶) Esther rabba zu 1,1.

³⁷) Megilla 11a.

³⁸) j. Joma 41d oben; Schir r. zu 3,10, von da in Exodus r. c. 35 zu Anfang.

³⁹) Joma 44b.

⁴⁰) אמר רב חסדא ואמרי לה במתניתא תנא Berach. 61a, Erubin 18a b. — In Gen. r. c. 18 wird dieser Ausspruch — über den Bau des weiblichen Körpers zu ויבן Gen. 2,22 — in der That Chisda zugeschrieben. Sonst kömmt in Gen. r. sein Name nicht vor; jedoch in Cap. 91 wird seine Bemerkung zu Gen. 42,13, Josef habe deshalb seine Brüder erkannt. sie ihn aber nicht, weil er sie als Männer verlassen hatte, als er noch unbärtiger Jüngling war (Jebam. 88a). als die Ansicht der „Gelehrten" gegenüber der R. Levi's mitgetheilt. Sonst kommen Aussprüche Chisda's in der Midraschliteratur noch vor: zu Echa 5,15, über das Aufhören des Sanges in Israel, Echa r. z. St. und über das dem irdischen Heiligthum entsprechende himmlische, in Schocher tôb zu ψ 30,1. In Sch. tôb zu ψ 93.5 wird zwar noch ein Satz Chisda zugeschrieben; doch ist dort ר"ח — für רבי חנינא בן גמליאל — unrichtig in רב חסדא aufgelöst worden. wie in b. Synhedrin 111a ersichtlich ist.

Der Inhalt von Chisda's, ausser den bisher erwähnten, nicht sehr zahlreichen agadischen Sätzen, lässt keinen von ihm mit besonderer Vorliebe behandelten Gedankenkreis hervortreten. Die Form der eigentlichen Auslegung überwiegt bei ihm die der Sentenz, welche an einen Bibelsatz geknüpft wird. Doch fehlt es an letzteren nicht, die erwähnt zu werden werth sind. „Wer seinen Mund — mit schmutzigen Reden — verunreinigt, dem wird eine tiefe Hölle bereitet;" nach Spr. 22,14. [41]) „Niemals mache sich der Mensch zu gefürchtet in seinem Hause; denn der Mann des Weibes von Gibea (Richter, 19,2) that es und bewirkte den Untergang vieler Tausende in Israel!" [42]) „Wenn auch alle Thore — durch welche die Gebete aufsteigen — verschlossen wären, der Klage ob erlittener Kränkung ist das Thor stets offen." [43])

Andere Beispiele seiner homiletischen Anwendung der Schrift: Was bedeutet (ψ 136,1) „danket dem Ewigen, denn [er ist] gut"? Danket Ihm, der die Schuld des Menschen einhebt von dem, was einem Jeden sein Gut ist; der Reiche zahlt mit seinem Rind, der Arme mit seinem Lamm, die Waise mit ihrem Ei, die Witwe mit ihrer Henne. [44]) —. Die „sechs Männer" in Ezechiel 9,2 heissen Zorn, Grimm, Glut, Verderber, Zertrümmerer, Vernichter. [45]) — Bevor die Israeliten gesündigt hatten, war die Gottesgegenwart bei jedem Einzelnen von ihnen; nachdem sie gesündigt, entfernte sie sich von ihnen, nach Deut. 23,15. [46]) — Wer heilige Schrift und Mischna lernt, sich selbst in rituellen Fragen nicht erleichternd entscheidet und Gelehrten als

---

[41]) Sabb. 33a.
[42]) Gittin 6b. Vgl. seinen Satz über das zu strenge Gemeindehaupt. Rosch Haschana 17a. S. oben. S. 28.
[43]) Nach einer Deutung des Wortes אנך Amos 7,7, welche auch von den palästinensischen Zeitgenossen Eleazar und Abahu angenommen ist, Baba mezia 59a. Übrigens wird (ib. 59b) diese Sentenz — כל השערים ננעלים חוץ משערי אונאה — der Frau des Eliezer b. Hyrkanos, Schwester des Patriarchen Gamliel II in den Mund gelegt, welche behauptet, dieselbe aus dem „Hause ihres Grossvaters" überkommen zu haben.
[44]) Pesach. 118a.
[45]) Sabb. 55a.
[46]) Sôta 3b.

Schüler sich anschliesst.[47]) von dem ist gesagt: „Wenn du Selbsterworbenes geniessest, dann Heil und wohl dir!" (ψ 128,2)[48])

Chisda schenkte der Wortdeutung viel Aufmerksamkeit. Er bestimmt die Bedeutung mehrerer biblischer Wörter[49]) und giebt zuweilen einem Worte zum Zwecke der Deutung eine von der massoretischen verschiedene Lesung.[50]) Er giebt auch Erklärungen aramäischer Wörter in der Art Jehuda b. Jecheskel's[51]) und bemerkt einmal, dass einige aramäische Wörter „seit der Zerstörung des Heiligthums" ihre Bedeutung miteinander getauscht haben.[52]) Es ist zu beachten, dass der Tag der Tempel-

---

[47]) Einst sagte Chisda zu seinen Schülern: „Ich will euch etwas sagen, obwol ich fürchte, dass ihr mich dann verlasset und gehet (um bei Andern zu lernen). Wer nur von Einem Lehrer lernt, der sieht niemals ein Zeichen des Segens (Fortschrittes im Studium)." Aboda zara 19a.

[48]) Chullin 44b.

[49]) Zu Num. 25,4 והוקע nach II Sam. 21,6, Synh. 34b; Erklärung von קרן הפוך Hiob 42,14, Baba bathra 16b; Erkl. von אור כשדים, Gen. 15,7, durch einen neuen Ortsnamen עיברא זעירא דכותי „kleiner Pass von Kutha", Baba bathra 91a; עשתרות, Deut. 7,10, leitet Ch. von עשר ab, weil die Herden ihre Besitzer reich machen. Chullin 84b. Er bestimmt den Unterschied von נזל und עשק nach Spr. 3,28, Baba mezia 111a. — Vgl. auch seine Bemerkung, dass צנוע (M. Demai 6.6) s. v. als כשר, jer. Demai 25d oben.

[50]) Zu Deut. 31,19 שימה בפיהם bemerkt er: Lies nicht שימה, sondern סימה (so ist statt סימנה zu lesen), und leitet dann daraus ab, dass Thorakenntniss nur durch Zeichen — mnemonische Förderungsmittel — erworben wird (סימנים, σημεῖα). Erubin 54b. Für שְׁעוֹרִים, Ezech. 4,12, liest er שְׁעוּרִים Erubin 81a.

[51]) S. oben S. 51. אמרכל „Tempelverwalter" ist אמר כולא, der Alles sagt, anordnet. Horajoth 13a. während Chijja es aus מר על הכל, מר לכולא „Herr über Alles" ableitet. jer. Sabbath 12c, Lev. r. c. 5 g. Ende. — כיתונא Linnen ist כיתא נאה „schöne Gattung". Sabb. 140b. סודנא. Biertonne ist סוד נאה „schönes Geheimniss", weil die Bierbrauerei reich mache, wie Chisda an sich selbst erfuhr. Pesach. 113a. — Zu Chisda's Erkl. des Wortes פרוסבול Gittin 36b (vgl. Megilla 15a b) s. Sachs Beiträge. II, 70.

[52]) Sukka 34a. Es sind die Namen für die Arten des Weidenbaumes, הלפתא — ערבתא. für die Blasinstrumente. הצוצרתא — שיפורא, und für grössere und kleinere Tische (bloss durch die Genusendung

zerstörung für Chisda eine Epoche ist, in welcher auch in der Natur Änderungen eingetreten sind. Von diesem Tage an hat das Firmament seinen wahren Glanz eingebüsst, nach Jesaia 50,₃,[53]) die Regengüsse kommen nicht mehr aus der „guten Schatzkammer," nach Deut. 28,₁₂, [54]) der Südwind hat seine Regen bringende Kraft verloren, nach einer witzigen Deutung von Jesaia 9,₁₉. [55])

Was Chisda's halachische Exegese betrifft, so liebte er besonders nichtpentateuchische Schriftstellen zur Deduktion zu benützen. [56]) Eine dieser Deduktionen, die er mit der Äusserung einleitete: „Dies ist etwas, was wir aus der Lehre Mose's nicht gelernt haben, sondern aus den Worten Jecheskel's entnehmen,"[57]) wurde später in den Diskussionen Aschi's und Rabina's des Ältern oft angeführt, gleichsam als Normalbeispiel derartiger Benützung von ausserpentateuchischen Sätzen; [58]) jedoch wird dazu bemerkt, dass Chisda nicht die eigentliche Quelle der fraglichen Satzung in der betreffenden Stelle erblickte, sondern blos eine für eine längst vorhandene Tradition in den Worten

---

unterschieden). פתורא - פתורתא. In Sabb. 36a ist statt הלפתא das biblische צפצפה (Ezech. 17.₃) gesetzt.

[53]) Berach. 59a.

[54]) Baba bathra 25b.

[55]) ויגזר על ימין ורעב = „er verhängte über den Süd (ימין wie ψ 89,₁₃), dass er hungere." Baba bathra ib.

[56]) Z. B. I Sam. 14,₃₄ , Chullin 17b; I Kön. 8.₅₉ . Rosch Hasch. 16a und Par.; Neh. 8,₃ , Sôta 39a; 8,₁₀, Beza 16b; 8,₁₅ , Sukka 12a; 12,₁₃ , Schebnoth 15a, II Chr. 35,₁₁, Jomâ 49a; Spr. 8,₃₁ , j. Berach. 9a ob. Dasselbe in b. Berach. 8a, wo nach dem Satze שתי לעולם יכנס אדם פתחים zu ergänzen ist: שנאמר לשמור על פתחי. S. Rabbinowicz, Dikduke Sôfrim z. St. — Besonders merkwürdig ist der Ausspruch in Jebam. 86b. „Anfangs setzte man als Beamte nur Leviten ein, nach II Chr. 19,₁₁ ; jetzt aber werden Beamte nur aus dem übrigen Israel genommen מראשיכם הרבים ולשוטרים שנאמר." Schwerlich ist dies Pseudocitat Chisda zuzuschreiben. der vielmehr etwa Deut. 29.₁₀ (ושוטדים לשבטיכם) oder Deut. 1.₁₅ (ושטריכם כל איש ישראל) nebst 1.₁₃ (ואשמם בראשיכם) angeführt hat. woraus in der mündlichen oder schriftlichen Überlieferung jenes Citatmonstrum wurde.

[57]) Zu Ezech. 44,₉ , Synh. 83b.

[58]) Aschi auf einen Einwand Rabina's: Moed Katon 5a, Taan. 17b, Synh. 22b; Rabina gegenüber Aschi: Joma 71b , Zebach. 18b,

des Propheten gebotene Anlehnung. ⁵⁹) — Beachtenswerth ist noch die Deduktion der ersten Vorschrift des Mischnatractates Pesachim ⁶⁰) und der Nachweis der fünf Arten der am Versöhnungstage vorgeschriebenen Kasteiung (M. Jôma 8,1) in der Thora. ⁶¹)

4. Einige andere Suraner.

Ketina. Geniba. Hamnuna. Adda b. Ahaba. Nachman b. Chisda.

Von den Schülern Rab's, welche gleichzeitig mit Huna, Chisda und Rabba b. Huna die Schule von Sura bildeten, haben nur Wenige auch auf agadischem Gebiete sich hervorgethan, und auch von diesen hat die Tradition nur eine geringe Anzahl von Sätzen aufbewahrt, sei es, dass sie in der That weniger fruchtbar gewesen, sei es, dass ihre Aussprüche nicht mit solcher Sorgfalt der Nachwelt gerettet wurden, als die der Schulhäupter. Das Wichtigste sei hier zusammengestellt.

Ketina war ein Schüler Rab's, in dessen Namen sowol Chisda ¹) als Rabba b. Huna ²) tradirt haben. Was wir von ihm besitzen, zeigt eine eigenthümliche Kühnheit und Selbstständigkeit in Anschauung und Auslegung. Von ihm rührt der bekannte chiliastische Ausspruch her, dass die Welt ein Jahrtausend lang zerstört sein wird, nachdem sie sechs Jahrtausende gedauert, nach den Worten Jesaia's, 2,11, dass Gott allein erhaben sein werde an „jenem Tage." ³) Die Entstehung des Erdbebens erklärt er in allegorisch-anthropomorphistischer Weise, nach Ezechiel 21,22. ⁴) Aus Hosea 7,5 entnimmt er, dass dem

---

⁵⁹) גמרא נמירי לה ואתא יחזקאל ואסמכה אקרא.
⁶⁰) Pesach. 7b. Dort wird dieselbe kettenartige Deduktion unter der Bezeichnung זכר לדבר, Anlehnung zu mnemonischem Zwecke, aus den Sätzen der Schule Ismaels angeführt. In j. Pesach. I,1 ist sie Samuel b. Isak zugeschrieben. Eine andere kettenartige Deduktion Chisda's findet man in Erubin 51a.
⁶¹) Joma 76a.
¹) S. Bechor. 35a; Arachin 32a; Baba mezia 79a; Joma 54a.
²) S. Bechor. 44b. Vgl. oben S. 63, Anm. 13.
³) Der Tag Gottes nach ψ 90,4 = 1000 Jahren. Rosch Hasch. 31a. Synh. 97a.
⁴) Berach. 59a. S. Levy, Wörterb. I. 306.

Spötter die Nahrungsquellen vermindert werden; [5]) aus Koheleth 10,18, dass der Regen in Folge der Vernachlässigung des Thorastudiums entzogen wird. [6]) An die Vorstellung der beiden einander innig umschlungen haltenden Cherubim des jerusalemischen Heiligthums knüpft er folgende Behauptung: Wenn die Israeliten zum Feste hinaufkamen, rollte man ihnen den Vorhang auf und sagte ihnen, auf die Cherubim zeigend: Sehet, so innig ist die Liebe, mit der Gott euch umfasst. [7])

Geniba, ebenfalls ein Schüler Rab's, in dessen Namen er manches mittheilt, [8]) wird stets ohne den Titel „Rab" genannt, wahrscheinlich wegen seiner sonst nicht näher bekannten Zwistigkeiten mit Mar Ukba. [9]) Huna und Chisda, obwohl sie ihn für einen Gelehrten hielten, standen dennoch, als er an ihnen vorüberging, nicht auf, weil er ein Mann des Haders sei. [10]) Als er sie nun mit dem Ausrufe „Friede mit euch, Könige!" begrüsste, fragten sie ihn verwundert, weshalb er ihnen diesen Titel gebe; er verwies sie auf Spr. 8,15, wo die Männer der Weisheit Könige heissen, und theilt ihnen im Laufe des Gespräches einige Ansichten von Rab mit. [11]) Merkwürdigerweise hat ausserdem nur der palästinensische Midrasch zwei Aussprüche von ihm erhalten, und zwar — bei einem Babylonier doppelt merkwürdig — Gleichnisse, das eine über den ersten Sabbat, der wie eine Braut in das Hochzeitsgemach den vollendeten und ausge-

---

[5]) Aboda zara 18b.
[6]) ימי wird mit allegorischem Anthropopathismus, הקיהה nach ψ 104,3 erklärt. Taan. 7b.
[7]) Joma 54a. Vgl. noch seine ausführliche Auslegung von Jes. 3,6.7, Sabb. 119b, Chag. 14a; seine Deutung von Lev. 25,23 zu halachischem Zwecke, Baba mezia 72a, und den originell ausgedrückten pädagogischen Satz über das sechste Jahr als Alter der Lernpflicht. Kethuboth 50a.
[8]) S. Seder Hadd. s. v. גניבא.
[9]) Gittin 7a. Da Mar Ukba sich hier an Eleazar um Rath wendet, der erst im letzten Drittel des dritten Jahrhunderts das Haupt der Schule von Tiberias war, so darf man hier nicht den ältern Exilarchen dieses Namens verstehen (oben S. 34), sondern den Jüngern, bei dem sich Anan über Huna beklagt (Keth. 69ab) und über Nachman (ib. 79a). Vgl. Fürst a. a. O. S. 232.
[10]) פלגאה Gittin 62a.
[11]) Ein anderer Theil des Gespräches Gittin 31b.

schmückten Schöpfung einzog, ¹²) das andere eine äsopische Fabel: der Fuchs will durch das enge Loch eines Weinbergzaunes durchschlüpfen und fastet drei Tage, um dazu genügend mager zu werden; als er dann, vollgegessen, hinaus will, muss er wiederum drei Tage fasten, um den Weinberg ebenso mager zu verlassen, als er ihn betreten. So sei auch diese Welt, welche der Mensch ebenso nackt verlässt, als er in sie eingetreten. ¹³)

Hamnuna stand in naher Beziehung zu Chisda, ¹⁴) der ihn seinem Collegen Huna als einen bedeutenden Menschen empfahl. ¹⁵) Er hat besonders das Studium der Lehre und das Gebet in seiner Agada behandelt. Kurz und kräftig ist sein eigenes Gebet, das er nach dem Pflichtgebete zu sprechen pflegte: „Es sei dein Wille, o Herr, dass du uns nicht auf die Seite der Finsterniss stellest, sondern auf die des Lichtes; lass unser Herz nicht siech, unsern Blick nicht dunkel werden!" ¹⁶) Besonders hoch stellte er das Gebet zum Eingang des Sabbats. ¹⁷) Die Erfordernisse des echten Gebetes leitet er aus der Erzählung von Channa ab, I. Sam. 1,₁₃. ¹⁸) Er empfahl fünf Danksprüche, die beim Anblick der Ruinen Babylons zu sagen sind ¹⁹) und formulirt auch andere Segensprüche. ²⁰) — Das Studium der Lehre steht ihm höher als praktische Frömmigkeit; über jenes wird der Mensch zuerst zur Verantwortung gezogen ²¹) und für jenes

---

¹²) Gen. r. c. 10 g. Ende. Von R. Jannai wird erzählt, er habe zum Beginn des Sabbath sich festlich gekleidet und gesagt: Komme, o Braut, komme o Braut! Sabb. 119a.

¹³) Koheleth r. zu 5,₁₄. S. Aesop's Fabeln, Num. 12. Dukes im Literaturblatt des Orients, 1848, S. 220.

¹⁴) S. Berach. 41b, Kidd. 25a.

¹⁵) Kidd. 29b. אדם גדול, gewöhnlich גברא רבא oder אינשא רבא — s. oben S. 53, Anm. 2 — ist ein zur Bezeichnung grosser Gesetzeskentniss üblicher Ausdruck. Dass Hamnuna in grossem Ansehen stand, beweisen die Erzählungen von seinem Tode und Begräbnisse, Moed Kat. 25a b.

¹⁶) Berach. 17a.

¹⁷) Sabb. 119b.

¹⁸) Berach. 31b. כמה הלכתא גברוותא איכא למשמע מהני קראי דחנה.

¹⁹) Berach. 57b.

²⁰) Berach. 11b; 58a; Sabb. 82a.

²¹) Nach Spr. 17,₁₄. wo er den ersten Satztheil deutet: „Sich lossagen vom Wasser (Symbol der Thora) ist Anfang des Gerichtes." Kidd. 40b.

bekömmt er zuerst seinen Lohn. ²²) Jerusalem wurde zerstört, weil dort die Schulkinder nicht zum Lernen angehalten wurden. ²³) Die ersten Worte, die man das Kind lehre, seien der Satz Deut. 33,₄: „Lehre hat uns Mose geboten, als Erbe für die Gemeinde Jakob's." — ²⁴) Von Hamnuna sind noch manche andere agadische Sätze verschiedenen Inhaltes geblieben, welche beweisen, dass er, vielleicht durch Chisda angeregt, mit Vorliebe Schriftauslegung pflegte. ²⁵) Auch der Exilarch wandte sich einmal mit der Frage nach dem Sinne einer Bibelstelle an ihn. ²⁶) —

Von Adda b. Ahaba, berühmt durch sein hohes Alter und seine von Rab und Huna hochgeschätzte Frömmigkeit, ²⁷) wissen wir, dass er mit Hamnuna agadische Controversen hatte, indem berichtet wird, es hätte über das Vertreiben Adam's aus

---

²²) Nach ψ 105,₄₁ f. Kidd. 40b.

²³) Nach Jerem. 6,₁₁ (בחוץ עולל על): „wegen der Kinder, die müssig auf den Gassen sind"). Sabb. 119b.

²⁴) So erklärt er nämlich die Vorschrift der Barajtha (Tos. Chag. c. I), dass der Vater die Pflicht hat, sein Kind, sobald es sprechen kann, „Thora" zu lehren Sukka 42a. (Ibn Ganāch citirt die Bar. demgemäss, Sefer Harikma S. IV: יודע. לדבר אביו חייב ללמדו שמע ותורה צוה לנו ולשון הקדש). In gleichem Sinne sagte Hamnuna, als man ihm erzählte, Ammi habe 400mal die Thora geschrieben, dies sei gewiss von jenem mit „Thora" beginnenden Satze zu verstehen. Baba bathra 14a. In demselben Satze fand Hamnuna auch den Beweis für die 613 Gebote, welche nach Schamlai im Pentateuch enthalten sind, da das Wort תורה nach dem Zahlenwerth seiner Buchstaben 611 bedeutet, die ersten zwei der zehn Gebote aber nicht Moses, sondern unmittelbar Gott geboten habe. Makkoth 23b.

²⁵) Drei dieser Sätze tradirt der sonst nicht bekannte Salla, zwei über die Frechheit, nach Jerem. 3,₃. Taan. 7b, und einen, der in drastischen Ausdrücken Gottes Missfallen an dem, der ein unwürdiges Weib nimmt, umschreibt, Kidd. 70a (Hamnuna selbst blieb lange unverheiratet Kidd. 29b). — Über Chiskija und Jesaia nach Kohel. 8,₁, Berach. 10a; über Salomo's Gelehrsamkeit zu I Kön. 5,₁₂, Erubin 21b; über den Stamm Levi zu Num. 14,₂₉, Baba bathra 121b; zu Hiob 3,₂₅, Berach. 60a; Hiob 20,₂₂, Sota 9a; Hiob 33,₂₅ Nedar. 41a. — Zu ψ 73,₅ findet sich in Lev. r. c. 17 Anf. eine Bemerkung Hamnuna's.

²⁶) Jesaia 58,₁₃ Sabb. 119a.

²⁷) Taan. 20b. Vgl. Berach. 20a. Er wurde angeblich am Todestage des Patriarchen Jehuda I. geboren, Gen. r. c. 58, Anf.

dem Paradiese dieselbe Meinungsverschiedenheit zwischen ihnen bestanden, wie zwischen den Tannaiten Juda und Nehemia. [28]) Sonst giebt es nur wenige Schrifterklärungen von ihm, meist zu halachischem Zwecke. [29]) Sein schöner Satz über die wahre Busse [30]) geht auf eine ältere Quelle zurück. [31]) —

Eine besondere Erwähnung verdient noch Chisda's Sohn Nachman, von dem vier uns erhaltene agadische Aussprüche durchaus als öffentlich vorgetragen gekennzeichnet sind [32]) und zu dem Vorzüglichsten gehören, was babylonische Amoräer auf diesem Gebiete hervorgebracht haben. Hohelied 1,3 deutet er auf den echten Weisenjünger. [33]) Er gleicht dem Fläschchen mit wohlriechendem Öle, dessen Duft verfliegt, wenn es offen, bleibt, wenn es wohl verwahrt ist; [34]) ihm werden die verborgenen Dinge offenbar, selbst der Engel des Todes ist ihm hold und er erbt beide Welten, diese und die künftige. [35]) — Koheleth 8,14 paraphrasirt er so: Heil den Frommen, denen es in dieser Welt ergeht, wie es den Freflern in der künftigen ergehen wird, und wehe den Freflern, denen es hier so ergeht, wie es den Frommen einst ergehen wird! [36]) Zu Jesaia 45,1: War denn Cyrus Gottes „Gesalbter?" Vielmehr ist der Satz so zu verstehen:

---

[28]) Genesis rabba c. 21.

[29]) Zu Exod. 18,22, Synh. 16a; Exod. 19,24, Sabb. 86a; Lev. 22,32, Beraeh. 21b; Lev. 25,36, Baba mez. 61b; I Sam. 7,9, Aboda zara 24b.

[30]) Nach Spr. 28,13 und Echa 3,41, Taan. 16a.

[31]) Er steht mit wenig Änderungen in Tosefta Taan. c. 1 als Beispiel der bei Fastenversammlungen an das Volk zu richtenden Mahnworte.

[32]) דרש רב נחמן בר רב חסדא מאי דכתיב. Auch mehrere halachische Sätze Nachman b. Chisda's sind als aus öffentlichen Vorträgen entnommen mit dem Worte דרש bezeichnet: Sabb. 147a, Sukka 56a, Kethub. 63b, Synh. 55a, Chullin 88b.

[33]) Aboda zara 35b.

[34]) Dieses Gleichniss rührt von Jochanan her, der, wie in Schir rabba zu lesen ist, Hoh. 1,3 auf Abraham deutete und auch das Gleichniss auf ihn anwendete.

[35]) Das Wort עֲלָמוֹת ist dabei (mit der Formel קרי ביה) auf drei verschiedene Weise gelesen: 1. עֲלָמוֹת, verborgene Dinge, 2. עַל מָוֶת der über den Tod gesetzt ist, 3. עוֹלָמוֹת, die Welten. Diese letztere Deutung auch zu עלמות ψ 48,15, Schir r. zu 1,3, Lev. r. c. 11 Ende.

[36]) Horajoth 10b.

„wegen Cyrus" klage ich dir, so sagt Gott zu seinem Gesalbten; ich dachte, dass er selbst mein Haus bauen und meine Verbannten sammeln wird, und er begnügt sich mit der Erlaubniss (Esra 1,3) für Jeden, der dazu bereit ist, hinaufzuziehen! [37]) An Gen. 2,10 [38]) endlich knüpft er die Anschauung von den beiden Trieben, die Gott im Menschen geschaffen, dem guten und bösen Triebe. [39])

5. Schescheth.

In der Tradition der babylonischen Schule erscheint als Gegensatz Chisda's der durch ungewöhnliche Gelehrsamkeit ausgezeichnete Schescheth, welcher als Schüler Samuel's [1]) in Nahardea [2]) lebte, von dort sich zunächst nach Machuza begab [3]) und dann in Schilhe ein Lehrhaus gründete. Wenn Chisda mit ihm zusammenkam, wurde erzählt, zitterte er vor der Fülle alter Lehrsätze, welche Schescheth anzuführen wusste, [4])

---

[37]) Megilla 12a.

[38]) An den Umstand, dass וייצר mit zwei Jod geschrieben ist.

[39]) Berachoth 61a. In Gen. r. c. 14 anonym: וייצר ב׳ יצרים יצר טוב ויצר רע. — Von Nachman bar Chisda wird noch erzählt, er habe, als bei Huna's Leichenfeier ein Trauerredner behauptete, Huna wäre würdig gewesen, göttlicher Offenbarungen theilhaftig zu werden, wenn er nicht in Babylonien gewohnt hätte, zu seinem Vater bemerkt, dass ja Jecheskel im Auslande Prophet wurde. Chisda weist ihn ob der Störung zurecht und sagt, sein Einwand wäre nicht richtig, da Jecheskel schon vorher Prophet war. M. Katon 25a.

[1]) Rab scheint nicht sein Lehrer gewesen zu sein; sonst hätte er nicht ihm missfallende Aussprüche desselben in so wenig ehrerbietiger Weise kritisirt, wie er das einigemal mit der ständigen Formel thut: „Ich behaupte, dass Rab, als er dies lehrte, sich im Zustande des Schlafens befand." Jebam. 24b und oft. — Doch war er auch einer der Hörer Huna's, Jebam. 64b. und wurde von diesem einmal mit einer peinlichen Mission betraut, Kethuboth 67a.

[2]) Siehe die Sage über sein Erlebniss in der dortigen berühmten Synagoge Schaf jethib. Megilla 29a.

[3]) Von Nahardea, wo er ihn nicht mehr angetroffen, reist ihm Assi (Jose) b. Nathan nach Machuza nach und lässt sich von ihm die Barajtha, Sifra zu Lev. 23,44. erklären. Nedar. 79ab, Baba bathra 121a.

[4]) ממתניתיה דרב ששת. Über seine Beherrschung des gesammten tannaitischen Traditionsstoffes s. Schebuoth 40b, Zebach. 96b, Bechor. 52b.

während Schescheth vor der scharfsinnigen Discussionsweise Chisda's ⁵) bangte. Der Gegensatz zwischen den beiden Gelehrten ⁶) erstreckt sich auch auf ihr Verhältniss zur Agada. Während Chisda dieselbe mit Eifer und Erfolg pflegte, hat Schescheth auf diesem Gebiete fast nichts geleistet, und er gestand selbst seine Unzulänglichkeit nach dieser Seite. Chana b. Bizna ⁷) hatte nämlich eine Erklärung Simon's des Frommen ⁸) zu Zach.

---

⁵) מפלפוליה דרב חסדא. „Pilpul" ist ein Ausdruck, den Chisda selbst gebraucht, Nedarim 38a, wo er die Ansicht Jose b. Chanina's, die Thora wäre ursprünglich nur für Mose und seine Nachkommen geschrieben worden, er habe sie aber aus freien Stücken Israel gegeben (nach Exod. 34.27), durch Hinweis auf Deut. 31.19 — כתבו לכם — widerlegt und dazu bemerkt אלא פלפולא בעלמא. Das bedeutet wahrscheinlich, obwol die Commentare eine andere Erklärung geben, nichts anderes, als dass jene Ansicht bloss eine auf scharfsinniger Anwendung der Bibelstelle beruhende, sonst aber unbegründete Behauptung ist.

⁶) Die sich übrigens gegenseitig hochachteten, s. Berach. 47b, Megilla 28b. Sie reisen zusammen. Berach. 30a und sind zusammen beim Exilarchen, Gittin 67b. S. auch Joma 49a.

⁷) Derselbe wird als Richter in Pumbeditha genannt, Baba Kamma 12a. Vgl. noch Aboda zara 29a.

⁸) ר' שמעון חסידא. Dieser Simon, von dem Zeit und Lebensumstände unbekannt sind, war ein Tannait; denn er kömmt auch in Barajthas vor, als ר' שמעון החסיד, Chag. 13b, Sôta 10a, Chullin 127a. Was ausserdem im babylonischen Talmud von ihm erhalten ist — im jerusalemischen findet sich Halachisches, Berach. 10b, Maasseroth 48d — ist fast durchaus von Chana b. Bizna tradirt (Berach. 3b ist אחא zu חנן, Jebam. 60b zu הונא corrumpirt). Diese Aussprüche, alle agadisch, zeigen eine zum Wunderbaren und Mystischen neigende Richtung, welche seinen Beinamen „der Fromme" rechtfertigt: Wer betet muss eine Haltung annehmen, als ob Gottes Herrlichkeit unmittelbar vor ihm stünde, nach ψ 16.8, Synh. 22a. — Josef, der Gottes Namen nur im Geheimen geheiligt hat, bekam einen Buchstaben aus dem Namen Gottes dem seinen zugesetzt (איהוסף ψ 81.6), Juda, der es öffentlich that (Gen. 38.26) wurde mit allen Buchstaben des Gottesnamens benannt (da in יהודה das Tetragrammaton enthalten ist), Sôta 10b, 36b. — Zu Ezech. 10,7: Wenn die Gluthkohle, die der Cherub dem Engel Gabriel reichte, nicht abgekühlt wäre (d. h. wenn Gottes Verhängniss vollständig ausgeführt worden wäre), so wäre von Israel kein Überrest geblieben. Joma 77a. — Vgl. noch zu Hiob. 22,16. Allegorie über die Frechen aller Zeitalter, Chag. 13b f.; über David's Aeolsharfe, Berach. 3b;

2,3 vorgetragen, wonach unter den „vier Schmieden" die dereinstigen vier Wiederhersteller Israels gemeint sind, der Messias aus dem Hause David, der Messias aus dem Hause Josef, der Prophet Elia und der Hohepriester; als Schescheth dagegen einen Einwand erhob und dieser durch Chana rasch widerlegt wurde, sagte er: „Was habe ich auch mit Chana in Agada zu streiten!" [9]) Mit diesem Chana scheint Schescheth auch sonst agadische Unterhaltungen geführt zu haben; denn man findet, dass Schescheth, als Jener eine Deutung des erwähnten Simon zu Spr. 11,26 mittheilte, dieselbe ergänzte, indem er die zweite Vershälfte in gleichem Sinne anwendete. [10]) So wie Chana b. Bizna in der Agada nur als Tradent der Aussprüche Simon's des Frommen genannt wird, so tradirte auch Schescheth mit Vorliebe die agadischen Aussprüche des berühmten Eleazar b. Azarja, eines der älteren Tannaiten. [11]) Doch wusste er selbst gelegentlich Bibelstellen in passender Weise anzuwenden. Als er, der Erblindete, unter das Volk sich mengte, welches den Einzug des Königs ansehn wollte, verspottete ihn ein Ketzer; doch Schescheth beschämte ihn, indem er besser als der vorwitzige Spötter wusste, wann der Augenblick der Ankunft des Königs bevorstehe. Auf die verwunderte Frage desselben sagte er: Das irdische Königthum entspricht dem himmlischen; Gottes Erscheinen aber kündigt nicht Sturm und Toben an, sondern tiefe Stille, nach I. Kön. 19,12,13. [12]) — Die wenigen Schriftauslegun-

---

Deutung von Exod. 33,23, Berach. 7a; Symbolik des heiligen Weihrauches, Kerith. 6b. — Andere Sätze: zu Zach. 8,19, Rosch Hasch. 18b; zu Num. 31,17, Joma 77a; Richter 16,3, Sôta 10a. S. auch oben S. 26, Anm. 174. — Ein eigenthümlicher Ausspruch Simon's des Frommen findet sich in Schocher tôb zu ψ 73,14.

[9]) בהדי חנא באגדתא למה לי Sukka 52b.
[10]) Synh. 92a.
[11]) S. Erubin 54b, Pesachim 118a, Makkoth 23a.
[12]) Berach. 58a. Unter dem „Ketzer" - צדוקי — ist wol ein Anhänger des Mânî zu verstehen. — Schescheth scheint zu den Manichäern in polemischen Beziehungen gestanden zu haben. Seinem Diener sagte er, er dürfe ihn beim Gebet nach allen Richtungen stellen, nur nach Osten nicht, weil die Minim vorschreiben, beim Gebet nach Osten gewendet zu sein. Vgl. Spiegel, Eranische Alterthumskunde III, 714. Ein Beispiel der Polemik aus jener Zeit bietet

gen, die von Schescheth erhalten sind, beziehen sich meist auf das Studium der Lehre, [13]) oder wenden Volkssprüche auf die betreffende Bibelstelle an. [14])

6. Nachman b. Jakob.

Von dem als Oberrrichter der dem Exilarchat unterstehenden Juden und als bedeutender Gesetzeslehrer berühmten Nachman b. Jakob wissen wir zwar, er habe auch schriftliche Agadasammlungen benützt; [1]) aber dennoch steht er als Agadist auf keiner viel höhern Stufe, als sein College Schescheth. Doch wurde namentlich durch den Palästinenser Isak das Interese für agadische Schriftauslegung bei ihm geweckt und befriedigt. Isak hielt sich während seiner Anwesenheit in Babylonien besonders bei Nachman auf [2]) und unterhielt sich mit demselben namentlich über agadische Gegenstände, sei es, dass ihn Nachman über den Sinn einzelner Bibelstellen befragt, [3]) sei es, dass er ihn auffordert, ihm etwas mitzutheilen, was er noch

---

das Gespräch des Idith mit einem Ketzer — צדוקי. von dem Nachman behauptete: Nur wer so zu widerlegen weiss wie Id.. soll sich darauf einlassen. Ketzer zu widerlegen. Synh. 38b.

[13]) Wer in dieser Welt lehrt, wird auch das Glück haben in der künftigen Welt zu lehren, nach Spr. 11,25, Synh. 92a. In demselben Sinne sagte er, wenn er, nach seiner Gewohnheit, alle dreissig Tage sein Studium recapitulirte: „Freue dich, meine Seele, freue dich, meine Seele, für dich habe ich die heilige Schrift gelesen, für dich Mischna gelernt!" Pesach. 63b. S. noch zu Spr. 3,15 Sabb. 63a; über die letzten Ehren des Gelehrten, Megilla 29a.

[14]) Zu Num. 25,15 Synh. 82b; zu Hosea 13,6, Berach. 32a; zu II Sam. 3,39. Synh. 105a (Zu הוצפא מלכותא בלא תגא ist zwar nicht angegeben, dass es ein Volksspruch sei; doch war מלכותא בלא תגא ein auch sonst angewendeter Ausdruck; s. Synh. 99a).

[1]) Berichtet von Nachman's Schüler Raba, Berach. 23b כי הוה נקיט ספרא דאגדתא.

[2]) Isak erlaubte sich auch, dem stolzen und selbstbewussten N. Vorwürfe darüber zu machen, dass er sein Gebet nicht mit der Gemeinde verrichte. Berach. 7b. — Der Hochstellung Palästina's hat Nachman einen kräftigen Ausdruck gegeben, indem er es als Herrin gegenüber Babel, der Magd, bezeichnete. Taan. 21b.

[3]) Über I Sam. 8,1, II Kön. 8,1; Jerem. 2,13; 10,8; Hosea 11,9. Taan. 5a b.

nicht gehört.[4] Einmal fragte ihn Nachman, ob er etwas über die Zeit der Ankunft des Messias wisse; [5] Isak beantwortet, gleich den bisher erwähnten Fragen, auch diese mit Aussprüchen seines Lehrers Jochanan. [6] Als Isak einmal, welche Ehrerbietung die Gemeinde beanspruchen darf, daraus bewies, dass die Priester beim Segen ihr Gesicht der heiligen Lade ab, und dem Volke zuwenden, meinte Nachman, es sei dies besser aus 1. Chron. 28,2 zu beweisen, wo David das Volk als Brüder anspricht. [7] Als Isak Abschied nahm, bat ihn Nachman um einen Segen. Jener antwortet mit dem schönen Gleichnisse vom Baume, der den erschöpften Wanderer mit seinen Früchten gelabt, seinem Schatten erquickt hat und den der Dankbare mit den Worten segnet: Mögen deine Sprösslinge dir gleichen. So könne auch Isak dem mit irdischen und geistigen Gütern reich gesegneten Nachman nur den einzigen Segen geben, es mögen seine Kinder werden wie er. [8] — Einen Satz Ketina's vertheidigte Nachman gegen den Einwand Chisda's mit einem Gleich-

---

[4] Taan. 5b.

[5] Nachman nennt ihn בר נפלי und motivirt das auf Isak's verwunderte Frage mit Amos 9,11. Die Erklärung Levy's (I. 259a). „Wolkensohn" (νεφέλη), ist daher unberechtigt, besonders da N. gewiss keinen neuen griechischen Ausdruck gebildet haben wird. Eigenthümlich ist der Ausspruch Nachman's, er selbst könne, nach Jer. 30,21, als Vorbild des Messias angesehen werden. Synh. 98b.

[6] Synh. 96b.

[7] Sôta 40a.

[8] Taan. 5b. Isak's Einfluss lässt sich auch in Nachman's eigenen Aussprüchen deutlich nachweisen. Zu M. Pesachim 3,1 giebt er eine halb agadische, halb archäologische Erklärung des „idumäischen Essig" und im Zusammenhang damit die Erklärung der Worte (Ezech. 26,2) אמלאה החרבה (Pesachim 42b), welche mit der Isak's ganz übereinstimmt (Megilla 6a). — Wenn Nachman den Ausdruck „Epikuräer", אפיקורס auf Jemand anwendet, der seinen Lehrer unehrerbietig beim Namen nennt und das mit einem Ausspruch Jochanan's belegt, so ist das gewiss Einfluss Isak's. Synh. 100a. — Der Letztere lehrte, die Würmer der Verwesung bewirken Schmerzen, wie wenn man mit einer Nadel in's lebendige Fleisch sticht (כמחט בבשר החי) Berach. 18b, Sabb. 13b; mit demselben Ausdruck schilderte Nachman seinem Sohne Mar zûtra den Schmerz des Podagra, Sôta 10a.

nisse.⁹) Mit Ena, dem Alten, der im Exilarchenhause Lehrvorträge hielt,¹⁰) besprach er die Herkunft der Prophetin Chulda.¹¹) — Von agadischen Sätzen tradirte Nachman ausser denen seines Lehrers Samuel¹²), die seines Schwiegervaters Rabba bar Abuha, deren Kenntniss wir ausschliesslich ihm verdanken.¹³) —

Seine eigenen hieher gehörigen Aussprüche bestehen meist aus Bemerkungen, die in kurzer, oft volksthümlicher¹⁴) Weise

---

⁹) Joma 54a. S. oben 63 S., Anm. 15. — In Gen. r. c. 12, Schir r. Einleitung und Kohel. r. zu 2,12 sind zwei Gleichnisse über Salomo's Weisheit von R. Nachman, deren einem die Sage vom Ariadnefaden zu Grunde liegt. Doch ist schwerlich unser Nachman gemeint, sondern der Sohn Samuel b. Nachman's was auch von den andern Midraschstellen gilt, wo Nachman vorkömmt.

¹⁰) Chullin 84b.

¹¹) Megilla 14b. Vgl. Pesach. 88a. — Zu M. Sukka 5,1 lehrte Ena gegen Jehuda — es sei nicht השואבה zu lesen, sondern השובה. Die Rechtfertigung dieser Bezeichnung wird (Sukka 50b) im Namen Nachman's gegeben.

¹²) S. oben S. 40.

¹³) Zu Jes. 55,6 „Suchet den Ewigen, wenn er zu finden ist"; das sind die zehn Tage zwischen Neujahr und Versöhnungstag. R. H. 18a: dieselben Tage sind unter den „zehn Tagen". I Sam. 25,38, zu verstehen. ib. — Das Gebot der Nächstenliebe (Lev. 19,18) soll auch bei der Vollziehung der Todesstrafe berücksichtigt werden. ואהבת לרעך ברור לו מיתה יפה Kethub. 37b und sonst (in Pesach. 75a bloss א״ר נחמן). Über die in Num. 31,50 erwähnte Sühne, in Form eines Dialoges zwischen Moses und dem Volke, Sabb. 64a. Zu Gen. 11,30, Jebam. 64b; zu Jerem. 11,11, Jebam 63b. — Halachische Exegese von Rabba bar Abuha: zu M. Sabb. 7,1 nach Exod. 31,8 und Lev. 19,3, Sabb. 69b; zu Ab. zara 2,3, nach Deut. 32,38, Ab. z. 29b; zu Exod. 24,14, Baba Kamma 46b. — In Deut. r. c. II (zu 4,7) ist dem Rabba bar Abuha ein Satz zugeschrieben, als dessen Urheber in j. Berach. 2d unten Jose b. Bun genannt ist.

¹⁴) Nachman liebte es, in der aramäischen Volkssprache abgefasste Sentenzen zusammenzustellen. S. Joma 28b; ib. 29a. In seiner Redeweise bediente er sich gerne derber, volksthümlicher Ausdrücke. S. Taan. 24a: שקלוה לנחמן חבוטוה מן נודא לארעא; zu Huna Jeb. 21a und sonst: נרבא נרובי למה לך; zu Anan: כי הויתו בבי שמואל. Nedar. זיל לקילעך. zu Sechora: באסקונדרי אשלליתו Kidd. 21b; zu Raba: לבי תיבול עלה בודא דמילחא Erubin 36a, Sabb. 7a, und ebenso zu Dimi: Chullin 12a. 112a. — Ähnliche Ausdrucksweise findet sich noch besonders bei Nachman's Collegen Schescheth.

6

ausgedrückt sind und namentlich auf biblische Personen sich beziehen. Zu Ezech. 20,33 („mit ausgegossenem Zorne will ich herrschen über euch"), rief er aus: Möge auch mit solchem Zorne Gott zürnen über uns, nur erlöse er uns! [15]) An die Namen der Prophetinnen Debora und Chulda und das Richter 4,9 und II. Kön. 22,15 Erzählte anknüpfend, sagte er: Nicht geziemt es den Frauen, selbstüberhebend zu sein; die zwei Prophetinnen, die es waren, führten hässliche Namen: „Biene" und „Wiesel." [16]) Zu 1 Sam. 25,31: An Abigail bewahrheitet sich, was die Leute sagen, dass die Frau auch während des Gespräches spinnt. [17]) Zu der Erzählung von Bileam (Num. c. 22), dem Gott endlich die Reise zu Balak gestattet, nachdem er sie ihm untersagt hatte, bemerkt er: Unverschämtheit nützt auch gegenüber dem Himmel! [18]) Aus Jesaja 46,1 schliesst er, dass jede Spötterei verboten, nur die über Götzenthum erlaubt ist. [19]) Dass Mardochai, obwohl ein Benjaminit, dennoch Jehudi genannt wird (Esther 2,5), erklärt er so, dass unter dieser Bezeichnung sein Glaube gemeint sei, das Judenthum, das ihm zum besondern Schmucke gereichte. [20]) — Es sind auch einige andere

---

z. B. דלמא מפומברייתא את דמעיילין פילא לקופא דמחט Baba mez. 38b; האי בר בי רב דיתיב בתענית ליכול כלבא לשירותיה, Taan. 11b; הפוכי מטרתא למה לי Kethub. 110a, zu Nachman; und zu demselben אנן בדידן ואינון בדידהו Gittin 33a; אטו תנא כי רוכלא ליחשוב וליזיל Berach. 8a.

[15]) Rosch Hasch. 32b, Synh. 105a.

[16]) Megilla 14b. Als Hintergrund für diesen Ausspruch darf man vielleicht den Umstand annehmen, dass Nachman's Frau etwas hochmütig war und einen Namen führte, der ebenfalls der Thierwelt entnommen ist: Jaltha ילתא = אילתא, Hindin. (nach Nissen's Bemerkung bei Levy, Wörterbuch, I, 64b, vielleicht aber יעלתא, Gazelle und identisch mit dem biblischen Frauennamen יעל).

[17]) Indem sie in dem Augenblicke, da sie um das Leben ihres Mannes bittet, David ersucht, ihrer selbst einmal eingedenk zu sein. Megilla 14b. — Auf Deut. 8,14 wendet N. dasselbe Sprichwort an, welches Scheschet zu Hosea 13,6 citirt. Berach. 32a.

[18]) Synh. 105a חוצפא אפילו כלפי שמיא מהניא.

[19]) Meg. 28b, Synh. 63b.

[20]) מוכתר בנימוסו היה Meg. 12b. נימוס bedeutet auch hier, wie sonst, das Gesetz, νόμος, und nicht, wie Raschi erklärt, = ὄνομα, Namen. Vgl. noch die Bemerkungen Nachman's über Adam, Synh. 38b;

agadische Aussprüche im Talmud unter dem Namen Nachman's angeführt; doch ist es nicht bei allen gewiss, ob unser Nachman, der gewöhnlich ohne Nennung seines Vaters genannt wird, der Urheber ist, oder sein jüngerer Namensgenosse, der zwar in der Regel Nachman b. Isak heisst, zuweilen aber mit Auslassung des Vornamens bloss Nachman. [21]) — Im palästinensischen Midrasch findet sich von N. b. Jakob nur eine Erklärung des Wortes ותקע Gen. 32,26. [22]) —

7. Mathna.

Mathna war ein Schüler Samuel's, nach dessen Tode er wahrscheinlich zu Jehuda nach Pumbeditha ging. [1]) Daher tradirt Zeïra, des Letzteren Schüler, vielfach auch seine Aussprüche [2]) und daher finden wir ihn in Epiphania, [3]) einem zum Bezirke von Pumbeditha gehörigen Orte, agadische Fragen beantworten, von denen einige sich erhalten haben. Die letzte derselben lautet, wo Mardochai in der Thora erwähnt sei. Mathna antwortet mit einem Ausspruche, welcher an einer andern Stelle

---

Manoach (Ri. 13,11). Berach. 61a; Arawna (II Sam. 24,23), Ab. z. 24b; Jerobeam. Synh. 101b. Achab. ib.

[21]) Die Anwendung von Hos. 6,11, Meg. 14b ist in der Parallelstelle. Arachin 33a. dem Nachman b. Isak zugeschrieben; ebenso ist nach En Jakob von diesem die Bemerkung über die Identität von Mardochai und Maleachi, Meg. 15a. In der Sage. die Sabb. 152b über Nachman und sein Gespräch mit dem Geiste des Achai b. Josia erzählt ist. ist nach Jalkut zu Koheleth 12,7 ebenfalls N. b. Isak zu setzen.

[22]) Gen. r. c. 77 Ende. רב נחמן בר יעקב אמר פירשה ממקומה. nach Ezech. 23,16; ebenso Schir rabba zu 3,6 (wo statt פירשה richtiger פירקה). S. oben S. 81, Anm. 9.

[1]) S. Kidd. 70b. Mit Jehuda in agadischer Controverse sehen wir ihn Berach. 10a.

[2]) S. Seder Haddor. s. v. מתנא. — In j. Taanith 67a tradirt Zeira die Bemerkung Jehuda's zu Hiob 22,28 nach Andern im Namen Mathna's oder im Namen Chisda's.

[3]) Über dieses Epiphania s. Neubauer, Géographie du Talmud. S. 360. Mathna reiste auch im eigentlichen Persien; er erzählt von den riesig grossen Säulen des zerstörten Palastes von Susa, auf deren einer er geschlafen habe. Esther r. zu 1,6.

dem Samuel b. Nachman zugeschrieben ist.[4]) Mit diesem bedeutenden Agadisten scheint Mathna verkehrt zu haben; denn im jerusalemischen Talmud[5]) wird berichtet, dass sie gemeinschaftlich lehrten, die Zehn Gebote sollten eigentlich im täglichen Gebete gelesen werden; es sei jedoch nicht gestattet, um den Ketzern keinen Anhaltspunkt für ihre Behauptung zu geben, dass bloss der Dekalog Moses von Gott offenbart sei.[6]) — Von Mathna's Agada haben sich einige Beispiele in den palästinensischen Quellen erhalten,[7]) darunter ein auf ψ 111,10 und Spr. 22,4 beruhendes Paradoxon über die Demut: „Was die Weisheit sich als Krone auf's Haupt setzt, giebt die Demut als Sandale an ihre Sohle," d. h. Gottesfurcht, die Krone der Weisheit, bildet erst die Vorstufe zur Demut.[8]) Ähnlichen Sinn hat seine Deutung zu Num. 21,19 [9]) : „Nur wenn sich der Mensch der Wüste gleich macht, über welche Alle hinschreiten — alles mit demütiger Selbstvergessenheit über sich ergehen lässt —

---

[4]) Chullin 139b, vgl. Megilla 11a. Auch die andern Fragen der Epiphanienser sind ähnlicher Natur, offenbar Proben, welche dem Auslegungswitze des Gelehrten aufgegeben wurden. Es ist möglich, dass dies, da drei der Fragen sich auf Haman, Esther und Mardochai beziehen, zur Erhöhung der Purimfreude geschah. — Unter den wenigen babyl. Amoräer, welche, nach Megilla 11a, über das Estherbuch öffentlich Vortrag hielten, ist auch Mathna genannt, der den seinen an Deut. 4,7 anknüpfte.

[5]) Berach. 3c.

[6]) Dasselbe lehrte nach b. Berach. 11a Jehuda im Namen Samuels.

[7]) Zu Gen. 49,24 (neben einer Ansicht des Samuel b. Nachman). j. Horaj. 46d. Genesis r. c. 87 g. Ende und c. 98. — Zu בראשית Gen. 1,1. Gen. r. c. 1. — Über den 365-farbigen צבוע, (Gen. r. c. 7), was an dieser Stelle wol, ebenso wie nach der Peschittha in Jerem. 12,9, einen vielfarbigen Vogel bedeutet, den Pfau, wie denn für צבוע in Midr. Tanchuma, Abschn. Tazria in der That טווס ταώς steht. Wenn daselbst statt der 365 Farben 366 erwähnt sind, so ist dabei an die längste Dauer des Sonnenjahres, das Schaltjahr gedacht.

[8]) Schir rabba. Einleitung. Vgl. Tossaphoth zu Jebam. 103b (s. v. המסולים) : מה שעשתה הכמה עטרה לראשה עשתה ענוה סנדל לעקבה (Toss. עקב לסוליתה).

[9]) וממדבר מתנה.

hat sein Studium Bestand." [10]) Eine Reihe von Beispielen giebt es von Mathna's halachischer Exegese; [11]) besonders oft wird seine Herleitung der dreissig Tage als Minimaldauer des Nazirgelübdes (M. Nazir 1,3) angeführt. [12])

IV.

Schüler Jochanan's.

Die Beziehungen zwischen Palästina waren in keiner Zeit so rege, als in dem Zeitraum, welchen der vorhergehende Abschnitt behandelt. Einerseits kamen fortwährend hervorragende Jünger der babylonischen Schulen nach dem Westen, hingezogen sowol durch die Liebe zum heiligen Lande, als durch den Ruhm seiner damaligen Lehrer der Traditionswissenschaft; andererseits kamen Palästinenser in die Lehrhäuser des Ostens, wo man ihnen selbst mit grosser Hochachtung begegnete, während die von ihnen mitgebrachten Lehrsätze und Erläuterungen neben dem heimischen Lehrstoffe Aufnahme fanden in dem Gedächniss und den Discussionen der Meister und Schüler. [1]) Die Agada der Babylonier, welche trotz der bisher geschilderten Bestrebungen im Verhältniss zu der palästinensischen eine dürftige genannt werden muss, sowol was den Umfang, als was Inhalt und Behandlungsart betrifft, erhielt durch die Zuflüsse aus dem Mutterlande eine so grosse Bereicherung, dass von dem einen Jochanan in dem babylonischen Talmud eine grössere Anzahl agadischer Sätze aufgenommen werden konnte, als von allen im vorigen Abschnitt behandelten Amoräern zusam-

---

[10]) Erubin 54a. — S. noch M.'s Deutung zu Habak. 3,6. Baba Kamma 35a, und zu ψ 69,32, R. H. 26a.

[11]) Lev. 21,9, Pesach. 75a. Synh. 52a; Lev. 25,9. R. H. 27b; Deut. 28,47, Arachin 11a; Deut. 31,9, Gittin 59b; Deut. 34,8. M. K. 21a; Micha 4,12, Baba mezia 89b.

[12]) Nazir 5a. 39a, M. Kat. 20a, Taan. 17a, Synh. 21b. Mathna verwendet den Zahlenwerth der Buchstaben von יהיה, Num. 6,5; ebenso deutete er den Zahlenwerth des Wortes בשגם (Gen. 6,3 = משה) in der Antwort an die Epiphanieuser.

[1]) Vgl. Frankel, Mebo S. 40 ff.

mengenommen. Aber auch die übrigen Koryphäen der palästinensischen Agada, aus dem dritten und Anfang des vierten Jahrhunderts, sind in der östlichen Schultradition durch eine sehr beträchtliche Menge von Aussprüchen vertreten, so namentlich Chanina, Jonathan,[2]) Josua b. Levi, Simon b. Lakisch, Chama b. Chanina, Eleazar b. Pedath, Jose b. Chanina, Abahu. Merkwürdig ist, dass Levi, der Jüngere, dessen Name unter den Trägern der palästinensischen Agada neben dem seines Lehrers Jochanan der am häufigsten genannte ist, im babylonischen Talmud nur mit verhältnissmässig sehr wenigen Sätzen vorkömmt; die Ursache davon ist wahrscheinlich in dem Umstande zu suchen, dass er als Halachist unbedeutend war, seine Aussprüche daher in Babylonien kein solches Ansehen genossen, als die der genannten, auch als Säulen des halachischen Gesetzesstudiums berühmten Männer. — Ein anderer Schüler Jochanans's war Isak, ebenfalls einer der produktivsten Agadisten, aber auch als Gesetzeskundiger angesehen.[3]) Er verkehrte, wie oben gezeigt worden, in Babylonien mit Nachman b. Jakob und theilte ihm Aussprüche seines Lehrers mit. Vielleicht ist seiner Vermittelung die Kenntniss vieler Sätze Jochanan's bei den Babyloniern zuschreiben; seiner eigenen enthält der babylonische Talmud eine ungemein grosse Anzahl. — Doch unter Denen, welche als Gewährsmänner Jochanan'scher Schriftauslegungen im Talmud ausdrücklich genannt werden — bei der überwiegend grössern Anzahl ist kein Tradent genannt — erscheint vor Allem Chijja bar Abba und ihm zunächst Rabba bar bar Chana. Der Erstere, ein geborener Babylonier, war kein selbständiger Agadist,[4]) aber ihm ist die Kunde einer grossen Zahl der Sätze Jochanan's zu verdanken; über seinen Aufenthalt in Babylonien finden sich ausdrückliche Notizen,[5]) auch ist es anderweitig bekannt, dass er nach dem

---

[2]) Seine Sätze tradirt fast durchaus Samuel b. Nachman (s. oben S. 84).
[3]) S. Frankel ib. S. 106a.
[4]) S. Sôta 40a. Baba Kamma 58a.
[5]) Erubin 32b. Chijja b. Abba sitzt mit Mehrern, darunter Nachman b. Jokob. In Berach. 15a oben lesen wir nach der Mittheilung eines Jochanan'schen Satzes durch Chijja b. Abba eine Gegenbemerkung Rabba b. Nachman's (dass nicht רבא zu lesen ist, sondern רבה, ist

Tode Jochanan's auf eine Zeit lang Palästina verliess.⁶) Der Andere, aus Rab's Familie stammend, war Schüler Jochanan's, kehrte aber in seine Heimat zurück und darf unter die Amoräer derselben gezählt werden. Ihm, sowie einem andern Jünger Jochanan's, Ulla b. Ismael, gebührt in dieser Darstellung der Agada babylonischer Amoräer ein Platz, um so eher, als die palästinensischen Quellen keinen von den Beiden als Urheber agadischer Sätze namhaft machen.

1. Rabba bar bar Chana.

Abba, der Sohnessohn Chana's, war Sohn Abba bar Chana's ¹) wurde aber, wahrscheinlich weil sein Name mit dem seines Vaters gleichlautend war, nicht nach diesem, sondern nach seinem Grossvater Chana, dem Bruder Chijja's und Oheim Rab's benannt. Nach längerem Aufenthalte in Palästina, kam er nach Babylonien, wo wir ihn sowol in Pumbeditha als in Sura antreffen. An erstern Orte wollte er Anfangs die Vorträge Jehuda's nicht besuchen, ²) wurde aber bald vertraut mit ihm und in schwierigen Fällen von ihm zu Rathe gezogen. ³) Als er einmal erkrankte, besuchen ihn Jehuda und dessen Schüler Rabba, um eine halachische Frage an ihn zu richten; plötzlich erscheint ein Geber — Feuerpriester — und löschte die Lampe aus. ⁴) Da rief Rabba b. b. Ch. schmerzlich aus: O Gott, entweder in deinem Schutze — lasse uns leben — oder mindestens in dem Schutze der Kinder Esau's (der Römer)! ⁵) Doch lebte

---

aus Dikduke Sofrim z. St. ersichtlich), eingeleitet mit den Worten אמר ליה רבה, also dem Chijja persönlich gemacht.
⁶) S. Frankel, ib. S. 82a, Grätz, G. d. J. IV², 305.
¹) S. oben S. 7, Anm. 30.
²) Sabbath 148a.
³) Einen Gelehrten, der in schlechtem Rufe wegen seines Lebenswandels stand, wagte Jehuda nicht eher in den Bann zu thun, als bis ihm Rabba b. b. Ch. die Berechtigung dazu mit einem — agadischen — Satze Jochanan's bewies. Moed Kat. 17a.
⁴) Es war nämlich ein Feiertag des Ormuzd, an dem bei Juden kein Feuer geduldet wurde. S. Grätz. G. d. J. IV², S. 292.
⁵) Gittin 16b f. Grätz. a. a. O. S. 293, emendirt hier Rabba bar bar Ch. in R. bar Ch., aber mit Unrecht; denn die Besucher sind

er eine Zeit lang auch in Sura, wo er im täglichen Gebete das Recitiren des Dekalogs einführen wollte, in Folge von Chisda's Argumenten aber davon abging. [6]) Auch in Machuza war er und erzählt von einem Gaukler, den er daselbst gesehen, die wunderbarsten Kunststücke. [7]) Es ist dies eine jener Erzählungen, durch welche hauptsächlich der Name Rabba b. b. Chana's in der Agada verewigt ist, und in welchen er entweder Selbstgesehenes berichtete oder mit grotesken Phantasiegebilden das Staunen der Hörer erregte.

Zu der ersten Klasse [8]) gehören seine Aufklärungen über biblische und sonstige bekannte Örtlichkeiten, welche den Babyloniern willkommen sein mussten. So erzählt er, er kenne die fruchtbarste, die eigentliche „Honig und Milch"-Gegend des heiligen Landes; sie habe zweiundzwanzig Parasangen in der Länge, sechs in der Breite. [9]) Ebenso bestimmt er die Entfernung zwischen Jericho und Jerusalem [10]) auf zehn Parasangen. [11]) Den Ort in den Steppen Moab's, welcher Num. 33,49 als

Jehuda und sein Schüler Rabba, also lange nach Rab's Tode; selbst wenn die Variante ורבנן für רבה richtig ist, muss man sich bei diesem Besuche Jehuda schon als selbstständiges Schulhaupt mit seiner Begleitung von Jüngern denken: der Kranke war demnach nicht der ältere Vetter Rab's, sondern dessen Sohn Rabba b. b. Ch.

[6]) Berach. 12a. (S. oben S. 84). — Vgl. Pesach. 51a.

[7]) Dass wirklich ein Gaukler, Reitkünstler und nicht, wie noch Neubauer (Géogr. du Talmud S. 398) annimmt, ein böser Geist der Held der Erzählung ist, beweist — trotz des Namens Hormuz oder Ahriman b. Lilith — die Schlussnotiz derselben, dass er auf Befehl der Regierung hingerichtet wurde. Baba bathra 73a b.

[8]) Gewöhnlich eingeleitet mit den Worten לדידי חזי לי oder einmal, Kethub. 75a, hebr. אני ראיתי.

[9]) Kethub. 111b. Als Beispiel führt er die ebenso grosse Entfernung zwischen Be Kube — einem Orte nächst Pumbeditha — und Akra di Tolbanke an (s. Neubauer a. a.. S. 353). Daher ist es unrichtig, wenn in der Parallelstelle. Megilla 6a, dieser Satz von R. b. b. Ch. im Namen seines palästinensischen Lehrers tradirt wird.

[10]) Joma 39b. Auch dies in der Parallelstelle, ib. 20a. im Namen Jochanan's.

[11]) Da die Entfernung auf 150 Stadien angegeben wird (s. Winer Realwörtb. s. v. Jericho), so wären zehn Parasangen = 300 Stadien um das Doppelte zu hoch.

Lager Israel's genannt ist, hat angesehen und schätzt ihn auf drei Parasangen im Gevierte. [12]) Die Entfernung zwischen Lydda — Diospolis — und Kefar Luddim setzte er der zwischen Pumbeditha und Be Kube gleich. [13]) Den hohen Felsen Keren, welchen Eliezer b. Hyrkanos zu einer hyperbolischen Massbestimmung erwähnt hatte, sah er, als eben ein Araber auf einem Kameele und mit einer Lanze auf ihm stand und dem Untenstehenden ungemein winzig erschien, [14]) — Mit Arabern hatte Rabba auch sonst Begegnungen. Von einem solchen, mit dem er zusammen reiste, hörte er einen Ausdruck, welcher ihm das biblische יהב ψ 55,23 erklärt; [15]) einen andern sah er mit seinem Schwerte die Gelenksehnen seines Kameeles durchschneiden, ohne das dieses zu wiehern aufhörte. [16]) Von einer Araberin erzählt er, die auf eigenthümliche Weise ihrem Kinde die Brust reichte. [17]) Ein Araber spielt denn auch in der zweiten Klasse von Rabba bar bar Chana's Erzählungen eine Hauptrolle. Ein Theil derselben hat nämlich die Wüste zum Schauplatze und zwar diejenige, in der das Volk Gottes vierzig Jahre lang gewandert war: und den Führer der Reisenden, in deren Gesellschaft Rabba war, machte ein Araber, der ungemein wegekundig war und am „Geruch des Sandes" die Nähe von Quellen erkannte. [18]) Dass Rabba b. b. Ch. in der Wüste reiste, ist auch anderweitig gemeldet. Einmal wird berichtet, er habe in das

---

[12]) Joma 75b (angeführt von Chisda). In Erubin 55b im Namen Jochanan's. Vgl. Pseudo-Jonathan zu Num. 21,33.

[13]) Zu M. Gittin 1,1. Gittin 4a. — S. auch seinen Bericht über den in Palästina cultivirten Ricinus, den Wunderbaum Jona's, Sabb. 21a.

[14]) Taanith 22b. Gelegentlich bestimmt er die Grösse des Berges Thabor 73b.

[15]) R. Hasch. 26b, Megilla 18a. Von Chijja, Rabba's Grossoheim wird in Genesis r. c. 79 Ende ebenfalls erzählt, dass er auf einer Reise von einem arabischen Kaufmann lernte, das dunkle Wort יהב bedeute soviel als Last.

[16]) Jebam. 120b.

[17]) אני ראיתי ערביה אחת שהפשילה דדיה לאחוריה והיניקה את בנה. Kethub. 75a. Es ist dies die einzige hebräisch abgefasste Erzählung. Ein anderes Begegniss mit einer Araberin erzählt R. b. b. Ch. Kethub. 72b.

[18]) Baba bathra 73b.

Lehrhaus die Kunde von Widdern mit zusammengeschrumpfter Lunge, die er in der Wüste gefunden, gebracht: [19]) ein anderes Mal wird erzählt, [20]) er sei mit einer Karawane gereist und habe an einem Rastplatze das Tischgebet nach dem Essen zu verrichten vergessen. Nachher erinnerte er sich daran, und da er das Gebet, wie es Vorschrift ist, an dem Orte wo er gegessen, nachholen will, dies aber nicht als Ursache dahin zurückzukehren, angeben möchte, weil den Reisegenossen, die er zu warten bittet, die Richtigkeit jener Vorschrift nicht einleuchten würde, giebt er als Vorwand an, er habe an jener Stelle eine goldene Taubenfigur vergessen. Und, was er nicht erwartet, — so wird schliesslich bemerkt, — er fand daselbst eine goldene Taube. In dieser Erzählung hat sich schon dem auf Wirklichkeit beruhenden Inhalte zum Schlusse ein legendenhaftes Element zugesellt, aber ohne dass der Glaubwürdigkeit des Berichtes selbst damit Eintrag geschähe. Aber in den andern Wüstenerzählungen hat die Phantasie Rabba's den Boden der Thatsachen schon vollständig verlassen und gefällt sich in dem behaglichen Ausmalen der eigenen Gebilde.

Zwei dieser Erzählungen, von denen Rabba, wie Lucian von seinen „Wahren Geschichten", hätte sagen können, dass das einzige Wahre daran sei, dass sie durchaus erdichtet sind, [21]) lassen noch die lehrhafte Tendenz derselben deutlich erkennen. Jener Araber zeigt ihm den Berg Sinai und er hört aus ihm die Himmelsstimme: [22]) „Wehe, dass ich geschworen, und nun, nachdem ich geschworen — Israel aus seinem Lande zu verbannen, — wer löst mir den Eid?" [23]) Hierauf zeigt er ihm den Ort, wo Korach mit seiner Rotte von der Erde verschlungen worden, und aus dem rauchenden Abgrunde hört er die Worte:

---

[19]) Chullin 55b. Diese, sowie die nächste Erzählung ist nicht, wie die anderen, von Rabba in erster Person erzählt, sondern über ihn in der dritten.

[20]) Berach. 53b.

[21]) Verae historiae, L. I. c. 4.

[22]) Über Himmelsstimmen vom Horeb s. oben S. 11, Anm. 58. sowie Lev. r. c. 6, zu Exod. 24.6.

[23]) אוי לי שנשבעתי ועכשיו שנשבעתי מי מפר לי, Baba bathra 74a.

„Moses ist Wahrheit und seine Lehre ist Wahrheit, wir aber sind Lügner." [24])

Der durch die Wüste der Sinai-Halbinsel Reisende musste mit besonderer Lebhaftigkeit jener ersten Generation des Volkes Israel eingedenk sein, die während der vierzigjährigen Wanderung dort ihren Tod gefunden. Dazu kam vielleicht der Anblick von Leichen verunglückter Wüstenwanderer und erregte seine Phantasie zu der Dichtung von den „Todten der Wüste", die, mit dem Gesicht nach oben gewendet, riesig gross da lagen: er will einen Schaufaden, von dem Gewande eines derselben abgetrennt, mitnehmen, aber die Reitthiere bewegen sich nicht von der Stelle, bis er den Todten den Raub zurückgegeben. [25] — Andern Charakters ist die Erzählung, in welcher ihm jener Araber den Ort zeigt, wo Himmel und Erde sich küssen: wobei er auf handgreifliche Weise die Rotation der Himmelssphäre um die Erde innerhalb vierundzwanzig Stunden wahrnehmen kann; [26]) es ist dies die Veranschaulichung einer Hauptthese des ptolemäischen Weltsystems, wie dergleichen auch in neuester Zeit die fruchtbare Phantasie begabter Schriftsteller für die moderne Kosmologie gedichtet hat. Gerade in der Wüste den Ort zu suchen, wo Himmel und Erde sich berühren, lag nahe; denn in der Wüste, wie auf der hohen See, schiebt sich kein Gegenstand zwischen den Horizont und den die Erde zu küssen scheinenden Himmel, und dazu war es die Wüste, in welcher einst zur göttlichen Offenbarung der „Himmel zur Erde sich geneigt" hatte. [27])

Die Erzählungen Rabba b. b. Chana's über seine Seereisen haben das Gepräge all jener Schiffersagen, welche die un-

---

[24]) ib. משה אמת ותורתו אמת והן (ואנו 1.) בדאין.
[25]) Baba bathra 74a.
[26]) Jbidem.
[27]) Nicht in diese Reihe von Wüstenerzählungen gehört die hyperbolische Beschreibung ungewöhnlich fetter Gänse, B. bathra 73b; die Bemerkung Eleazar's zu derselben, dass „Israel einst Rechenschaft ablegen wird ob dieser Gänse", bedeutet vielleicht nichts anderes, als dass die mit dem überstarken Mästen der Gänse begangene Thierquälerei ihre Strafe erhalten wird. — Rabba b. b. Ch. finden wir im Lehrhause Eleazar's z. B. Gittin 5b unten.

gemeine Grösse mancher Meeresthiere zum Ausgangspunkte haben und mit der hyperbolischen Beschreibung derselben das Wohlgefallen der Hörer am Ungeheuerlichen befriedigen. [28]) — Solch eine Erzählung ohne die groteske Übertreibung Rabba's haben wir noch von seinem Lehrer Jochanan, der von einem Fische erzählt, welcher seinen Kopf aus dem Meere erhob, mit Augen, leuchtend wie Monde, während aus den Nasenlöchern Wasserstrahlen schossen. [29])

Wie diese phantastischen Schilderungen Rabba's von seinen Collegen in Palästina aufgenommen wurden, erfahren wir durch ihn selbst, indem er zu zweien derselben die sarkastischen Bemerkungen, welche sie hervorriefen, selbst mittheilt. [30]) Sein Ansehen scheint in Palästina nicht gross gewesen zu sein; denn zu einer Erzählung über ein zwischen ihm und Simon ben Lakisch Stattgefundenes Gespräch wurde der Einwand erhoben, dass der Letztere, der nicht so bald Jemanden der öffentlichen Ansprache würdigte, damit gewiss auch Rabba b. b. Ch. nicht ausgezeichnet hätte. [31]) Und keine andere Lösung weiss man hiefür, als die von Papa gegebene, dass entweder gar nicht von Simon b. Lakisch die Rede ist, sondern von Eleazar, [32]) oder dass für Rabba ein anderer, angesehener Babylonier zu setzen ist, Zeïri. [33])

---

[28]) Die Erzählung vom ruhenden Riesenfisch. auf dem die Schiffer. da sie ihn als Insel ansehen, landen. findet sich auch in andern Sagen. — Die vom Riesenvogel hat K. Schulman im Hakkarmel, II. Bd., S. 191 f., mit viel Wahrscheinlichkeit. aber zu weitgehender Ausdeutung der Einzelnheiten. als hyperbolische Schilderung des Flamingo's erklärt. — Eine derartige Schilderung einer Giraffe liegt auch in der Beschreibung des „Jungen des Reëm" — אורזילא דרימא — Baba bathra 73b; und ähnlich ist die Erzählung vom Riesenfrosch aufzufassen, den eine Schlange verschlingt. die ihrerseits von einem Vogel verschlungen wird, ib.

[29]) Baba bathra 74a. Es ist wol dabei an den Delphin zu denken. כתרי מברי דסורא ist babylonischer Zusatz. wahrscheinlich von Rabba b. b. Chana.

[30]) Ib. כל אבא חמרא וכל בר בר חנא סיכסא scheint zur sprichwörtlichen Redensart geworden zu sein.

[31]) Joma 9b.

[32]) S. S. 89. Anm. 27.

[33]) Von diesem sagte Raba. er sei der zuverlässigste Erklärer der

Agadischer Schriftauslegungen sind nur wenige von Rabba b. b. Chana erhalten,³⁴) und ausserdem eine von der Überschwänglichkeit seines Denkens zeugende Sentenz: „Die Seele eines einzigen Frommen ist an Werth der ganzen Welt gleich zu achten. ³⁵)

2. Ulla.

Ulla wird im babylonischen Talmud schlechthin, ohne Angabe des Vatersnamens genannt, ¹) im jerusalemischen stets Ulla b. Ismael, ²) hier wie dort ohne den Titel Rabbi. Er stammte aus Palästina, ³) wo er Jochanan ⁴) und andere hervorragende Amoräer ⁵) hörte, kam dann nach Babylonien, wo-

---

Mischnasätze. Zebach. 43b. Er ist vielleicht identisch mit den Zeïra. der in j. Berach. 3a oben als תנא „Mischnalehrer" bezeichnet ist und als Bruder des Chijja b. Aschi, eines Schülers Rab's. Für 'ודר אבא בר חנא, was nach dieser Angabe folgt, ist aber בשם רבי אבא בר חנא zu lesen, da er doch nicht Beider Bruder gewesen sein kann; in der That findet man auch in j. Gittin I,₁, 43b ר' זעירא בשם ר' אבא בר חנא. — Über Zeïri s. besonders Kidd. 71b.

³⁴) Zu Jerem. 23,₂₉. Die Lehre ist dem Feuer verglichen, um anzudeuten. dass wie Feuer sich nicht von selbst entzündet, auch die Lehre bei einsamem Studium nicht Bestand hat. Taan. 7a. — Zu Jes. 28,₂₆, Synh. 105a; zu Prov. 9,₃,₁₄, Synh. 38a (vgl. Ab. zara 19a).

³⁵) שקולה נשמה של צדיק אחד כנגד כל העולם כולו Synh. 103b.

¹) Jedoch Synh. 92a ob. עולא בר ישמעאל.

²) S. Frankel, Mebo, S. 119b f. — Der Name Ulla kömmt in der Bibel nur einmal vor: I. Chr. 7,₃₉.

³) Vielleicht aus der galiläischen Ortschaft Biri, בירי. wenn er nämlich identisch mit dem nach diesem Orte benannten עולא ביראה ist. Für diese Identität spricht, dass auch dieser letztere im Namen Eleazar's tradirt (s. Seder Hadd. s. v.), und dass Ulla einmal an den Dositbai aus Biri — ר' דוסתאי דמן בירי — eine Frage richtet, Aboda zara 40a. Neubauer (Géogr. du Talmud S. 365) hält Biri, die Vaterstadt Ulla's und Dositbai's für einen babylonischen Ort. ganz ohne Grund, da an der einzigen von ihm angeführten Stelle, Sôta 10a. nicht בירי, sonder בי בארי erwähnt ist.

⁴) Nach Frankel (a. a. O.) findet man nicht, dass Ulla mit Jochanan persönlich verkehrt hat. Doch wird b. Nedarim 22ab ein Gespräch zwischen ihnen über ein Reiseabenteuer Ulla's gebracht.

⁵) Von Simon b. Lakisch berichtete Ulla, wer ihn im Lehrhause sehe, dem erscheine er — in seiner Discussion — wie Einer, der

selbst er auch starb, was bei ihm, der auch von der neuen Heimat oft nach dem heiligen Lande zu reisen pflegte, als besonders tragisches Geschick angesehen wurde. [6]) Gleich Rabba b. b. Chana [7]) verkehrte er mit den Meistern der verschiedenen babylonischen Lehrhäuser, mit Jehuda, der ihn besonders werth hielt, [8]) mit Nachman b. Jakob, [9]) mit Rabba b. Huna, den er im Hause des Exilarchen traf, [10]) und mit Chisda, der im öffentlichen Vortrage sich auf ihn, als Tradenten eines Jochanan'schen Satzes berief. [11]) Die ungünstige Meinung, welche man in den palästinensischen Lehrhäusern von den Babyloniern hatte, brachte auch Ulla mit, und man erzählte sich hierüber manches beissende Wort von ihm. Als eine auf meteorologischer Basis beruhende Regenvorhersagung sich ihm nicht bewahrheitete, sagte er: „Wie die Babylonier Lügner sind, so sind es auch ihre Regengüsse." [12]) Als er in Pumbeditha Datteln von ungewöhnlicher Wohlfeilheit ass, rief er aus: Ein Korb voll Honig um einen Sus, und dennoch beschäftigen sich die Babylonier nicht mit der Lehre! [13]) Gegen das üppige Leben der reichen Babylonier führte er ein im Westen gebräuchliches Sprichwort an. [14]) Als ihn in Pumbeditha die Gelehrten auffordern, mit ihnen zu dem angesehenen Samuel b. Jehuda zu gehen, um ihn über den Tod seiner Tochter zu trösten, sagte er: Was habe ich mit den Tröstungen der Babylonier zu schaffen, die nur Lästerung sind; denn sie sagen: „Was ist da zu thun möglich?" Als ob, wenn es möglich wäre, etwas gegen

---

Berge ausreisst und sie an einander reibt כאלו עוקר הרים טוחנן זה בזה Synh. 24a.

[6]) S. j. Kilajim 32c. b. Kethub. 111a.

[7]) Einen Aufschluss über der Beiden gegenseitiges Verhältniss giebt die Erzählung in Pesach. 58b.

[8]) S. Chullin 94a. Vgl. Beza 22a, Kidd. 71b. Ab. zara 53b. Synh. 63b, Chullin 68b.

[9]) Berach. 51b. Baba Kamma 12a.

[10]) Sabbath 157b.

[11]) Berach. 58b. רבותינו היורדים entspricht dem Epitheton Ulla's נחותא.

[12]) Taan. 9b.

[13]) Pesach. 88a. Taan. 9b.

[14]) Pesach. 114a.

Gottes Fügung zu thun, sie es thäten. [15]) Das gegenseitige Verhältniss der babylonischen Gelehrten ist nach ihm ein anderes, als das der palästinensischen: sie stehen in Bezug auf die einander gebührenden Ehrenbeweise vollständig gleich. [16])

Von Ulla's agadischen Sätzen lassen sich manche auf die Aussprüche der ältern palästinensischen Amoräer zurückführen. Der bekannte Kanon über die Väter der Propheten, dass dieselben, wo sie genannt sind, ebenfalls Propheten waren, ist im bab. Talmud [17]) dem Ulla, im palästinenschen Midrasch [18]) seinem Lehrer Jochanan zugeschrieben; der andere daran sich anschliessende Kanon, dass wo der Geburtsort des Propheten nicht genannt ist, Jerusalem als solcher zu gelten hat, [19]) fehlt im Midrasch. Die Bemerkung Ulla's, dass Israel bei der Anbetung des goldenen Kalbes am Berge Sinai der elenden Braut zu vergleichen ist, die im Brautgemache Untreue übt, [20]) gehört nach der paläst. Quelle [21]) dem Simon b. Chalafta an. — Chanina hatte gelehrt, dem Tode werden zur Messiaszeit nur die Heiden unterworfen sein; [22]) diese Ansicht benutzt Ulla, um den Widerspruch zwischen Jesaia 25,8 und 65,20 zu heben. [23]) Von seiner Antithese zwischen Tamar und Zimri [24]) ist ein Hauptbestandtheil in einem Ausspruche Jonathan's [25]) zu erkennen. Zu seiner Deutung von I. Sam. 1,15 ist ausdrücklich angegeben, dass sie möglicherweise dem Jose b. Chanina gehört. [26])

Indessen, dass Ulla auch selbstständiger und zwar kein ungeübter Agadist war, geht aus den nicht wenigen Schriftauslegungen und Ausführungen hervor, bei denen keine Veranlas-

---

[15]) Baba Kamma 38ab.
[16]) Baba mezia 33a.
[17]) Megilla 15a.
[18]) Lev. rabba c. 6.
[19]) Siehe Ähnliches bei Caspari, über Micha den Morasthiten. S. 45.
[20]) Sabb. 88b, Gittin 36b.
[21]) Schir rabba zu 8,5.
[22]) Genesis r. c. 26. Anf.
[23]) Pesach. 68a, Synh. 91b.
[24]) Nazir 23b.
[25]) Megilla 10b, Sôta 10b.
[26]) Berach. 31b. אמר עולא ואיתימא ר׳ יוסי בר חנינא.

sung ist, sie als den Aussprüchen Anderer entlehnt zu betrachten. Hervorzuheben ist namentlich seine originelle Trostrede, welche er dem schon erwähnten Samuel b. Jehuda über den Verlust seiner Tochter hielt, [27]) ferner die sagenhafte Darstellung des Antheiles, den „die bösen Nachbarn Amon und Moab" an der Zerstörung Jerusalems durch Nebukadnezar hatten. [28]) Einige schöne Sentenzen stammen ebenfalls von ihm. „Wer Hochmut hegt, der hat einen Götzenaltar errichtet." [29]) „Grösser ist, wer durch eigene Arbeit sich nährt, als der bloss Gottesfürchtige; denn von diesem heisst es bloss: „Heil dem, der den Ewigen fürchtet" (ψ 112,1), während über Jenen gesagt ist: „Heil und wohl dir", — Heil in dieser, wohl in der künftigen Welt (ψ 128,1)." [30]) „Jerusalem ward nur zerstört, weil die Bewohner vor einander keine Scham hatten!" [31]) „Seit der Zerstörung Jerusalems hat Gott in seiner Welt nur die vier Ellen des Gesetzesstudiums." [32]) „Israel wird nur durch Wohlthätigkeit erlöst werden." [33])

---

[27]) Baba Kamma 38ab.

[28]) Auf Grund mehrerer Bibelstellen, besonders der witzig gedeuteten Verse: Spr. 7,19,20 Synh. 96b. Andere Beispiele: Zu Exod. 3,5, Zebach. 102a; Richter 5,23, Moed Kat. 15a; Hosea 8,10 (ähnlich gedeutet wie Huna, oben S. 54, Anm, 5), Baba bathra 8a; ψ 94,1, Berach. 33a (und etwas verschieden Synh. 92a); Zacharia 11,13 (gegen Jehuda), Chullin 92ab; Spr. 5,15. Aboda zara 19a; Hiob 5,12. Synh. 26b; Hohelied 8,9, Joma 9b; Daniel 9,14. Gittin 88a. — Auf Spr. 14,33 wendet er das Spriehwort an: „ein Pfennig im leeren Kruge macht sich hell vernehmbar," Baba mezia 85b. — Das Sprichwort das er Sabbath 13a anführt — „Gehe ringsherum, sagt man zum Nasiräer, und nähere dich dem Weinberg nicht", — und zu anderm Zwecke Pesach. 40b, findet sich zweimal von Jochanan angewendet: Aboda zara 58b und ib. 59a.

[29]) Mit ähnlicher Deutung von במה Jes. 2,22, wie Rab (oben S. 29, Anm. 196), Sôta 4b.

[30]) Berach. 8a. Schocher tôb zu ψ 128.

[31]) Nach Jerem. 6,15, Sabb. 119b.

[32]) Das heisst: An die Stelle des Tempelcultus und des israelitischen Staatswesens ist als Zufluchtsstätte des Gottesgedankens auf Erden die Beschäftigung mit der Lehre getreten. Berach. 8a.

[33]) Nach Jes. 1,27, Sabb. 139a. Synh. 98a.

Auch einige Worterklärungen haben sich von ihm erhalten.[34]) sowie namentlich Beispiele seiner halachischen Exegese, von denen eines sich an eine civilrechtliche Norm knüpft, welche die „Norm des Ulla" genannt wird.[35])

V.
Die Schule von Pumbeditha.
1. Rabba b. Nachmani.

Rabba bar Nachmani hatte ausser Jehuda b. Jecheskel, seinem Vorgänger als Schulhaupt von Pumbeditha, auch dessen Zeitgenossen, die Meister der babylonischen Schulen, zu Lehrern. Ob er auch in Palästina gewesen und namentlich den Vorträgen Jochanan's beigewohnt, ist eine alte und ziemlich dunkle Frage der Amoräergeschichte. Doch zeigt eine Beleuchtung der Gründe, die dafür gebracht zu werden pflegen, dass Rabba, im Geiste seiner Lehrer handelnd, die babylonische Heimat nicht verliess und der an ihn ergangenen Einladung seiner in Palästina weilenden Brüder [1]) keine Folge leistete. [2])

---

[34]) Zu מורנים II Sam. 24,22, Ab. zara 24b; ספד Jes. 32,12, M. Kat. 27b. קרץ M. Joma 3,4, Joma 32b, דרוש M. Synh. 2,3 M. Kat. 27a.

[35]) תקנתא דעולא (mit Beziehung auf Deut. 24,11). Baba Kamma 8a, Gittin 50a. — Vgl. zu Richt. 6,24, Sabb. 10b; Lev. 20,17, Synh. 40b; Deut. 16,10 und Gen. 43,34, j. Chag. 76b; Num. 14,38 (zu M. Baba bathra 8,5), Baba bathra 118b.

[1]) Fürst (Lit. des Orients. 1847, S. 390, nach ihm Jost, Gesch. des Judenthums und seiner Sekten II. 184) zählt sieben Brüder, Söhne Nachmani's auf, darunter auch den berühmten Agadisten, Schüler Jonathan's, Samuel b. Nachmani. Wie grundlos diese lediglich aus der Namensgleichheit der Väter bewiesene Annahme ist, zeigt der Umstand, dass die palästinensischen Quellen Samuels Vater Nachman nennen, wie denn sein Sohn ebenfalls Nachman hiess.

[2]) Schon in der Erzählung von der Aufforderung der Brüder Rabba's, Kethuboth 111a, ist angedeutet, dass dieselbe fruchtlos war, indem sie mit drei Rathschlägen schliesst, welche sie ihm für den Fall senden, dass er nicht kommen wollte. Die andern Argumente für Rabba's Aufenthalt in Tiberias sind folgende: a) Er tradirt im Namen Jochanan's. Aber dass man nicht bloss unmittelbar gehörte, sondern auch durch Andere überkommene Aussprüche im Namen

Wenn man demnach mit diesem angeblichen Aufenthalte im heiligen Lande die zuerst bei Abraham ibn Daud (12. Jhdt)

ihres Urhebers vortrug. ist eine in der Traditionsliteratur gewöhnliche Erscheinung. (S. Seder Haddor. Einleitung). b) Als Rabba vor Chisda Lehrsätze Jochanan's anführte. sagte er ihm: „Wer hört auf dich und deinen Lehrer Jochanan?" (מאן ציית לך ולר' יוחנן רבך). Wenn man aber näher zusieht. merkt man. dass Rabba in den beiden betreffenden Fällen Aussprüche Jochanan's vortrug. von denen einen (Schebuoth 10b) Ulla, den andern (Nedar. 59a. vgl. 57b) Isak ihn gelehrt hatte. Chisda nennt Jochanan nur in uneigentlichem Sinne den Lehrer Rabba's; vgl. auch Pesach. 36b. — c) Dimi. der dem Abaji sehr oft Sätze Jochanan's mittheilte. thut dies zweimal mit den einleitenden Worten קרקפנא חזיתיה לרישך ביני עמודי כי אמר ר' יוחנן להא שמעתא d. h.. nach der traditionellen Erklärung: „Hoher Mann. ich sah dein Haupt zwischen den Säulen (des Lehrhauses). als Jochanan dies lehrte." „Dein Haupt" bedeutet nun nach Tossephoth (Jebam. 78a und Erubin 22b) Rabba. Abaji's Lehrer. den Dimi gleichsam als Wahrheitszeugen für seine Tradition erwähne. Doch muss hier den eigenthümlichen Worten ein anderer Sinn zugeschrieben werden; Dimi will vermuthlich sagen: Ich selbst sah dein Haupt hervorragen zwischen den Säulen des — pumbedithanischen — Lehrhauses (d. h. du warst ja zugegen). als ich im Namen Jochanans diesen Satz vortrug. כי אמר רבי יוחנן ist abgekürzte Ausdrucksweise für אמרי כי אמר ר' יוחנן Vgl. Synh. 100a מאי טעמא לא שכיחת באגדתא כי אמרי במערבא. d) Grätz führt als sichern Beweis dafür. dass Rabba in Judäa gewesen. die Erzählung in Baba mezia 6b an. Oschaja bittet ihn. wenn er nach Kafri zu Chisda komme. ihn in einer halachischen Frage um Aufschluss zu bitten. Es handelt sich um die Benützung eines Badehauses. von dem „Chananja. Oschaja und die übrigen Gelehrten" sich ferne hielten. Die Genannten aber. sie gelten als die Brüder Rabba's. lebten in Tiberias; von hier aus also ging Rabba nach Sura. (S. Grätz. Geschichte der Juden. IV. 492). Aber auch dies Argument hält nicht Stich; denn die Erzählung ist mit dem Auftrage Oschaja's und der Ankunft Rabba's in Sura nicht zu Ende. Vielmehr wird weiter berichtet. Chananja hätte zur Unterstützung der Ansicht Rabba's. welche dieser in Sura dem Hamnuna entgegenhielt. ihm eine Barajtha angeführt; dagegen habe Abaji eine Einwendung gemacht. Diese Unterredung zwischen Chananja. Rabba und Abaji kann. da Letzterer gewiss nicht in Palästina war und auch eine zweimalige Reise Rabba's dorthin unwahrscheinlich ist, nur in Pumbeditha stattgefunden haben. als Rabba dorthin zurückkehrte. Man muss also annehmen. dass auch Chananja und Oschaja ein Zeitlang in Pumbeditha lebten. Dass Oschaja von Nahardea nach Pumbeditha

auftretende Angabe³) in Zusammenhang bringt, der palästinensische Midrasch zu Genesis, sowie die andern Rabba genannten Agadasammlungen seien das Werk Rabba bar Nachmani's, ⁴) so ist das Unterstützung einer grundlosen Angabe mit einem ganz hinfälligen Beweismittel. ⁵)

Wie wenig aber gerade Rabba bar Nachmani dazu geeignet ist, als Urheber eines agadischen Werkes hingestellt zu werden, beweist nichts schlagender, als die verschwindende Geringfügigkeit seines eigenen agadischen Nachlasses. Von keinem babylonischen Amoräer, der hier in Betracht kommen kann, haben wir eine so geringe Anzahl von Schriftauslegungen, als von ihm. ⁶) Bei einem so gefeierten Lehrer, dessen halachische Aussprüche in grosser Menge aufbewahrt wurden, ist das gewiss ein unwiderleglicher Beweis, dass Rabba's Produktion auf diesem Gebiete eine verschwindend unbedeutende war. Es liegt nahe, hierbei an den Einfluss Jehuda's zu denken, seines Haupt-

---

kam, liest man Sabb. 145b, und Bechoroth 17a giebt der aus Nahardea gekommene Oschaja dem nach Sura gehenden Rabba eine Frage an Huna mit.

³) Sefer Hakkabbala, ed. Prag 42b. והוא חבר בראשית רבה ושאר הרבות. Das von Neubauer (Oxford 1878) edirte aram. Buch Tobit wird in der Hs. als dem מדרש רבה דרבה entnommen bezeichnet.

⁴) S. Fürst a. a. O. S. 392.

⁵) Die Hypothese, dass Rabba in Verbindung mit seinem Bruder Oschaja die genannte Agadasammlung anlegte, daher dieselbe auch nach Letzterm genannt wird, braucht nicht besonders widerlegt zu werden. Das Richtige s. bei Zunz, Gottesdienstliche Vorträge, S. 176.

⁶) Die nachweisbaren Schriftauslegungen Rabba's sind folgende: Aus Deut. 31,19 schliesst er, dass Jedermann verpflichtet ist, sich eine Thorarolle zu schreiben, Synh. 21b; aus Jesaia 58,13, dass der Sabbath auch dem Vergnügen gewidmet sein solle, Pesach. 68b. — Zu Jona 4,8 widerlegt er die Erklärung Jehuda's von חרישית, Gittin 31b. Gegenüber einer Ansicht Ulla's wendet er Spr. 19,21 an, Synh. 26b. Er deutet כומז, Num 31,50 (als Notarikon) gegenüber Josef, Sabb. 64a; mit demselben hat er (En Jakob liest רבה, nicht רבא) eine Controverse über Deut. 31,18. Chag. 5b. Deutung von Hohelied 5,11, Erubin 22a. Anwendung von Spr. 16,13 auf Haman, Megilla 15b; über ψ 36,7 Arachin 8b. Die Deutungen von ψ 49,14, Sabb. 31b, und Gen. 32,29, Chullin 92a, sind nicht von Rabba, sondern von Raba, רבא, wie für die erstere Stelle aus Jalkut (zu ψ 49,14 und ψ 73,4), für die zweite aus En Jakob ersichtlich ist.

lehrers, der ebenfalls ein wenig produktiver Agadist war.[7]) Rabba scheint aber überhaupt wenig Sinn für die agadische Schriftauslegung gehabt zu haben. Seine geistige Thätigkeit war auf die scharfsinnige Begründung der überlieferten Satzungen, die Ausgleichung der darin sich ergebenden Widersprüche gerichtet, sein Interesse wendete sich fast ausschliesslich dem halachischen Lehrstoffe zu, dessen entlegenste Gebiete er, wie er selbst von sich aussagt,[8]) in bis dahin nicht da gewesenem Masse beherrschte. — Von einigen agadischen Sätzen Jochanans ist angegeben, dass sie Rabba überlieferte.[9]) Wir hören auch von erheiternden Sätzen, mit denen er seine Lehrvorträge einzuleiten pflegte, um die Hörer für den Ernst der Halacha vorzubereiten.[10]) Dahin gehören wol seine poetischen und hyperbolischen Schilderungen der Meereswogen, die er Seefahrern nacherzählt,[11]) seine Schilderung des „alten Jerusalem", die er von „einem Greise" vernommen hat.[12]) sowie die phantasti-

---

[7]) S. oben 47.

[8]) ואנן קא מתנינן Baba mezia 86a: אני יחיד בנגעים אני יחיד באהלות בעוקצין תלוסר מתיבתא Taan. 24a.

[9]) Es sind dies namentlich zwei Reihen von Sätzen: Synh. 104ab, über die Zerstörung Jerusalems und das Exil und Baba bathra 75ab messianischen Inhaltes. In der ersten Reihe ist aber die verbürgtere Leseart רבא, während רבה Emendation ist, wahrscheinlich weil man Rabba, den angeblichen Schüler Jochanan's für geeigneter hielt, dessen Sätze vorzutragen: möglich ist, dass auch in der andern Reihe רבה auf dieselbe Weise aus רבא entstanden ist.

[10]) Sabb. 30b מקמי דפתח להו לרבנן אמר מילתא דבדיהותא ובדחי רבנן ולבסוף יתיב באימתא ופתח בשמעתתא.

[11]) אשתעו לי נחותי ימא Baba bathra 73a. Doch es ist möglich, dass auch diese Schilderungen dem Rabba b. b. Chana angehören und בר בר חנא ausgefallen ist, wie denn im unmittelbar darauffolgenden Stück vom Gaukler in Machuza (s. oben S. 88) die gewöhnliche Leseart רבה ist, während En Jakob רבה בב"ח hat; und die daran sich anschliessende Beschreibung des „jungen Reëm" — die gewiss den Palästinenser Rabba b. b. Chana zum Autor hat, da Berg Tabor und Jordan ihren Hintergrund bilden — wird ebenfalls bloss mit אמר רבה eingeleitet, während die Parallelstelle, Zebachim 113b, das richtige אמר רבה בר בר חנא zeigt.

[12]) Baba bathra 75b אמר רבה אמר לי ההוא סבא לדידי הוי לי ירושלים קמאי. Vielleicht ist der Greis kein Anderer, als Rabba b. b. Chana.

sche Beschreibung des über den Regen gesetzten Engels,[13]) der zwischen Himmel und Erde stehend der obern Flut gebietet, dass sie ihre Gewässer ergiesse, der untern — unterirdischen —, dass sie die ihrigen hervorsprudeln lasse.[14])

2. Josef.

Den Gegensatz zwischen Rabba b. Nachmani und Josef b. Chijja haben schon die Zeitgenossen deutlich gekennzeichnet, als nach dem Tode Jehuda's die Wahl eines Nachfolgers zwischen den Beiden, als seinen ausgezeichnetsten Schülern schwankte und man in Palästina anfragte, ob man dem „Sinai" oder dem „Bergeentwurzeler" den Vorzug geben solle.[1]) Mit der letztern Bezeichnung[2]) wurde Rabba charakterisirt, der mit

---

Vgl. Pesachim 53b. אמר ליה (zu Jehuda) ההוא סבא ואיתמא רבה בר בר חנא.

[13]) Dessen Name רידיא hängt, wie Kohut, Jüdische Angelologie S. 45, zeigt, mit der persischen Ardwi çûra zusammen, der „Göttin der irdischen und himmlischen Gewässer." Dem fremden Worte wurde nur nach dem aramäischen Sprachgebrauche (vgl. Targ. zu Hiob 1.14 תורייא הואה רדיין) die Bedeutung „der Pflüger" gegeben, daher dem Träger dieses Namens die Gestalt eines Rindes, während Hohel. 2.12 תור — קול התור in der aramäischen Bedeutung genommen — als biblische Grundlage diente. Anders Kohut ib. S. 47.

[14]) Taan. 25b. Die Schilderung beginnt mit לדידי חזיא לי, woraus man schliessen könnte, dass auch sie Rabba b. b. Chana angehört (S. S. 88, Anm. 8). Jedoch ist es wahrscheinlicher, dass es der in persischer Umgebung lebende Rabba b. Nachmani ist, der sie giebt, besonders da wir wissen, dass er die parsischen Anschauungen von den Dämonen sich zu eigen gemacht hatte. S. Chullin 105b.

[1]) Berach. 64a. Hor. 14a.

[2]) עוקר הרים ist eine Abkürzung des Satzes, mit welchem Rabina die Lehrweise Meïr's und Ulla die Simon b. Lakisch's kennzeichnete: כאלו עוקר הרים וטוחנן זה בזה, Synh. 24a. In eigentlichem Sinne finden wir den Ausdruck in einer Simsonsage, tradirt von einem Schüler Jochanan's (Sôta 9b) „Er entwurzelte die beiden Berge (עקרן, in Lev. r. c. 8 dafür נטל את ההרים) und rieb sie an einander." — Als man Josua b. Chananja etwas fragte, wobei er zwischen den Ansichten der Schulen Hillel und Schammai zu entscheiden hatte, sagte er (j. Jebam. 3a): „Ihr bringet da meinen Kopf zwischen zwei Berge, die, ich fürchte, meinen Schädel zerschmettern könnten." Vielleicht bilden die Grundlage jener Sage sowol, als der erwähnten Ausdrücke die Mythen von den sym-

scharfer Dialektik den halachischen Lehrstoff zu behandeln und die einzelnen Lehrsätze aus dem gewöhnlichen Zusammenhange herauszureissen und zu neuen Schlussfolgerungen zu benützen wusste. Josef hingegen wurde Sinai genannt, weil er eine umfassende Kenntniss der gesammten überlieferten Lehre, die am Berge der Offenbarung ihren Ursprung hat, besass, und mit seinem Wissen gleichsam den Inbegriff der ganzen Tradition darstellte. ³) Josef's Bestreben war es, möglichst viel Lehrsätze kennen zu lernen; und während Rabba die Ansicht aussprach, dass zur Aneignung des Wissensstoffes ein Lehrer genüge und nur für die dialektische Durchdringung desselben mehrere zu hören erforderlich sei, ⁴) hatte Josef den Ruf, dass er ohne die Echtheit der Überlieferung zu prüfen, „von aller Welt lerne." ⁵) Auch wusste er es, dass seine Kraft in der Fülle seines Wissens bestehe, und er wandte auf sich mit Anspielung auf den Segen seines Namensahnen Josef (Deuteron 33,17), die Worte des Spruches an: „Viel Ertrag bildet die Kraft des Stieres" (Prov. 14,4). ⁶)

Dieser Gegensatz zwischen den beiden Amoräern von Pumbeditha macht sich auch in ihrem Verhältniss zur Agada geltend. Während Rabba sich mit Schriftauslegung fast gar nicht beschäftigte, umfasst die Gelehrsamkeit Josef's auch diese Seite der damaligen Schulwissenschaft. Es ist bekannt, dass er das Targum zu den Propheten oft citirt. ⁷) Aber nicht als Verfasser dieser Paraphrase ist er anzusehen, sondern dieselbe, aus Palästina stammend und von der Sage einem berühmten

---

plegadischen Felsen (in der Argonautensage) und von den Felsen entwurzelnden Giganten.

³) Beachtenswerth ist, dass Josef selbst eine ihm zusagende Schriftdeutung mit den Worten zu loben pflegte: דרשיה להאי קרא כי סיני Sota 21a und Kidd. 20b. — Nach einer Überlieferung Jochanan's (Horaj. 14a) war es schon zwischen Simon b. Gamliel (dem Vater Jehuda's I) und den andern Gelehrten eine Streitfrage, ob „Sinaj" oder „Bergentwurzler" mehr sei.

⁴) . . . גמרא מרב אחד עדיף . . . Aboda zara 19a b.

⁵) יוסף בר חייא מכוליה עלמא גמיר So sagte Zeïra. Chullin 18b.

⁶) Synh. 42a.

⁷) S. Zunz, Gottesdienstliche Vorträge, S. 68, Frankel, zu dem Targ. der Propheten, S. 10.

Schüler Hillel's zugeschrieben, fand in Babylonien, wo sie besonders nach der sprachlichen Seite modificirt wurde, namentlich an Josef einen Pfleger und Bearbeiter;[8]) er betrachtete sie als wichtiges Hilfsmittel für das Verständniss der heiligen Schrift und bemerkt zu zwei dunklen Prophetenstellen: wenn das Targum dazu nicht vorhanden wäre, wüsste man nicht, was sie bedeuten.[9]) Und so wie Stellen der aramäischen Übersetzung, so führte er aus dem ihm zu Gebote stehenden Schatze von alten Überlieferungen — Baraitha's — sehr oft Erklärungen oder agadische Anwendungen biblischer Sätze an,[10]) von denen sich manche in den tannaitischen Midraschwerken oder in der Tosefta nachweisen lassen.[11])

---

[8]) S. meine Kritische Untersuchungen zum Prophetentargum in Z. der D. M. G. Bd. 28, S. 56.

[9]) Zu Jesaia 8,6: אלמלא תרגומא דהאי קרא לא הוה ידענא מאי קאמר, Synh. 94b; Zach. 12,11, Moed Kat. 28b, Meg. 3a. — Nachher wurde Josef das Targum zu den Hagiographen vindicirt; schon in Mass. Sofrim, 13,6 תרגם רב יוסף, die Genealogie Haman's, zu Esther 3,1.

[10]) Die Einleitungsformel תני רב יוסף — statt אמר רב יוסף — zeigt, dass wir es in diesen Fällen nicht wie Frankel (a. a. O. S. 11) meint, mit Josef's eigenen Erklärungen zu thun haben, sondern mit tannaitischen Traditionen.

[11]) Zu Exod. 12,22, Baba Kamma 60a, in Mechilta zur Stelle; zu Exod. 18,20 Baba Kamma 99b, Mech. z. St.; Exod. 22,24, Baba Mezia 71a, Mech. z. St. — Lev. 26,19, Gittin 37a, ähnlich in Sifrâ z. St. — Deut. 12,3, Aboda zara 54b, Sifrê z. St. (§. 61); Deut. 33,19 Megilla 6a, Sifrê z. St. (§. 354). — Deut. 7,25, Ab. zara 52a, Tosefta Ab. z. c. 7; Jesaia 43,19, Berach. 13a. Tos. Berach. c. 1. — Die Erklärung von תירס (Gen. 10,2) = Persien, Joma 10a, findet sich auch in Genesis rabba c. 37, Anf.; die Erkl. von Jes. 24,16, Keth. 112b wird in Synh. 94a von Isak tradirt; der Mahnung, den Gelehrten, der durch Krankheit oder Alter sein Wissen verloren, nicht zu missachten, da auch die zerbrochenen Bundestafeln in der Lade aufbewahrt wurden, Menach. 99a, findet sich schon unter den Vorschriften, die Josua b. Levi seinen Kindern gab, Berach. 8a. — Von den übrigen mit תני רב יוסף eingeleiteten Sätzen sind besonders hervorzuheben: über die von Ort zu Ort wandernden Gelehrten, nach Deut. 33,3, Baba bathra 8a; über die Perser, nach Daniel 7,5. Meg. 11a, und nach Jes. 13,3, Berach. 8b; die Allegorisirung von ψ 104,20.21, Baba mezia 83b. — Berach. 19a (Nachricht über Theodosius, den Römer) ist, wie aus Dikduke Sofrim z. St. hervorgeht, für תני רב יוסף zu setzen: תניא אמר רבי יוסי.

Josef begnügte sich indessen nicht mit der blossen Wiedergabe seiner Traditionen, sondern knüpfte an dieselbe Bemerkungen und Erläuterungen. Die Sage von Jochanan b. Zakkai, der von Vespasian sich nichts Grösseres zu erbitten weiss als die Bewilligung in Jabne ein Lehrhaus zu gründen, begleitet er mit der vorwurfsvollen Bemerkung, es hätte sich an Jochanan das Wort erfüllt (Jesais 44,25), dass Gott zuweilen die Weisesten bethöre. [12]) Jakob, der Enkel des berühmten Apostaten Elisa b. Abuja hatte aus den Verheissungen in Deuteron. 5,16 und 22,7 den Zusammenhang der treuen Geboteerfüllung mit dem ewigen Leben bewiesen; dazu Josef: hätte sein Grossvater, Acher, diese Bibelstellen so erklärt, er hätte nicht gesündigt! [13]) Zu Rab's Ausspruch, dass König Josia und der Vater des Jeremia b. Abba die grössten Büsser seien, setzt Josef hinzu, auch seine Zeit könne Jenen einen an die Seite stellen, den Exilarchen Ukban b. Nechemia. [14]) Josef's Lehrer Jehuda hatte die Jesaia 46,12 erwähnten „Hartgesinnten" auf die Bewohner der babylonischen Landschaft Gobia bezogen; dies sei, meinte Josef, auch damit bewiesen, dass niemals aus jener Gegend ein Proselyt hervorgehe. [15])

Josef war sehr bibelfest, [16]) eine Eigenschaft, welche man bei den Amoräern jener Zeit nicht ohne weiters voraussetzen muss. Daher liebte er es, Aussprüche Anderer mit biblischen Belegestellen zu versehen, [17]) sowie bei verschiedenen Anlässen Sätze der heiligen Schrift in eigenthümlicher Anwendung zu

---

[12]) Gittin 56b. Bemerkungen Josef's zu andern Sagen: Gittin 57a (auf Abaji's Frage); Sabbath 53b; Pesach. 57b; Joma 53b; Chullin 7a.

[13]) Kidd. 30b. Ebenso zur Erklärung des Menachem b. Jose zu Spr. 6,23: hätten Doeg und Achitophel so erklärt, sie würden David nicht verfolgt haben. Sôta 21a.

[14]) Sabb. 56b. S. Grätz. G. d. J. IV. 351.

[15]) Berach. 17b.

[16]) Auch im Buche Ben Sira's war er bewandert. s. Synh. 100b.

[17]) Zu Eleazar b. Hyrkan's Ansicht. dass dereinst die Heiden zur Proselytenschaft sich drängen werden, verweist er auf Zephanja 3,9, Aboda zara 24b. — Die von Simon dem Frommen herrührende Sage über David's Tagesordnung begründet er biblisch, Synh. 16ab. — Mit Jesaia 1,9,10 begründet er eine Sentenz Jose b. Chanina's, Ber. 19a. Ulla's Erklärung des Wortes מורנים (II Sam. 24,22) beweist er

citiren.[14]) Interessant ist eine grosse Reihe von Traumdeutungen, welche er in meist origineller Weise mit Bibelstellen begründet.[19])

An selbständigen agadischen Schriftauslegungen ist von Josef nicht viel erhalten.[20]) Als einem öffentlichen Vortrage entnommen[21]) ist seine Erläuterung von Jesaia 12,1 gekennzeichnet, welche dadurch merkwürdig ist, dass er dabei die bei den babylonischen Amoräern fast gar nicht gebräuchliche Form der Parabel anwendet, ohne jedoch den üblichen Terminus — משל — zu gebrauchen. — Hervorzuheben sind seine Äusserungen über die Wichtigkeit und Erhabenheit des Gesetzesstudiums: Grösser ist das Studium der Lehre, als selbst die Rettung von Anderer Leben.[22]) Grösser ist der Schutz, mit welchem das Studium den Menschen umgiebt, als das aus der Übung der Gebote erspriessende.[23]) König Achabs Verdienst war es, dass er die Gelehrten freigebig unterstützte.[24]) Den Namen Ketzer verdienen Jene, welche sagen: Was nützen uns die Gelehrten, nur für sich selbst beschäftigen sie sich mit

---

mit Jesaia 41,15, Ab. z. 24b, die Huna's von פריצי זיתים (Mischna Ukzin 3,6) mit Dan. 11,14, Baba mezia 105a.

[18]) S. Kethub. 106a (II Kön. 4,43); Pesach. 52b (Hosea 4,12), Baba bathra 22a (Amos 2,1). Pesach. 53b (Spr. 20,5).

[19]) Berach. 57a. Die Münchener Handschrift hat zwar תני רב יוסף; doch zeigen die andern von Rabbinovicz (Dikd. Sofrim z. St.) gebrachten Varianten, dass אמר רב יוסף richtiger ist. — Wie viel Josef auf Träume hielt, sieht man aus den Erzählungen Sabb. 56b und Baba mezia 85a (vgl. auch seinen Ausspruch über die Träume Berach. 55a). Er glaubte auch an die Vorhersagung der Chaldäer, wegen der er die auf ihn gefallene Wahl zum Schulhaupt ablehnte, Hor. 14a.

[20]) Zu II Sam. 17,4, Synh. 102b; I Kön. 1,9, Synh. 110a; Jesaia 7,3, Synh. 104a; Jesaia 51,16, Chag. 5b; Hosea 13,15, Gittin 32a; Habak. 3,6, Baba Kamma 38a; ψ 41,4, Nedar. 41a; Spr. 13,23, Chag. 4b; Hiob 37,21. Taan. 7b.

[21]) דריש רב יוסף Nidda 31a.

[22]) Megilla 16b.

[23]) Sota 21a. Von den Geboten. d. i. dem Zeremonialgesetze, lehrte Josef, dass sie einst — in der Messiaszeit — aufgehoben werden. Nidda 61b.

[24]) Synh. 102b.

Schrift und Überlieferung. ²⁵) – Das Fest der Offenbarung hielt er besonders hoch; denn ihm verdanke er es, dass er sich von den vielen Josef des Marktes unterscheidet. ²⁶) Doch dieses aus der Würde seines Berufes stammende Selbstbewusstsein machte ihn nicht hochmütig; vielmehr lehrte er: Von seinem Schöpfer lerne der Mensch, nicht die hohen Berge, sondern den Sinai wählte er, um seine Herrlichkeit auf ihm ruhen zu lassen. ²⁷) Ebenso schliesst er, dass auch ein Lehrer seinen Schüler der ihm gebührenden Ehrenbeweise entbinden könne, aus dem von Gott gegebenen Beispiele, der seinem Volke in der Wüste voranging. ²⁸)

Von Josef's Schriftauslegung zu halachischen Zwecken haben sich einige bemerkenswerthe Beispiele erhalten. ²⁹) —

---

²⁵) Synh. 99b.

²⁶) אי לאו האי יומא דרים כמה יוסף איכא בשוקא Pesach. 68b. Ähnlich sagte Nachman (Kidd. 33a unt.): אי לאו תורה כמה נחמן בר אבא איכא בשוקא.

²⁷) Sôta 5a.

²⁸) Kidd. 32a. Demut erkannte Josef als seine Haupteigenschaft an und zu dem am Schlusse des Mischnatraktates Sôta gelehrten Satze, dass mit dem Tode Jehuda's I. die Demut aufgehört habe, bemerkte er, dies sei zu berichtigen, da er als Beispiel derselben gelten könne. Sôta 49b. Dies wird dadurch bestätigt, dass er während der Funktionsdauer Rabba's, vor dem er bei der Wahl des Schulhauptes freiwillig zurückgetreten war, auch den kleinsten Schein der Selbstüberhebung mied. Horaj. 14a. Dahin gehört auch die ausserordentliche Ehrfurcht, mit der er seiner Mutter begegnete. Kidd. 31b. — Wenn er dennoch gegen seinen Schüler Raba sich einmal sehr empfindlich wegen einer vermeintlichen Verletzung zeigte, Nedar. 55a, so war dies Folge seines Temperamentes, das er selbst geschildert hat: zu der Barajtha, die lehrte, dass Dreier Leben kein Leben ist, dass der Mitleidsvollen, der Leichterzürnten und der Ekeln, bemerkte er, dass diese drei Eigenschaften sämmtlich in ihm vereinigt seien. Pesach. 113b. — Die Persönlichkeit dieses blinden, ungewöhnlich gelehrten und in seiner Sprechweise originellen Amoräers ist überhaupt eine der interessantesten Gestalten der Amoräerzeit.

²⁹) Beispiele: Gen. 35,₁₁, Jebam. 65b; Deut. 5,₂₇ und Exod. 19,₁₄. Beza 5a; Deut. 27,₉, Berach. 15b; Jeremia 7,₁₁, Nazir 32b; ib. 21,₁₂, Synh. 19a; ib. 32,₄₄, Baba bathra 28b; Zach. 14,₁, Joma 78a; ψ 118,₃₄. Megilla 17a.

Zum Schlusse sei erwähnt, dass ihn die „Alten von Pumbeditha" [30]) in dem kosmogonischen Theile der traditionellen Geheimlehre unterwiesen; als sie selbst von ihm in dem theosophischen Theile derselben, den er, es wird nicht angegeben von wem, vorher gelernt hatte, Unterricht begehrten, weigerte er sich dessen, auf einen alten Satz sich beziehend, wonach Dinge, die süsser als Milch und Honig sind — nach Hohelied 4,11 — unter der Zunge, d. h. unausgesprochen bleiben müssen. [31]) In der That findet sich unter seinen Aussprüchen keiner, der diesem Gebiete angehörte.

3. Abaji.

Nach Josef's Tod wurde Abaji, der eigentlich nach seinem Grossvater, dem Vater Rabba's, Nachmani hiess, zum Schulhaupte gewählt. Er war seiner beiden Vorgänger Schüler gewesen. Als Waise von seinem Oheime Rabba erzogen, wurde er schon früh durch ihn zu scharfsinniger Behandlung des halachischen Lehrstoffes angehalten; [1]) aber auf die Richtung seines Geistes war Josef, vor dem er ungemeine Ehrfurcht hatte, [2]) von grösserem Einflusse. Zwar pflegte er gegen den Letztern den Werth der Dialektik gegenüber der blossen Traditionenkenntniss zu betonen. So sagte er einmal zu Josef, als sich die-

---

[30]) סבי דפומבדיתא. Man kann hier nicht den Kanon aus Synh. 17b anwenden und Jehuda und Ena darunter verstehen, da Ersterer Josef's Lehrer war. Auch Pesach. 117b kann der Kanon nicht angewendet werden, da Raba, der dort die Alten von Pumb. hört, erst um die Zeit von Jehuda's Tode geboren wurde; dasselbe gilt von Erubin 79b. Wahrscheinlich bezeichnet der Ausdruck die ältern Schüler Jehuda's, die in Pumbeditha lebten.

[31]) Chagiga 13a.

[1]) Vgl. Berach. 33b, Chullin 43b, Nidda 4b: לחדודי דאביי. — חדד. den Scharfsinn wecken, ist ein Schulausdruck, den die Barajta. Nidda 45a, in Bezug auf Akiba anwendet (לחדד את התלמידים). Samuel, ebenso, in Bezug auf Akiba und Josua b. Chananja (Erubin 13a, Nazir 59b). Ebenso von einer Diskussion zwischen Huna und seinen Schülern, (לחדד בה תלמידיו), Zebach. 13a.

[2]) Wenn er von ferne, so heisst es, nur „die Ohrenspitzen von Josef's Reitthier" bemerkte, erhob er sich zur schuldigen Ehrenbezeigung von seinem Sitze. Kidd. 33a.

ser über einen Gelehrten, der eine gewisse Tradition nicht
kannte, geringschätzig äusserte, dass ein bedeutender Gelehrte
es zu sein nicht aufhöre, wenn er zufällig die eine oder andere
Überlieferung nicht gehört hat. ³) Ein anderes Mal hatte Josef,
zu einer halachischen Entscheidung, welche sich auf eine nur
während Israel's staatlichen Bestandes giltige Satzung bezog,
über diese unnötige Bestimmung verwundert ausgerufen: „Eine
Norm für die Messiaszeit!" Dagegen bemerkte Abaji, dass von
diesem Standpunkte aus den ganzen Mischnatraktat von den
Opfern zu lernen überflüssig sei; vielmehr ist das Studium an
sich, sowol für das Erlernen der Traditionen, als für die daraus
zu ziehenden Entscheidungen, verdienstlich. ⁴) — Aber das
Hauptgewicht legte Abaji gleich Josef auf die umfassende
Kenntniss der Überlieferung, und während sein College Raba
sich über die im Verhältnisse zur Vorzeit herabgekommene
Fähigkeit der dialektischen Erörterung beklagte, klagte Abaji
über die geschwächte Kraft zum Aufnehmen der überkommenen
Traditionen. ⁵) Nichts freute ihn so sehr, als wenn einer seiner
Schüler das Studium eines Mischnatraktates beendet hatte, und
er rechnete es sich als Verdienst an, dass er ein solches Schul-
ereigniss stets mit einem den Jüngern gegebenen Festmale
feierte. ⁶) Seine Vorträge wurden auch in Folge der geringern
Anwendung der dialektischen Methode durch die Raba's in den
Schatten gestellt. Ein Gelehrter jener Zeit, Adda b. Abba,
sagte einmal zu seinen Hörern: „Während ihr an den Knochen
naget, die euch im Lehrhause Abaji's geboten werden, gehet
doch hin und geniesset Fleisch im Lehrhause Raba's!" ⁷) Der

---

³) Gittin 6b.
⁴) Zebach. 44b. Ebenso Synh. 51b.
⁵) Erubin 53a.
⁶) Sabb. 118b. תיתי לי דכי חזינא צורבא מרבנן דשלים מסכתיה עבידנא
יומא טבא לרבנן. Es ist beachtenswerth, dass von Josef erzählt wird
(Moed Kat. 28a), er habe, als er das sechzigste Jahr überschritt,
ein solches Gelehrtenfest veranstaltet. Vgl. noch sein Geständniss
Kidd. 31a.
⁷) Baba bathra 22a ואכלו [En Jak. זילו] אדמגרמיתו גרמי בי אביי תו
מגרסיתו: גרס Für מנגרמיתו hat Aruch s. v. בשרא שמינא בי רבא,
welche Lesart Levy, Wörtb. l, 362, adoptirt. Jedoch ist die gewöhnliche Lesart die richtige, wie der biblische Sprachgebrauch

Gegensatz zwischen dem scharfen, rasch und gewandt urtheilenden Geiste Raba's und der schwerfälligeren, bedächtigen Intelligenz Abaji's ist sinnig gekennzeichnet in einer Erzählung aus ihrer Kindheit. Beide sassen vor Rabba, der, um den Fortschritt ihrer erwachenden Geisteskräfte zu prüfen, sie fragte: zu wem betet man? Sie antworten: zu Gott! [8]) Auf die weitere Frage, wo denn der liebe Gott wohne, geht Abaji hinaus und zeigt zum Himmel, während Raba sitzen bleibt und unbeirrt zur Zimmerdecke hinaufweist. [9])

Josef's Einfluss auf Abaji zeigt sich besonders deutlich in der Art seiner agadischen Aussprüche und Bemerkungen. Ein grosser Theil derselben bezieht sich auf Aussprüche älterer Lehrer, dieselben ergänzend und erläuternd oder berichtigend. [10])

(Num. 24,8, Ezech. 23,34, vgl. Jerem. 50,17 und Targ. zu ψ 27,2) beweist. In En Jakob ist die Variante מגרריתו. Zur Sache selbst ist aufklärend Raba's eigene Deutung zu להג בשר, Kohel. 12,12 „Wer in den Worten der Weisen forscht, empfindet den Geschmack von Fleisch" Erubin 21b (כל ההוגה בהן טועם טעם בשר). Was er aber unter diesem Forschen — הגה — verstand, zeigt seine von ψ 1,2 geknüpfte Mahnung: לעולם ילמוד אדם תורה ואחר כך יהגה „Stets lerne der Mensch vorher, dann forsche er" (Berach. 43b, Ab. z. 19b). Die hebräischen Ausdrücke למד und הגה haben also hier dieselbe Bedeutung, wie sonst die aramäischen Schulausdrücke גמר und סבר. Die dürren „Knochen" sind demnach ein Bild des trockenen Lehrens überlieferter Ansichten, welche erst dadurch schmackhafter werden, dass sie mit dem „Fleische" frischer, lebensvoller Discussion umkleidet werden. — Raba war es auch, der behauptete, dass, worauf es beim halachischen Vortrag ankömmt, vor Allem die dialektische Erörterung ist: אגרא דשמעתא סברא Berach. 6a.

[8]) לרחמנא. In dieser Erzählung sieht man besonders deutlich, was übrigens auch sonst erwiesen ist, dass רחמנא die beliebteste Bezeichnung Gottes im Volksmunde war, woher dann auch die hervorragende Stellung zu erklären, welche dies Wort unter den Gottesnamen des Korans (rachmân) einnimmt.

[9]) Berach. 48a.

[10]) Beispiele: Zu Sätzen von Simon b. Jochai, Baba bathra 16b; Jose b. Jehuda, Baba mezia 49a; Issi b. Jehuda (zu ψ 23,5), Joma 76a; Simon dem Frommen, Kerithoth 6b; Bar Kappara, Berach. 6a; Jochanan (Ezech. 20,25), Megilla 32a, (Jes. 6,10) R. H. 17b; Chama b. Chanina, (II Kön. 3,9) Chullin 7b; Rab (Jes. 5,17), Pesach. 68a, (Joab's Irrthum) Makkoth 12a, (Ezech. 37,25) Synh. 98b; Samuel (die Cherubim) Baba bathra 99a, (die Nachkommen der Priester-

Mit Josef selbst, dem er, als sein Gedächtniss schwach geworden, sehr oft von ihm gelernte halachische Traditionen in die Erinnerung rufen musste, hatte er auch vielfache Unterredungen über nichthalachische Gegenstände. Als Josef einen alten Satz zu Exod. 11,₁₂ vortrug, wonach bei göttlichem Strafgerichte der Verderber keinen Unterschied zwischen Freflern und Frommen, ja — nach Ezech 21,₃ — bei diesen sogar den Anfang mache, rief derselbe weinend aus: ¹¹) „So gar nichtig soll der Werth der Frömmigkeit sein!" Da bemerkte ihm Abaji: es geschehe ja das zum Guten der Frommen, damit sie das Unheil nicht mit ansehen müssen — nach Jesaia 57,₁. ¹²) — Einmal behauptete Josef, zu den ketzerischen Büchern, die zu lesen verboten sei, gehöre auch das Spruchbuch Ben Sira's: da machte sich Abaji zum Vertheidiger desselben, indem er einige Stellen, die zu solchem Verbote Anlass geben könnten, citirte und als unverfänglich nachwies, so dass Josef erklärte, dass man die trefflichen Aussprüche jenes Buches auch in öffentlichem Vortrage anführen dürfe. ¹³)

Noch zu Lebzeiten Josef's kam Dimï aus Palästina nach Pumbeditha und brachte einen ungemein reichen Vorrath von Erklärungen und Lehrsätzen palästinensischer Amoräer, besonders aber Jochanans. Er hatte keinen dankbarern Hörer als Abaji.

sklaven) Kidd. 70b; Ketina (Hosea 6,2) Rosch H. 31a; Huna (Hosea 6,3). Berach. 6b; Chisda (Sinnveränderung gewisser Wörter). Sukka 34a; Ulla (Spr. 11,26). Synh. 92a. Merkwürdig ist der Nachtrag Abaji's zur Barajtha von der prachtvollen Synagoge in Alexandrien. Sukka 51b. Was er sagt, ist einer Barajtha entnommen, welche in Mechiltha zu Exod. 14,13 steht und jer. Sukka 55b dem Simon b. Jochai zugeschrieben ist. Wie der Anachronismus: Alexander der Makedonier für Trajanus kritisch zu beseitigen, zeigt Grätz. G. d. J. IV². S. 460 Anm. — Dass Abaji von den Zuständen des römischen Reiches Kunde hatte, zeigt die Art, wie er eine Ansicht Rab's über die Doppelregentschaft zur Messiaszeit verdeutlicht: es werde sein wie קיס׳ ופלג קיס׳. d. h. wie der Kaiser und sein — ebenfalls Cäsar genannter — Mitregent, Synh. 98b.
¹¹) Vgl. Chag. 4b: Josef weinte, wenn er zu Spr. 13,23 kam.
¹²) Baba Kamma 60a.
¹³) Synh. 100b לחו דרשינן ביה דאית מעלייתא מילי. — Vgl. noch Sabb. 53b; Gittin 65a; Nedar. 39b; Baba bathra 28b; Makkoth 23b; Synh. 99b.

der die mitgetheilten Aussprüche mit ihm discutirte. [14]) Dieselben waren auch agadischer Natur und Abaji pflegte sie seinem Lehrer Josef mitzutheilen, der aber diese Empfänglichkeit seines Schülers für die neuen Traditionen nicht gerne sah. Einmal brachte ihm Abaji einen von Dimi tradirten Satz Jehuda's, des Patriarchen, wonach alle Gottesheiligthümer Israel's auf dem Gebiete des Stammes Benjamin waren (nach Deut. 33,12); da fuhr Josef in seiner polternden Art auf und sagte: „Einen Sohn hatte Kalil — so hiess A.'s Vater — und auch der ist nicht gerathen! Besagt denn nicht ψ 78,60,67, dass Schilo in Ephraim war?" Zu Dimi's Erzählung, dass noch niemals ein Mensch im Meer von Sodom — todtes Meer — untergesunken sei, spottete Josef mit einem schwer wiederzugebenden Wortspiel: „Zerstört ist Sodom und sinnzerstört ist dieser Ausspruch! [16]) Also gehen nur Menschen dort nicht unter, wohl aber Balken." [17]) — Abaji, der in diesem letztern Falle Dimi in Schutz nahm, sah in ihm den Vertreter der palästinensischen Schule, den berufenen Interpreten der heiligen Schrift, und er pflegte sich, um die Art, wie man „im Westen" die eine oder andere Bibelstelle deutete, an ihn zu wenden. [18])

---

[14]) S. Sabb. 63b; Erubin 22b; Joma 69b; Nazir 36ab, Baba Kamma 43b; Aboda zara 14b; Synh. 20b; Bechor. 22a; Temura 4b. — Abaji hielt die Palästinenser sehr hoch und sagte: Einer von ihnen ist mehr werth als zwei von uns. Kethub. 75a. Zu der Bestimmung der Mischna, Pesach. 7,1. dass, wer nach einem andern Orte komme, sich in den religionsgesetzlichen Gebräuchen nach den etwaigen Erschwerungen des neuen Wohnortes zu richten habe, erklärt Abaji, das gelte wol für Jemand der von Babylonien nach Palästina kömmt, aber nicht umgekehrt; „denn da wir ihnen unterordnet sind, müssen wir gleich ihnen thun" כיון דאנן כייפינן להו עבדינן כוותייהו Pesach. 51a. Vgl. auch die Erzählung in Berach. 47a, wo Abaji eine scheinbare Unehrerbietigkeit Rabbin's gegen ihn sich damit erklärt, dass dieser, weil er aus dem „Westen" komme, sich überhebe.

[15]) Zebach. 118b.

[16]) הפוכה סדום והפוכה מלה; mit Anspielung auf ויהפך Gen. 19,25. vgl. Echa 4,6.

[17]) Sabb. 108b.

[18]) S. Synh. 44b, zu Spr. 25,9 (האי קרא במערבא במאי מוקמיתו לה). „Wovor hütet ihr euch im Westen am meisten", (in moralischer Beziehung), fragte ihn Abaji, Baba mez. 58b; Dimi antwortet,

Bei Abaji finden wir zum ersten Male den einfachen, geraden Wortsinn der h. Schrift in principieller Bestimmtheit von dem durch midraschische Auslegung ihr vindicirten unterschieden. ¹⁹) „Worauf bezieht sich der gerade Sinn dieser Schriftstelle?" Diese Frage richtet er an Dimi zu Spr. 25,₂₀ ²⁰); und dieselbe Frage stellt er noch zu anderen Bibelsätzen, die halachisch angewendet worden waren. ²¹) Ihm gehört auch ein für das Verständniss der talmudschen Exegetik wichtiger Grundsatz, den er an eine Ansicht Jochanan's ²²) anknüpft und mit den Psalmworten, 62,₁₂, „eines hat Gott geredet, zweifach höre ich es", begründet. Er lautet: „Ein und derselbe Bibelsatz kann wol auf verschiedenen Inhalt bezogen werden, jedoch nicht derselbe Inhalt auf verschiedene Bibelsätze. ²³) Dieser Grundsatz zeigt deutlich, dass Abaji die Vieldeutigkeit des Bibelwortes annahm, während jene Fragen nach dem geraden Sinne

    einen Satz Chanina's citirend: „Vor Beschämung des Nebenmenschen." Dimi pflegte palästinensische Ansichten, für die er den Autor nicht angeben konnte oder die dem Volksmunde entnommen sind, mit den Worten einzuleiten: אמרי במערבא Man sagt im Westen. S. Erubin 3a. Chag. 15b. Joma 55b. Taan. 10a, Meg. 18a. Kethub. 17a, Synh. 69a, 70a. 100a, Zebach. 105a, Bechor. 8a.

¹⁹) Als Abaji einige Stellen des Buches Ben Sira vertheilte, that er dies bei der ersten derselben sowol hinsichtlich des geraden, als des allegorischen Sinnes: אי מפשטיה אי מדרשא. Synh. 100b.

²⁰) Chullin 133a פשטיה דקרא במאי כתיב.

²¹) Zu einer Benutzung von Exod. 27,₁₈ durch Jehuda (Erubin 23b), sowie zu einer von Jochanan tradirten ältern halachischen Anwendung von Deut. 13,₇ (Kidd. 80b) beantwortet Ab. dieselbe Frage. Auch in Kethub. 111b, wo die Antwort (zu Gen. 49,₁₂) in einer von Dimi mitgetheilten Erklärung besteht, mag die Frage von Abaji herrühren. In Arachin 8b knüpft sich die Frage, mit einem Ausspruche Jehuda's beantwortet, an eine agadische Deutung Papa's, des Hauptschülers Abaji's (zu ψ 36,₄). Ausserdem ist die Frage noch Chullin 6a zu lesen, wo die Antwort einer Barajtha entnommen wird.

²²) „Bei Abstimmungen im Synhedrion werden zwei identische, wenn auch mit zwei verschiedenen Schriftstellen begründete Ansichten nur als eine angesehen."

²³) Synh. 32a. מקרא אחד יוצא לכמה טעמים ואין טעם אחד יוצא לכמה מקראות. Über die dazu als Beleg angeführte Ismael'sche Barajtha s. mein Abraham Ibn Esra's Einleitung zu seinem Pent.-Commentar, S. 76, Anm. 2.

der Schriftstelle beweisen, dass er zugleich auch jenes andere, vom Gründer der Pumbedithanischen Schule angeführte [24]) und von Abaji's Collegen Raba stark betonte, [25]) hermeneutische Princip, dass die midraschische Deutung das Bibelwort niemals seines geraden Wortsinnes entkleide, [26]) anerkannt hat.

Abgesehen von den auf die Aussprüche Anderer Bezug habenden Schriftauslegungen Abaji's ist die Anzahl der von seiner Agada erhaltenen Beispiele keine bedeutende; [27]) auch von seiner Exegese zu halachischen Zwecken haben sich nur wenige erhalten. [28]) Doch beweisen dieselben, dass Abaji gleich seinem Lehrer Josef die Kenntniss und Auslegung der heiligen Schrift als wichtigen Bestandtheil des Traditionsstudiums betrachtete. [29])

Beachtenswerth ist, dass in der palästinensischen Midraschliteratur, in welche sonst die Sätze babylonischer Amoräer vom Beginn des vierten Jahrhunderts an keine Aufnahme fanden, von Abaji sich eine Bemerkung über die Vorzeichen der Messiasankunft findet, [30]) worin er einer Ansicht Simon b. Lakisch's vor der Jochanan's den Vorzug giebt. [31])

---

[24]) Jebam. 11b.

[25]) Jebam. 24a.

[26]) אין מקרא יוצא מידי פשוטו.

[27]) S. Sabb. 119b, zu Ezech. 22.26; Taan. 29b, zu Echa 1,15; Chag. 6a, I Sam. 1,12; Joma 76a, ψ 23,5 (er deutet den Zahlenwert von רויה. sowie Sukka 45b. Synh. 97b den von לו Jes. 30,18); Megilla 15b, Jer. 51,39 (mit Raba zusammen); Sôta 9b, Richter 16,18; Baba bathra 16a, Hiob 9,24 (gegen Raba); Synh. 89b, Amos 3,7; Synh. 102a, II Kön. 10,18 (den Satz ברית כרותה לשפתים beweist, Moed Katon 18a, Jochanan anders. Abaji warnte, selbst im Gebete nicht leichthin Unheilvolles zu erwähnen, s. Berach. 19a, 60a, Kethub. 8a).

[28]) S. Moed Katon 5a, Rosch Hasch. 33b, Taan. 12b; Kethub. 30a, Baba mezia 48b, 75b, Baba bathra 122a, 123a, 143b, Bechor. 46b.

[29]) Vgl. noch seinen lexikologischen Kanon, Sukka 13a; seine Regel über die doppelte Bedeutung der Präposition תחת, Temura 27a.

[30]) Schir r. zu Hohel. 2,13.

[31]) Es sei hier zum Schlusse auf die ethischen Grundsätze Abaji's hingewiesen, in seinem Wahlspruche, Berach. 17a, bündig ausgedrückt. In dem Gebote „Liebe den Ewigen" (Deut. 6,1) sieht er die Mahnung, Gottes Liebe bei Andern zu erzeugen, durch den eigenen Lebenswandel. (Joma 86a nach einer Barajtha, ähnlich auch Sifrê Deut. §. 32 אהביהו על כל הבריות).

VI.

Raba.

Raba's Lehrer waren Josef, [1]) Rabba und besonders auch Nachman b. Jakob, der in Machuza, der Vaterstadt Raba's, seinen Sitz hatte. [2]) In sehr jungen Jahren war er auch nach Sura gekommen, wo er noch den Vorträgen Chisda's beiwohnen konnte [3]) und mit Rammi b. Chama verkehrte, dessen Witwe, die Tochter Chisda's, er nachher zur Frau nahm. [4]) Vor Allem aber war Abaji sein Studiengenosse, mit dem er gemeinschaftlich die dialektische Behandlungsweise des halachischen Traditionsstoffes ausbildete, wie sie besonders durch ihren Lehrer Rabba begründet worden. Man bezeichnete ihre Disputationen mit demselben Ausdrucke, [5]) mit dem Jehuda die dialektischen Erörterungen Rab's und Samuel's bezeichnet hatte. [6])

---

[1]) S. die Erzählungen Joma 53a und Nedar. 55a.

[2]) S. Pesachim 30a הוינן בי רב נחמן. Wenn man in seiner Gegenwart Nachman's Lehrsätze anders tradirte, als er sie von ihm gehört hatte, sagte er gewöhnlich: „Habe ich euch nicht gesagt, dass ihr dem R. Nachman keine leeren Krüge anhänget", Baba bathra 7a; 151b; Aboda zara 37a, Chullin 50b. — Raba war auch bei N.'s Tode zugegen und man erzählte sich ihre bei dieser Gelegenheit gehaltene Unterredung, Moed Kat. 28a. Auch nach Schakanzib scheint er ihn begleitet zu haben; denn er berichtet eine Reihe von Todtenklagesprüchen. die er von den Frauen jenes Ortes gehört hatte. M. K. 28b.

[3]) S. Sukka 29b, Baba bathra 12b. S. den Excurs am Ende dieser Schrift. Da Raba als Kind mit Abaji zugleich bei Rabba lebte (s. oben S. 109), so muss man annehmen, dass er mit diesem nach Sura kam, bevor derselbe das Lehramt in Pumbeditha übernahm.

[4]) Sie muss ihrem Vater in sehr hohem Alter geboren worden sein. Über ihr Verhältniss zu Raba belehren die Erzählungen in Berach. 56a, 62a; Chag. 5a; Jebam. 34b; Kethub. 65a; 85a.

[5]) הויות דאביי ורבא, Sukka 28a. Sie sind dort zur Erklärung eines Ausdruckes in der von Jochanan b. Zakkai's umfassender Gelehrsamkeit handelnden Barajtha angeführt. Unter ihnen sei nämlich דבר קטן, der geringste Theil der Traditionswissenschaft zu verstehen, entgegen der Lehre vom „Gotteswagen" — Theosophie — als דבר גדול.

[6]) הויות דרב ושמואל. Der Ausdruck scheint nicht erst nachträglich

Auch sonst erinnert ihr auf persönlicher Freundschaft und geistiger Ebenbürtigkeit beruhendes Verhältniss an das der Meister von Sura und Nahardea, und gleich diesen waren sie vermöge der Verschiedenheit ihrer Naturen und ihrer geistigen Richtung Rivalen. Es ist schon im vorhergehenden Abschnitte gezeigt, wie Abaji, obwohl gleichfalls Schüler Rabba's und Theilnehmer Raba's an der Ausbildung der talmudischen Dialektik, in dieser Hinsicht hinter dem Letzteren zurückstand und von der Richtung Josef's beeinflusst war. Als dieser starb, wurde dennoch Abaji sein Nachfolger,[7]) und damals wol begründete Raba die Schule von Machuza,[8]) welche nach Abaji's Tode vollständig an die Stelle der Akademie von Pumbeditha trat und während Raba's Lebenszeit der alleinige Sitz jüdischer Gelehrsamkeit in Babylonien wurde.

Machuza, am Tigris gelegen[9]), unweit von Ktesiphon, erscheint schon am Anfang des dritten Jahrhunderts als von einer reichen jüdischen Bevölkerung bewohnt, welche durch zahlreiche Proselyten sich sehr vermehrt.[10]) Zu grösserer Bedeutung kam sie jedoch erst nach der Zerstörung Nahardea's, und Raba endlich erhob seine Geburtsstadt, in der sein Vater Josef b. Chama durch Reichthum und Gelehrsamkeit hervorragte, zum geistigen Mittelpunkte des jüdischen Babyloniens. Seine Wirksamkeit bildet zugleich einen Knotenpunkt in der Entwicke-

---

gemacht zu sein, sondern wirklich von Jehuda herzurühren, da er in drei verschiedenen, aber ganz übereinstimmenden Berichten von Rabba (Taan. 24a), Raba (Synh. 106b) und Papa (Berach. 20a) vorkömmt.

[7]) S. Horaj. Ende.

[8]) Vgl. oben S. 108, wie Adda b. Abba für die Schule Raba's gegenüber der Abaji's unter des Letztern Schülern Propaganda macht. Raba kam auch zu jener Zeit nach Pumbeditha, s. Aboda zara 58a, und Berach. 56a, ihren Besuch beim Traumdeuter Bar Hedja, der Raba prophezeit, dass nach Abaji's Tode die Methibta — Akademie — zu ihm (nach Machuza) kommen werde. — Auf die Rivalität zwischen Raba und Abaji weist auch die Erzählung in Taan. 21b f. hin.

[9]) Raba behauptete, dass die Machuzaner deshalb so scharfen Verstand haben, weil sie Tigriswasser trinken. Berach. 59b.

[10]) S. Grätz, G. d. J. IV, 275. Über den Reichthum der Machuzaner im fünften Jahrhundert s. Baba Kamma 119a unten.

lungsgeschichte der babylonischen Traditionswissenschaft. Alle ihre Fäden laufen in ihm zusammen, um dann durch seine zahlreichen Schüler fortgeführt zu werden, in den nach seinem Tode entstandenen Schulen, in welchen nur wenige Jahrzehnte später das Werk begonnen wurde, zu dem er die grössten Bausteine beigetragen, die Abschliessung und Zusammenfassung des weitläufigen Lehrstoffes, die Redaktion des babylonischen Talmuds.

Und dieser merkwürdige Mann, der unter den Trägern der Halacha eine so hervorragende und massgebende Stellung einnimmt, steht als Agadist unter den babylonischen Amoräern geradezu einzig da. Wol kann er nicht mit Rab verglichen werden, dessen Agada reichhaltiger und vielseitiger ist. Aber Rab war seiner Bildung nach mehr Palästinenser und an Belehrung und Beispiel seiner auch als Agadisten bedeutenden Lehrer und Zeitgenossen grossgeworden, während bei Raba dem Babylonier, dessen Lehrer die Agada entweder gar nicht oder nur als Gegenstand traditionsmässiger Aufnahme und schulgemässer Discussion handhabten, die ungewöhnliche Menge und verhältnissmässige Vorzüglichkeit und Selbständigkeit der von ihm erhaltenen agadischen Schriftauslegungen mit Recht Staunen erregen muss. Die Annahme palästinensischen Einflusses allein genügt nicht, um diese Erscheinung zu erklären, besonders da Raba durchaus nicht mit den Jüngern der Jochanan'schen Schule so lebhaften Verkehr hatte, wie sein Freund Abaji; vielmehr bildete er zu Letzterem in Bezug auf die Werthschätzung der **Palästinenser** einen Gegensatz: während Abaji der Ansicht war, dass Einer von ihnen mehr werth sei als zwei Babylonier, behauptete Raba, dass ein Babylonier, der nach dem heiligen Lande komme, mehr werth sei, als zwei Palästinenser. [1])

[1]) Kethub. 75a. Raba sagte dies zugleich mit ironischem Hinblicke auf Jeremia, der in seiner Heimat zu den unbedeutenden Jüngern gehört hatte und in Palästina die Babylonier als die „närrischen", בבלאי טפשאי, zu bezeichnen liebte; einmal hatte er sich dieses Ausdruckes sogar in Bezug auf Raba selbst bedient, Joma 57a. Die Gesinnung Raba's gegenüber den palästinensischen Gelehrten zeigt auch die Erzählung in Gittin 29b: Zu der Nachricht, dass Safra, ein babylonischer Gelehrter, den er sehr hoch schätzte (s. Baba bathra 144a), während seines Aufenthaltes in Palästina drei angesehene dortige Gelehrte des Irrthums überführt hatte,

Zu der richtigen Erklärung für die ungewöhnliche Stellung, die Raba als Agadist einnimmt, leitet uns die Erwägung eines Umstandes aus den im Talmud über ihn erhaltenen Daten. Von keinem der babylonischen Amoräer wird so oft berichtet, dass er **öffentliche Vorträge** gehalten, als von Raba. Bei mehrern seiner halachischen Normen ist angegeben, dass sie einem solchen Vortrage entnommen sind. [12]) Von andern gesetzlichen Belehrungen ist erzählt, dass er sie an die versammelten Machuzaner gerichtet hat, [13]) und ebenso von Mahnungen moralischen Inhaltes. [14]) Schon dies lässt mutmassen, dass er nicht nur Lehrvorträge für seine Jünger, sondern auch **agadische Vorträge für das Volk** gehalten hat. Eine unmittelbare Bestätigung hiefür giebt die Thatsache, dass eine sehr grosse Anzahl seiner Schriftauslegung, grösser als bei irgend einem andern Amoräer, als öffentlich vorgetragen gekennzeichnet sind. [15]) Nun bezieht sich der grösste Theil dieser so gekennzeichneten Auslegungen auf die ersten Bücher der **Hagiographen, Psalmen,** [16]) **Sprüche,** [17]) **Hiob,** [18]) sowie auf das Hohe-

---

rief er mit einer Art patriotischer Freude aus: קפחינהו רב ספרא
לתלתא רבנן סמוכי „Rab Safra hat drei ordinirte Gelehrte geschlagen!"

[12]) In Erubin 104a, Baba bathra 127a, Zebach. 94b ist zugleich erzählt, dass Raba in Folge einer Einwendung Papa's, seines Schülers öffentlich widerrufen habe. S. ferner Sabb. 143a (Beza 33a), Pesach. 42a. 54b.

[13]) Pesach. 5b, Moed Kat. 22a, Kidd. 73a.

[14]) „Ich bitte euch, unterstützet einander, damit ihr Friede habet mit der Regierung." B. B. 9a. Er sagte dies in Hinblick auf Jesaia 32,17 und Eleazar's Erklärung dazu. עֲשׁוּ, sonst nicht vorkommend. hat die Bedeutung des arabischen غَاثَ helfen. unterstützen und steht dem hebräischen עוּת (nur Jesaia 50,4) näher, als dem ebenfalls nur einmal vorkommenden עוּשׁ (Joel 4,11). — „Ehret eure Frauen. damit ihr reich werdet" B. M. 59a. (Andererseits rügte Raba die Frauen von Machuza, die nicht arbeiten. nur geniessen und denen von Samaria, Amos 4,1. gleichen. Sabb. 32b).

[15]) דרש רבא.

[16]) 11,1. Synh. 107a; 35,15 ib; 38,18 ib; 40,6, Jebam. 77a, 40,8, ib; 51,6, Synh. 107a; 62,4. ib. 109a; 90,1, Megilla 29a; 116,1, Pesach. 118b; 116,16, Jebam. 77a; 119,54, Sôta 35a.

[17]) 18,1, Nazir 23b; 18,19, ib.

[18]) 12,3 Synh. 108b; 24,16. ib. 109a; 29,13, Baba bathra 16a.

lied [19]) und Koheleth. [20]) Wenn man hinzunimmt, dass gerade den genannten Büchern auch die Texte der noch zahlreichern, nicht mit דרש bezeichneten, im übrigen aber formell von den erstern meist nicht unterschiedenen Auslegungen Raba's zum grössten Theile entnommen sind [21]) : so ergibt sich leicht der Schluss, dass den agadischen Vorträgen Raba's zumeist hagiographische Schriftabschnitte zu Grunde lagen, dass sie also höchst wahrscheinlich an den Sabbathnachmittäglichen Gottesdienst sich anschlossen; denn bei diesem war es in Nahardea Sitte gewesen, Abschnitte aus dem dritten Theile der Bibel zu lesen, [22]) und da nach der Zerstörung Nahardea's namentlich Machuza an seine Stelle trat, so setzte auch hier dieser Gebrauch sich fest, den dann Raba benützte, um seiner Vorliebe für agadische Vorträge Genüge zu thun. [23]) Diese Vorliebe ist auch anderweitig bestätigt.

Am Ende des ersten Abschnittes des b. Talmudtractates Megilla [24]) findet sich eine nach Art der palästinensischen

---

[19]) 6,11, Chag. 15b; 7,2, Chag. 3a; 7,12, Erubin 21b; 7,14, ib.

[20]) 12,9, Erubin 21b; 12,12 ib. — Die andern mit דרש bezeichneten Auslegungen Raba's beziehen sich auf: Gen. 14,23, Sota 17a; 18,27, ib.; Num. 13,32, Sota 35a; 16,30, Nedar. 39b; I Sam. 19,23, Zebach. 54b; II Sam. 3,35, Synh. 20a; I Kön. 15,22, Sota 10a; Jesaia 1,18, Sabb. 89b; 60,21, Pesach. 53b; Jer. 18,23, B. K. 16b; Hab. 3,1, Ned. 39b.

[21]) Psalmen: 1,2, Aboda zara 19a (Kidd. 32a b); 1,3,4, ib; 49,14, Sabb. 31b; 57,11, Pesach. 50b; 74,6, Synh. 96b; 79,2, ib. 47a; 104,15. Joma 76b; 112,7, Berach. 60a; 119,20, Ab. zara 19a; 119,126, Ber. 63a; 119,160, Kidd. 31a; — Sprüche: 2,11, Ab. z. 17b; 3,6, Ber, 63a; 3,15 Sota 4b; 6,26, ib.; 9,3, Ab. z. 19a; 11,3. Sabb. 88a b; 15,15, Baba bathra 145b; 18,5, Meg. 28a; 18,22, Jeb. 63b. Hiob: Eine Reihe von Bemerkungen und Deutungen zum 1, 2, 6, 7, 9, 10, 15, 30, 31, 34, 38, 39 Capitel. in Baba bathra 15a ff.; ferner zu 10,22, Sota 49a; 36,33, Taan. 8a 37,6 ib. 3b. — Hohelied: 5,11, Erubin 22a; 8,10, Pesach. 87a. — Koheleth: 4,17, Ber. 23a; 7,26, Keth. 51b; 8,14, Hor. 10b; 10,9 Baba b. 145b; 10,10, Taan. 8a; 12,14, Chag. 5a.

[22]) S. Sabb. 116b, und dazu Rapoport, Erech Milin S. 170f.

[23]) Was Hohelied und Koheleth betrifft, so darf man deren öffentliche Erläuterung dem Pesach- und Sukkothfeste zuschreiben.

[24]) 10b bis 17a. Zwischen diesem Anhang und der unmittelbar vorhergehenden halachischen Erörterung besteht gar kein Zusammenhang.

Midraschwerke angelegte, nur hie und da durch Erörterung anderer Themata unterbrochene [25]) fortlaufende Agadasammlung zum Buche Esther. Dieselbe beginnt mit einer grossen Anzahl Proömien, zumeist von palästinensischen Amoräern; [26]) und auf diese folgen Erklärungen und Bemerkungen zu den einzelnen Versen des Estherbuches, in der Reihenfolge des Textes und mit Voranstellung des Schlagwortes. Während nun zu diesen Schriftauslegungen, abgesehen von Rab und Samuel, fast gar kein babylonischer Amoräer als Urheber genannt ist, ist Raba an denselben mit einer sehr beträchtlichen Anzahl von Erklärungen oder längern Ausführungen betheiligt. [27]) Was liegt näher, als die Annahme, dass uns da die Reste seiner öffentlichen Vorträge über das Estherbuch vorliegen, ja, dass vielleicht diese, als einziger nahezu vollständiger babyloni-

---

[25]) Diese Episoden sind entweder dadurch entstanden, dass man, wie so oft im babyl. Talmud, die Sätze desselben Autors aneinander reihte. wie 15a, (zu 5,1) Eleazar im Namen Chanina's; 16b (zu 8,15) Benjamin b. Jepheth im Namen Eleazar's, — oder durch die Gleichartigkeit des Gegenstandes, wie 13a über Jehudija (I Chr. 4,18), veranlasst durch יהוד 2,5; 14a, über die Propheten und Prophetinen, anknüpfend an die Bemerkung Abba b. Cahana's zu 3,10, dass die Ringabnahme Ahasver's mehr zur Besserung Israels beitrug, als alle Propheten. Ähnlich lose ist der chronologische Excurs über Ismael und Jakob am Ende angeknüpft (16b f.)

[26]) Mit der Formel: פתח לה פתחא להאי פרשתא מהכא. Nur bei der ersten Einleitung fehlt dieselbe. Den Schluss bilden die Einleitungen von Raba und seinem Zeitgenossen Nachman b. Isak, sowie die nur aus dem unerläuterten Texte bestehenden von Mathna und Aschi. — Nun ist nicht ausser Acht zu lassen, dass die dann folgenden Erklärungen von Rab und Samuel zum Schlagworte ויהי nichts Anderes sind, als die zu Anfang von Esther rabba stehen-Einleitungen derselben; woher auch die im Talmud nicht ausgeführte Bemerkung Rab's zu ergänzen ist. Hieraus erklärt sich, warum in der Reihe der voranstehenden fünfzehn Proömien gerade Rab und Samuel fehlen; möglicherweise wurde diese erst später der ursprünglichen mit Rab's Ausspruch beginnenden Sammlung angefügt.

[27]) Megilla 11a, Einleit. nach Spr. 29,2; 11b zu 1,2; 12a zu 1,3, 7. 8. 9; 12b, zu 1,10, 12. 13, 22; 13a, zu 2,5, 6, 9; 13b, zu 3,1, 6. 8; 15b, zu 5,4, 6,1; 16a zu 6,3. S. ferner Sabb. 88a zu 9,27.

scher Midrasch zu einem biblischen Buche, merkwürdige Sammlung ihrem letzten Ursprunge nach auf Raba oder jedenfalls einen seiner Schüler zurückzuführen ist.

Das Fragment einer ähnlichen Sammlung entdeckt man im letzten Abschnitte des Traktates Synhedrin. Dort wird die weitläufige agadische Erörterung über die nach der Mischna vom ewigen Leben Ausgeschlossenen plötzlich durch eine Reihe von Erläuterungen zum Buche der Klagelieder unterbrochen.[28] Auch hier folgen nach dem vorangestellten Schlagwort des Textes die daran sich knüpfenden Aussprüche, und zwar durchaus solche, die Raba im Namen Jochanan's [29] vortrug. Das Fragment behandelt der Reihe nach die Verse 1, 2, 5, 12, 13, 15 des ersten Kapitels, geht zu v. 16, 17 des zweiten über [30] und schliesst mit einer Bemerkung zu $\psi.14,4$: worauf ebenso unvermittelt, wie sie unterbrochen ward, die Verhandlung über die Mischna wieder aufgenommen wird. Es ist wahrscheinlich, dass hier nur der Anfang einer vollständigen Agadasammlung vorliegt, welche, analog der zu Esther, auf Vorträgen Raba's zum Buche der Klagelieder beruht. [31]

Welchen Werth Raba auf die agadischen Vorträge für das Volk gelegt hat, beweist sein Ausspruch über die Wichtigkeit der Theilnahme der ganzen Gemeinde, auch der Ungelehrten, an

---

[28] Synh. 104a unt. Unmittelbar vorher ist die Ankündigung des babylonischen Exils an König Chiskija (II Kön. 20,17,18) erwähnt.

[29] אמר רבא אמר רבי יוחנן. Die Marginalglossen der Ausgaben emendiren durchweg רבא in רבה, weil man Rabba als angeblichen Schüler Jochanans für geeigneter hielt, dessen Sätze vorzutragen. S. oben. S. 100. A. 9.

[30] Der Sammler sprang vom Buchstaben כ des ersten Cap. sofort zu ע des zweiten über.

[31] Ein grösseres Stück aus diesen Vorträgen findet sich Synh. 96b: eine längere aramäische Sage über Nebuzaradan's Metzeleien in Jerusalem und die blutige Rache für das unschuldig vergossene Blut Zacharia's, angelehnt an ψ 74 und Echa 1,2. Der letzte Theil dieser Sage findet sich anonym unter andern Sagen von der Zerstörung Jerusalems in Gittin 57b oben. Vielleicht darf man hieraus schliessen, dass auch diese Sammlung von Agaden und Sagen über die Zerstörung (Gittin 55b — 58a), zu grossem Theile von Jochanan herrührend, ebenfalls auf Raba zurückzuführen ist.

den halachischen und agadischen Belehrungen. Anknüpfend an den alten Satz, dass seit der Zerstörung Jerusalem's ein Fluch auf der Welt laste, erklärt er, die Wirkungen desselben werden nur gemildert durch das gemeinsame Gebet der Heiligung am Schluss des halachischen Vortrages und durch die von der Gemeinde anzustimmende Benediction nach dem Agadavortrage.[32])

Das Beispiel der Agadasammlung zu den Klageliedern beweist, dass Raba besonders die Agada Jochanan's, welche, wie schon gezeigt worden, in Babylonien sehr verbreitet und beliebt war, sich angeeignet hatte und in seinen Vorträgen benützte. Das wird auch durch die nähere Untersuchung seiner eigenen agadischen Aussprüche bestätigt. Von seinen Ausführungen zum Estherbuche lässt sich ein grosser Theil in Esther rabba oder dem andern palästinensischen Midrasch zu diesem Buche, Abba Gorion,[33]) nachweisen, wo die betreffenden Sätze zwar zum Theil anonym sind, also auch umgekehrt aus der Agada Raba's entlehnt sein könnten, aber dennoch den auch durch die Analogie wahrscheinlichen palästinensischen Ursprung deutlich genug bekunden.[34]) Raba begnügte sich nicht mit der blossen Wiedergabe der palästinensischen Sätze, sondern modificirte die-

---

[32]) קדושה דסידרא ויהא שמיה רבא דאגדתא ... Sôta 49a. Raba deducirt seinen Satz aus Hiob 10,22, wo er סדרים als die beiden Arten von Vorträgen, halachisch und agadisch, erklärt. סידרא (vgl. j. Pesach. 30d oben עד יפני סדרא) findet sich z. B. in dem Amtsnamen ריש סדרא und ist gleichbedeutend mit פירקא Vgl. מפרקיה דרבא. Makk. 11a; Pes. 50a; Ned. 23b. Anders Raschi z. Stelle, und J. E. Löwy in Bikkoreth Hattalmud, S. 50.

[33]) Herausgegeben von Jellinek in Beth Hammidrasch, erster Band.

[34]) Es ist leicht erklärbar, dass Sätze, die gewissermassen zum Gemeingute der Agada geworden, ohne Autor angeführt wurden. Nur ein für unsere Untersuchung interessantes Beispiel sei angeführt. Zu Echa 2,16,17 bemerkt Raba im Namen Jochanans (Synh. 104b), dass der Buchstabe Pe deshalb dem Ain in der alphabetischen Ordnung des Capitels vorangesetzt sei, weil die Kundschafter mit ihrem Munde — פה — aussagten, was sie nicht mit dem Auge — עין — gesehen hatten. Dieselbe Bemerkung steht in Echa r. zu 2,16 anonym (jedoch nicht auf die Kundschafter, sondern passender auf Israel selbst bezogen.)

selben mehr oder weniger selbständig. ³⁵) oder er zog Sätze verschiedener Autoren zusammen. ³⁶)

Es hiesse den Rahmen dieser Arbeit überschreiten, wollten wir die Untersuchung über das Verhältniss der Agada Raba's zu der palästinensischen weiter führen; dieselbe gehört in den Zusammenhang einer besondern Erforschung der Aufnahme und Umgestaltung palästinensischer Agada in Babylonien und muss eingehende, auch in textkritische Einzelheiten sich einlassende Vergleichung der beiderseitigen Quellen zur Grundlage haben. ³⁷) Für Raba steht es fest, dass er die Aussprüche palästinensischer Amoräer vielfach theils ohne weiters in seine Agada aufgenommen, ³⁸) theils umgestaltet hat; sowie

---

³⁵) Die Deutung zu 1.₇ (מכלים שני) ist in Esth. r. ähnlich, doch ohne die „Himmelsstimme", von Samuel b. Nachman. Die Botschaft Vasthis an den König, zu 1.₁₂. ist ausführlicher in Esth. r. und Abba Gor., wobei bemerkenswerth ist, dass statt des römischen comes stabulati. Stallmeister, der palästinensischen Quellen, bei Raba das gleichbedeutende persische âchûrjâr (s. Fleischer in Levy's Targumwörterbuch I. 418b) gesetzt ist. — Zu 1.₁₃ erklärt in Esth. r. Simon die „Zeitkundigen" als die Söhne Jissachar's. mit Hinweis auf I Chr. 12.₃₃; Raba adoptirte dies. doch statt der Söhne Jissachar's setzt er „Gelehrte" (רבנן) überhaupt (ebenso erklärte er zu 3.₆ מרדכי עם mit רבנן. s. auch Joma 26a). — Das Zwiegespräch zwischen dem Könige und den Weisen, zu 1.₁₃. ist mit wenig Änderungen auch in E. r., und ebenso die judenfeindliche Anklage Haman's, zu 3.₈. In letzterer hat Raba die den babylonischen Verhältnissen nicht entsprechende Beschuldigung, dass Israel die Feste der Völker, „die Kalenden und Saturnalien" nicht mitfeiert, weggelassen. — Die Erwägungen des Königs zu 6.₁. finden sich eben so in Abba Gorion (S. 15).

³⁶) Zu 1.₁₀ erklärt R., gleich Josua b. Levi in E. r., den „siebenten Tag" als den Sabbath; und daran knüpft er die Parallele zwischen den frommen und ernsten Gesprächen bei den Malzeiten der Juden und den von frivolen Reden begleiteten Gelagen der Heiden, welche in E. r. selbstständig von Aibo, in Abba Gor. von Abahu mitgetheilt ist.

³⁷) Hier sei noch darauf hingewiesen, dass die ausführlichen Deutungen Raba's zu Hohelied 7.₂ (Chag. 3a) und 7.₁₂,₁₄ (Erubin 21b) anonym und wenig anders in Schir r. z. St. stehen. Der Gedanke, den Raba aus Kohel. 12.₁₂ deducirt (Erubin 21b), wird von Dimi. Aboda zara 35a, auf Hohel. 1.₂ gestützt. In Schir. r. z. St. wird er im Namen Jochanans mitgetheilt.

³⁸) Bei mehreren Sätzen ist angegeben, dass es zweifelhaft ist, ob sie

er denn auch, gleich Josef und Abaji die Aussprüche Früherer sehr oft ergänzte, berichtigte oder erläuterte. [39])

Aber wenn auch Raba's Agada einerseits auf der Kenntniss der palästinensischen Schriftauslegung beruhte, so wusste er doch andererseits, an deren Muster gebildet, in der midraschischen Auslegung des Bibelwortes und in der Anwendung desselben zu homiletischen Zwecken eine solche Gewandtheit und Selbständigkeit zu erlangen, dass er nach Rab als der bedeutendste Vertreter der Agada in Babylonien angesehen werden kann. Was ihn von Jenem hauptsächlich unterscheidet, das ist der geringere Kreis der von ihm behandelten Gegenstände und die überwiegend exegetische Form seiner Aussprüche; Rab stellt den Gedanken, den er aus dem Schriftverse herleiten will, meist voran, Raba knüpft ihn am häufigsten als Auslegung an den Text. [40]) Die bei Rab nur vereinzelt vorkommende Gegenüberstellung zweier Bibelstellen, um den zwischen ihnen obwaltenden Widerspruch zu lösen, ist eine von Raba sehr oft angewandte Methode. Es wird erzählt, dass er beim Unterrichte seines Sohnes in der Bibel ihn auf den Widerspruch zwischen II Sam.

Raba oder Isak angehören (אמר [דרש] רבא ואיתימא רבי יצחק): zu Jes. 24,16. Synh. 94a; Hab. 3,11, Nedar. 39b (in der Parallelstelle Synh. 110a nur רבא); Prov. 18,1, Nazir 23b. — In diesen und ähnlichen Fällen entstand der Zweifel dadurch, dass man nicht mehr wusste, ob Raba den betreffenden Ausspruch im eigenen Namen oder in dem Isak's vortrug. Ebenso Sabb. 97a: אמר רבא ואיתימא ר' יוחנן ואיתימא רבא א' (zu Exodus 4,6); ר' יוסי בר חנינא Chullin 89a (zwei agad. Sätze); חזקיה ואיתי רבא א' Synh. 41a. Auf ähnliche Weise ist zu erklären, dass in Schocher tôb zu ψ 17 Ende mit דריש רבא bezeichnet ist, was nach Makkoth 23b von Schamlai vorgetragen wurde (דרש ר' שמלאי). — Was Raba (Synh. 109a) zu Hiob. 24,16 vorträgt, das hatte, nach j. Maasser scheni 55d unten. Gen. r. c. 27, Chanina in Sepphoris gepredigt.

[39]) So Sätze von: Jonathan, Berach 55b; Jochanan, Meg. 28a. Sôta 4b; Simon b. Lakisch, Sabb. 63a. Nedar. 39b, Menach. 110a; Eleazar, Synh. 39b, Makkoth 23b, Chullin 7b; Abahu, Berach. 63b, Sabb. 62b; Rab, Ber. 12b, Baba bathra 145b; Jehuda, Pesach. 56a, Taan. 7a; Ulla. Kidd. 31a; Isak, Synh. 97a.

[40]) Die meisten seiner Sätze sind auch mit der Formel מאי דכתיב eingeleitet. S. oben S. 31.

24,24 und I Chr. 21,25 aufmerksam machte [41]) und denselben dialektisch beseitigte. [42])

Ein wichtiges Element der Agada Raba's ist die Verwendung von volksthümlichen Sentenzen, Sprichwörtern. Es hat sich eine lange Unterredung erhalten, [43]) in welcher Raba dem Rabba b. Mari, ausser drei bei den Gelehrten üblichen Sentenzen, [44]) dreizehn Volkssprüche vorlegt, mit der Frage, wo sich der in denselben ausgedrückte Gedanke in der heiligen Schrift nachweisen lasse. [45]) Die Antworten des Rabba b. Mari [46]) befriedigen Raba; nur bei vieren giebt er andere ihm treffender scheinende Belegstellen an. [47]) — Diese agadische Unterredung beweist, dass Raba, der gleich seinen Lehrern Nachman und Josef in seiner Redeweise kernige, volksthümliche Ausdrücke liebte, [48]) mit besonderer Vorliebe die Sprüche des Volkes, die

[41]) Zebach. 116b. מקרי ליה רבא לבריה ורמי קראי אהדדי.

[42]) Andere Beispiele: Num. 12,7 und Zach. 10,2, Berach. 55b; I. Kön. 18,2 (Obadjas Selbstlob) und Spr. 27,2, Nedar. 62a; Jerem. 29,10 und Dan. 9,2, Meg. 12a; ψ 57,11 und 108,5. Pesach. 50b; Spr. 9,3 und 14, Aboda zara 19a (zum Theil schon von Rabba b. b. Chana, Synh. 38a); Dan. 9,27 und 12,11, Taan. 28b. — S. auch zu Deut. 32,2. Taan. 7a; Deut. 32,31, Pesach. 68a; ψ 104,15. Joma 76b (Synh. 70a).

[43]) Baba Kamma 92a—93a.

[44]) מנא הא מילתא דאמור רבנן. Noch eine vierte solche Frage Raba's an denselben liest man in Jebam. 62b.

[45]) מנא הא מילתא דאמרי אנשי.

[46]) Dieselben sind meist sinnreich; einmal giebt Rabba b. Mari sogar statt einer Belegstelle fünf: aus Thora, Propheten, Hagiographen, Mischna und Barajtha (ib. 92b). Aus den „Hagiographen" ist ein Satz des Buches Sirach (13,15 des griechischen Textes) angeführt. Über diese kanonische Verwendung des Apokryphenbuches s. Zunz. Gottesd. Vorträge, S. 102. — Eines der Sprichwörter: „dem Armen geht die Armut nach" weist Rabba b. M. nur in der Mischna (Bikkurim 3,8) nach.

[47]) Mit der Entgegnungsformel את אמרת מהתם ואנא אמינא מהכא. Es sind die Bibelstellen: Gen. 20,17; Exod. 16,28; Lev. 13,45; Gen. 25,1.

[48]) S. Sukka 26a: פרצה קוראה לגנב „die Öffnung in der Mauer ruft den Dieb herbei." In Bezug auf die Satzung vom Wiesel (hebr. חולדה M. Pesach. 1,2) und mit Anspielung auf die Prophetin Chulda: וכי הולדה נביאה היא, Pesach. 9b. יציבא בארעא וגיורא בשמי שמיא. Erubin 9a. Baba Kamma 42a; עפרא לפומא דאיוב B. bathra. M. 16a; Sabb. 33a: נפישי קטילי קדר מנפיחי כפן; Joma 72b;

„Weisheit auf der Gasse" in der heiligen Schrift wiederzufinden bestrebt war. [49]) Und auch sonst sind Beispiele erhalten, in denen Raba Sprichwörter zu agadischen oder andern Zwecken benützt hat. [50])

An den erwähnten Rabba b. Mari richtete Raba auch andere agadische Fragen, welche Jener zum Theil mit Aussprü-

---

מאן הא דלא הש לקימחא ;Sukka 54a: לא תידתו תרתי גיהנם; Baba Mez. 96b, Nidd. 33b: לפום הורפא שבשתא; von sich und Chijja b. Abbin שבחבורה ואדי אני, Sabb. 111a, Kidd. 48b, Synh. 8b, ebenso in Bezug auf Zeïra, B. bath. 88a. S. noch Baba Kamma 111b; Baba mezia 47a; Berach. 57b unt.; Synh. 74a.

[49]) In geringerem Masse findet sich die Anwendung von Volkssprüchen bei Rab (s. oben S. 32, Anm. 204), Samuël (S. 45), Schescheth (S. 79 Anm. 14).

[50]) S. Jebam 17a; 63b; Baba bathra 73a; Synh. 29a; Megilla 7a unten (wo übrigens neben רבא auch die Leseart רבינא gefunden wird, nach En Jakob auch Nachman b. Isak). Sabbath 62b (zu Jes. 3,24); Megilla 12a (zu Esther 1.9); Baba bathra 16b (zu Hiob. 3,11 und die daran sich knüpfenden Sagen): „Freunde wie Hiobs Freunde oder Tod!" Diese Form des Sprichwortes — או חברי כחברי דאיוב או מיתותא — ist aber schon eine der Gelegenheit angepasste Abänderung der ursprünglichen, welche — Taan. 23a — ebenfalls von Raba citirt wird, zu der Erzählung Jochanan's von dem Manne, der nach siebzigjährigem Schlafe von Niemanden wiedererkannt wird und sich den Tod wünscht: או חברותא או מיתותא. — Zu Esther 1.22 führt R. das Sprichwort an: אפילו קרחא בביתיה פרדכשא ניהוי. Meg. 12b. So klar der Sinn desselben ist: „auch der Kahlköpfige sei Herr in seinem Hause," so undeutlich ist bisher die Etymologie des noch einmal vorkommenden (Sabb. 94a) Wortes פרדכש (auch פרדשכא). Ich sehe darin die ursprüngliche Form des bekannten pers. pâdischâh, welches Wort erst durch diese Erkenntniss seine wahre Etymologie beköммt. Denn die neupersischen Lexicographen haben, um den ersten Bestandtheil desselben, pâd, zu erklären, ein sonst nicht vorkommendes Wort mit der Bedeutung Hüter fingirt. Ist aber pâdischâh gleich פרדכשא (wobei das talmudische Wort auch für den zweiten Bestandtheil noch die ursprüngliche Form hat: kschaja = kschaeti, König, Herr), so ist pâd durch Auflösung des r in einen langen Vokal aus pard hervorgegangen (Vgl. Gesenius, Thesaurus, S. 1245a). Pard-om aber ist die für die talmudische Zeit zunächst in Betracht kommende Pehleviform des zendischen frathemô (sanskr. prathama, primus), welches auch im Buche Esther, 1.3; 6,9, als פרתמים erscheint (s. v. als primores, Vornehme). Pâdischâh, ursprüngl. pardakschâh, bedeutet also vor-

chen Jochanan's beantwortete: [51]) Derselbe scheint demnach auf die Agada Raba's von grossem Einflusse gewesen zu sein. Er war, nach dem Namen seines Vaters [52]) zu urtheilen, ein Babylonier, der sich in Palästina aufgehalten hatte [53]) und, nach der Heimat zurückgekehrt, im Namen Jochanan's und besonders auch Josua b. Levi's [54]) tradirte. Er hielt agadische Vorträge, aus denen einige Sätze auch in Palästina bekannt wurden; [55]) einen dieser Sätze theilte Dimi dem Abaji mit [57]). Doch kennt weder der palästinensische Talmud, noch die Midraschliteratur

---

nehmster Fürst und erhielt erst später die Bedeutung Herrscher, die es im Talmud, wo der König über den Pardakschah zürnt (Sabb. 94a) noch nicht hat. Mussafia's Etymologie: produx (משנה לדוכוס) entfällt von selbst.

[51]) Drei dieser Fragen beziehen sich auf Widersprüche zwischen Bibelsätzen: Jerem. 34,5 und 39,7, Moed Kat. 28b; II Kön. 22,20 und II. Chr. 35,23, ib.; Jerem. 8,2 und a, Jebam. 63b. — Ferner: über Exod. 15,26, Synh. 101a (wo statt רבא: R. Abba, wahrscheinlich aus Versehen); die fünf Brüder in Gen. 47,2, Baba K. 92a; über den scheinbar beleidigenden Wunsch in I Kön. 1,47, Synh. 105b; warum in der Mischna unter den vom ewigen Leben Ausgeschlossenen nicht auch König Jojakim erwähnt sei, Synh. 103b.

[52]) מרי. Jebam. 63b מארי geschrieben, kömmt bei Babyloniern sehr häufig, in Palästina fast gar nicht vor; Frankel in Mebo führt nur אבא מרי (S. 55b) an. — Mari hiess auch der christliche Patriarch von Ktesiphon, ein Zeitgenosse Raba's (s. Spiegel, Eranische Alterthumskunde, III, 311). — Vielleicht ist Rabba bar Mari's Vater der oben S. 36, Anm. 20 behandelte, ebenfalls als Agadist ausgezeichnete Mari b. Mar. S. auch Megilla 7b.

[53]) S. Joma 78a „Als R. b. M. — aus Palästina — kam" (כי אתי), erzählte er einen Brauch Josua b. Levi's.

[54]) Berach. 42b, 44a, Sukka 32b.

[55]) דרש רבה בר מרי, über ψ 61,8, Erubin 86a; ψ 106,7, Pesach. 118b (kürzer Arachin 18a).

[56]) אמרי במערבא משמיה דרבה בר מרי: Zu Hosea 14,3, s. Joma 86b; zu Gen. 25,34, Baba bathra 16b (Symbolik des Linsengerichtes, ebenso, anonym, in Gen. rabba c. 63); Num. 15,24, Hor. 13a, Zebach. 90b (halachische Exegese).

[57]) Synh. 100a) dieser Satz — „dem Frommen giebt Gott dereinst 310 Welten in Besitz, nach Spr. 8,21 (שי = 310)" — ist derselbe, welcher in dem kleinen agadischen Anhang zum letzten Mischnatractates. Ukkzin, dem Josua b. Levi zugeschrieben ist. Rabba b. Mari muss ihn also im Namen des Letztern vorgetragen haben. — Als

den Namen Rabba b. Mari's, was auch dafür als Beweis gelten kann, dass die im „Westen" in seinem Namen gelehrten Sätze erst aus Babylonien hingelangten. ⁵⁸) Dass er im Hause Raba's verkehrte, wird ausdrücklich erwähnt. ⁵⁹)

Einen besonders häufigen Gegenstand der Agada Raba's bildet das Studium des Gesetzes. Es steht nach ihm höher, als das Gebet; und als er Hamnuna einmal sehr lange beten sah, wies er ihn, mit sinniger Verwendung eines alten Wortes, zurecht: Wie darf man das Leben der Ewigkeit bei Seite lassen und mit dem des Augenblickes sich beschäftigen? ⁶⁰) Wenn Gott auch im Menschen den bösen Trieb, die Neigung zur Sünde geschaffen hat, — so lässt er die Freunde Hiobs sprechen —, so schuf er ihm auch ein Heilmittel dagegen, die Thora. ⁶¹) Jedoch ist das blosse Studium nicht Selbstzweck; vielmehr, so beginnt ein Lieblingssatz Raba's, Zweck der Gelehrsamkeit ist Busse, d. h. innere Frömmigkeit, im Verein mit guten Handlungen. ⁶²) Wenn der Mensch einst zur Rechenschaft gezogen wird, — so lehrte er, Jesaia 33,₆ deutend — werden folgende Fragen an ihn gestellt: Hast du Redlichkeit geübt im Handel und Wandel? ⁶³)

---

zweifelhaft von ihm herrührend werden angeführt die Deutungen zu II Sam. 23,₁₅, Baba Kamma 60b, und zu Hoh. 5,₉, Makk. 10a.

⁵⁸) Dass man Sätze babylonischer Amoräer zuweilen aus Palästina — wohin sie durch Auswanderer gebracht worden waren —, erfuhr, dafür bringt Frankel (l. l. 41a) Beispiele.

⁵⁹) איקלע לבי רבא. Berach. 42b.

⁶⁰) Sabb. 10a. Den Satz מניחין חיי עולם ועוסקין בח' שעה hatte schon Eliezer b. Hyrkanos angewendet, aber in anderem Sinne (Bar. Beza 15b). S. auch die Sagen von Simon b. Jochai, Sabb. 33b und von Jochanan und Ilfa, Taan. 21a.

⁶¹) Baba bathra 16a. Der Gedanke findet sich, ebenso ausgedrückt, schon in der Barajtha, Kidd. 30b: בראתי יצר הרע ובראתי לו תורה תבלין. תבלין hat dieselbe Bedeutung, wie das weiter unten ebenso angewendete סם, ursprünglich Gewürz, Specerei. — Vgl. Lazarus, zur Charakteristik der talm. Ethik. S. 20.

⁶²) תכלית הכמה תשובה ומעשים טובים Berach. 17a. Die weitere Ausführung beruht auf ψ. 111.₁₀. — תשובה ist in allgemeinem Sinne zu nehmen und entspricht dem sonst von Raba für diesen Begriff gebrauchten Ausdrucke יראת שמים.

⁶³) Sabb. 31a נשאת ונתת באמונה. Nach R. wurde Jerusalem zerstört, weil die Männer der Redlichkeit (Jerem. 5,₁) aus ihm geschwunden waren. Sabb. 119b.

Hast du bestimmte Zeiten dem Studium geweiht? ⁶⁴) Hast du eine Familie begründet? Hast du auf das Heil — der messianischen Zeit — gehofft? Hast du eifrig geforscht in der Gesetzeskunde. ⁶⁵) Hast du den Sinn des einen Satzes aus dem andern zu erschliessen dich bestrebt? ⁶⁶) Aber wenn er auch alle diese Fragen bejahen kann und besass nicht Gottesfurcht, so mangelt ihm der wahre heilbringende Schatz; denn sie, die wahre, innerliche Religiosität ist es, welche — wie Raba in einem Gleichnisse ⁶⁷) ausführt — alle übrigen Vorzüge des Menschen vor Verderbniss schützt.⁻⁶⁸) Er mahnte in diesem Sinne auch seine Jünger, nicht durch ausschliessliches Studium, dem keine Gottesfurcht beigesellt ist, ihr ewiges Heil zu gefährden; ⁶⁹) die Thora sei ein Medicament, das Leben spendet Denen, die mit rechter Gesinnung sich ihr hingeben, aber ein Todesgift für diejenigen, die nicht den rechten Gebrauch von ihr machen. ⁷⁰)

---

⁶⁴) קבעת עתים לתורה. Mit einer Deutung von Spr. 7,₄ lehrte R.: עשה מועדים לתורה Erubin 54b unten.

⁶⁵) פלפלה בחכמה. Das Wort חכמה hat hier die specielle Bedeutung „halachische Gesetzeskunde." wie denn ein in halachischen Fragen Entscheidender חכם heisst. Diese Bedeutung des Wortes — welches hier wegen des Textwortes חכמת gewählt ist, sieht man am klarsten in der Erzählung (Nidda 69b), wo die Alexandriner dem Josua b. Chananja drei halachische und drei agadische Fragen vorlegen; die ersten sind als ג' דברי חכמה bezeichnet. was Freudenthal (Hellenistische Studien, S. 76) unrichtig mit „drei Fragen aus dem Gebiete der Weisheit" übersetzt.

⁶⁶) הבנת דבר מתוך דבר. Diese Hauptaufgabe der amoräischen Dialektik findet R. auch in Kohel. 12,₉ angedeutet: דאגמריה כסימני טעמים ואסברייה במאי דדמי לה Erubin 21b.

⁶⁷) Vom Getreide, das durch eine gewisse salzhaltige Erde vor Verderben geschützt wird.

⁶⁸) Raba's Frömmigkeit zeigt sich auch in seinem Privatgebete. Berach. 17a, Joma 87b.

⁶⁹) Joma 72a.

⁷⁰) Ib. דאיימן לה סמא דחיי דלא איימן לה סמא דמותא. S. die Varianten bei Levy. Neuh. u. Ch. Wörtb. II. 245a. In anderer Gestalt derselbe Satz auch Sabb. 88a. — Auch Jehuda b. Chijja hatte die Thora, nach Spr. 4.22. ein von Gott an Israel verliehenes Heilmittel zum Leben genannt (נותן תורה לישראל סם חיים), Erubin 54a. Das Wort

— So wie die Bundeslade von innen und aussen vergoldet war (Exod. 25,11), so ist kein echter Weisenjünger, dessen Inneres nicht mit seinem Äusseren übereinstimmt. [71])

Gleich Rab liebte es Raba, die Persönlichkeiten der biblischen Geschichte in seiner Agada zu behandeln und ihre Geschichte auf Grund von Bibelstellen mit Episoden auszuschmücken. [72]) Diese agadischen Erzählungen sind oft in dialogischer Form gehalten und durch Anschaulichkeit und dramatische Kraft ausgezeichnet. Aber nicht bloss biblische Personen führt

---

סם entspricht in seiner doppelten Anwendung ganz dem griechischen φάρμακον.

[71]) כל תלמיד חכם שאין תוכו כברו אין תלמיד חכם Joma 72b. Raba's Anschauungen über Studium und dessen Träger sind in den verschiedensten Schriftauslegungen, Mahnungen und Sentenzen niedergelegt. S. Chag. 15b zu Hohel. 6,11; Moed Kat. 16b zu Spr. 1.20; Taan. 8a zu Koh. 10,10; ib. zu Hiob 36,32; Synh. 99b zu Spr. 22,18; Erubin 54a zu ψ 21,3. — Er ermahnt seine Schüler, sich von Spöttelei fern zu halten, nach Jes. 28,22, Ab. z. 18b. — Der angehende Gelehrte gleicht dem Saatkorn unter der Scholle, das, wenn es einmal den Halm zur Oberfläche getrieben, fortan ungehindert weiter spriesst. Taan. 4a. Nur der wahren Demut ist es gegeben, das Studium mit Erfolg zu betreiben, Nedarim 55a (zu Num. 21,18). Jedoch ein wenig Stolz muss Jedermann besitzen, Sôta 5a. Auch berechtigt den Gelehrten sein Rang zu Begünstigungen im bürgerlichen Leben, Nedar. 62a, Sabb. 119a. — Wer die Vertreter der Lehre geringschätzt, ist als Ketzer anzusehen, Synh. 99b; wer sie liebt, hochschätzt und Ehrfurcht vor ihnen hegt, darf entsprechenden Lohnes gewärtig sein, Sabb. 23b. — Eine Reihe von Sätzen über die Art des Studiums. Aboda zara 19a; sehr rationelle Normen für den Jugendunterricht, Baba bathra 21a.

[72]) Noach's vergebliche Mahnreden an seine Zeitgenossen (Hiob 12,15). Synh. 108b. Lea und Esau, zu Gen. 29,17, Baba bathra 123a (in Gen. r. c. 70 kürzer, anonym). Kaleb und Josua, Sôta 34b; ihre Vertheidigungsrede für Moses, ib. 35a; Orpa (Rut 1,14), ib. 42b. Samuel und David (I Sam. 19,23), Zebach. 54b; Jether der „Ismaelit" (I Chr. 2,17), Jebam. 77a. Achab's Wagen (I Kön. 22,38), Synh. 39b. Kön. Assa's Schuld (I Kön. 15,22), Sôta 10a. Jesaia's Märtyrertod. Jebam. 49a (s. meine Kritische Untersuchungen zum Prophetentargum, S. 16 f.). Hiob's ausserordentliche Wohlthätigkeit (Hiob 29,13), Baba bathra 16a. Zu David's Leben deutete er folgende Psalmenstellen: 11,1; 35,15; 38,18; 51,6, Synh. 107a; 40,8 Jebam. 77a; 119,54, Sôta 35a.

er redend ein; auch Sonne und Mond treten vor dem Herrn der Heerschaaren auf, um Moses das Wort zu führen. [73]) Und in der Auslegung zum Hohenliede ist es das personificirte Israel selbst, welches spricht, die Keneseth Israel, Synagoge, Gesammtheit Israels, [74]) eine Bezeichnung, die sich bei den frühern babylonischen Amoräern noch selten findet. — Von den Leiden Israels in der Gegenwart, vom Exil und der künftigen Erlösung spricht Raba, gleich den andern babylonischen Amoräern, wenig. [75]) —

Es scheint, dass Raba von seinem Lehrer Josef [76]) auch in die geheimen Gebiete der Agada, die traditionelle Kosmogonie und Theosophie eingeweiht wurde. Er wollte einmal über den heiligen Gottesnamen, das Tetragrammaton, im Lehrhause Vortrag halten, wurde aber von einem Greise daran erinnert, dass solche Kenntniss geheim gehalten werden müsse. [77]) Von Mystik angehaucht ist sein auf Jesaia 59,2 sich stützender Ausspruch, dass die Frommen nur zu wollen brauchten, indem sie sich nämlich von Sünde ganz frei halten, um mit göttlicher Schöpferkraft ausgestattet zu sein. [78]) Dieser gewiss ethisch gemeinte hyperbolische Ausspruch über die Gottesähnlichkeit und

---

[73]) Nach Habakkuk 3,11. Nedar. 39b.

[74]) כנסת ישראל. Zu Hohel. 7,12, Erubin 21b (in Schir r. ist der Satz dem „heiligen Geist" in den Mund. gelegt); 7,14. ib.; 8,10, Pesach. 87a. — Ferner ψ 116,1, Pesach. 118b (R. H. 17a) und zu Esther 2,5, Megilla 12b unt. Vgl. zu Jes. 1,18, Sabb. 89b.

[75]) Von Israels Leiden, nach Hosea 7,15. Ab. zara 4a; Hiob 30,24, ib.; vom Zeitpunkt der Erlösung nach Jes. 24,10, Synh. 94a; Lev. 13,13. ib. 97a (Raba liest כולו הפך לבן, um die Ansicht Isak's, dass der Messias kommen wird, wenn das römiche Reich zum Christenthum bekehrt sein wird, zu begründen). Vom Messias, nach Jes. 11,3. Synh. 93b; von der Messiaszeit, Hosea 2,17. Synh. 111a. — Die Herrschaft der Neuperser über die Juden Babyloniens betrachtet R. als unmittelbare Fortsetzung der zur Zeit des zweiten Tempels bestandenen persischen Herrschaft und sagt gelegentlich: Wir sind noch immer die Diener Ahasveros'. Megilla 14a. Rom hielt er für mächtiger als das Perserreich. Schebuoth 6b. — Über sein Verhältniss zum persischen Hof s. Grätz G. d. J. IV, 363.

[76]) S. oben S. 107.

[77]) Pesach. 50a.

[78]) אי בעו צדיקי ברו עלמא Synh. 65b.

unvergleichliche Kraft des wahrhaft Frommen gab wahrscheinlich Anlass zu der Sage, dass Raba von jener Schöpferkraft Gebrauch gemacht und einmal einen belebten Automaten geschaffen habe. [79])

Hervorragend ist auch die halachische Exegese Raba's; er weiss pentateuchische und nichtpentateuchische Bibelstellen in oft sehr überraschender Weise zur Begründung gesetzlicher Normen zu verwenden. Besonders merkwürdig ist seine Herleitung der einzelnen Momente der zeitgenössischen Gerichtspraxis, von der Vorladung der Parteien bis zur Bannerklärung, aus verschiedenen Stellen der heiligen Schrift. [80]) Sein Vorbild in dieser Art der Schriftauslegung scheint Isak b. Abdimi gewesen zu sein; wenigstens erklärte er, wie schon erwähnt worden, [81]) dessen Exegese als massgebend.

Zum Schlusse seien noch einige hermeneutische Grundsätze erwähnt, welche bei Raba, deutlicher als bei frühern Amoräern in terminologischer Bestimmtheit auftreten. Zu der alten Deutung von Deut. 25,6 [82]) bemerkt er, dass dieselbe, was sonst

---

[79]) Ib. Vielleicht gehört zu Raba's Geheimlehre seine Angabe über die Grösse der Welt, die, wie er ausdrücklich bemerkt, sowol auf Überlieferung, als auf einer Schlussfolgerung (die Rabba b. b. Chana im Namen Jochanan's mitgetheilt hatte) beruht: חדא גמרא וחדא סברא, Pesach. 94a. S. auch seine Erklärung zu Ezech. 48,35, Synh. 97b. — Den Unterschied zwischen der Schilderung Jesaia's und der Jecheskel's von der Erscheinung Gottes (Jes. c. 6 und Ez. c. 1) hat R. mit dem Gleichniss vom gebildeten Städter und dem naiven Dorfbewohner, welche den König und seine Herrlichkeit schildern, treffend gekennzeichnet. Chag. 13b.

[80]) Moed Kat. 16a. Andere Beispiele: Gen. 1,5 Megilla 20a; Gen. 9,11, Scheb. 36a; Exod. 6,23. Baba b. 110a; Lev. 5,22, Baba m. 111a; Lev. 11,32, Chull. 74a; Num. 36,6, Baba b. 120a; Deut. 17,6, Synh. 41a; 21,17, Baba b. 111b; 22,2, B. m. 28a. Ezechiel 18,13, B. m. 61b; ψ 26,6. Berach. 15a; Spr. 23,31, Pesach. 108b; Hiob 10,11, Sukka 21b; Esth. 9,10, Megilla 19a. — Die Deutung von Exod. 22,27, B. m. 48b ist in Mechilta z. St., die von Deut. 6,8, Joma 11b, in Sifrê D. §. 36, die von Deut. 25,9, Jebam 101b, ebend §. 291, zu finden.

[81]) S. oben S. 64.

[82]) Bar. Jebam. 24a. In Sifrê, Deut. §. 289, bezieht sich die Erklärung nicht, wie in der Bar. auf v. 6, sondern auf v. 7 להקים שם אחיו.

nie der Fall ist, das Schriftwort gänzlich aus seinem geraden Sinne hinausbringe. [83]) — An sich gleiche Begriffe müssen in verschiedenen Bibelsätzen deren Inhalte entsprechend verschieden aufgefasst werden. [84]) Es giebt Verse, die man auf doppelte Weise auslegen kann; entweder so, dass der zweite Satztheil die Begründung des ersten enthält, oder umgekehrt. [85]) Es giebt Bibelverse, in denen, wenn innere Gründe dazu nötigen, ein Satzglied als selbständig von den übrigen losgelöst werden muss. [86]) Jedoch willkürlich darf man der Deutung zu Liebe nicht den „Vers zerhacken," um nicht zu einander gehörige Glieder zu verbinden. [87]) —

---

[83]) S. oben S. 113. Wie Abaji einen Satz aus Sirach sowol nach dem einfachen als nach dem allegorischen Sinne zugleich erklärte (s. oben S. 112. Anm. 19), so that dies Raba bei Spr. 18,22 und Koh. 7,26, Jebam. 63b.

[84]) התם מעינא דקרא והכא מעינא דקרא, Kidd. 9a, Arachin 30b.

[85]) כל היכא דדרשת האי קרא מרישא לסיפא מדריש מסיפא לרישא מדריש. Demgemäss erklärt R. ψ 112,7. (Ber. 60a) und 119,126. (ib. 63a) Nach demselben Grundsatze erklärte man, wie Dimi (Synh. 70a) berichtet, in Palästina Spr. 23,30.

[86]) „Und Samuel lag" muss in I Sam. 3,3 von den übrigen Satztheilen gesondert werden, da sich das Folgende: „im Tempel des Ewigen" nur auf den ersten Satztheil „die Lampe war noch nicht erloschen", beziehen kann, da Samuel im Tempel nicht liegen durfte. Dieses Beispiel führte R. an, als ihn Nachman b. Isak fragte, ob es noch vorkomme, dass wie in Ezech. 44,22, der zweite Satztheil von dem ersten abgelöst ist. Kidd. 78b.

[87]) Das that nämlich Abaji zu Lev. 6,16. Menach. 74a und zu Num. 27,11, Baba bathra 111b. Beide Mal legte R. dagegen Verwahrung ein mit dem Vorwurf סכינא חריפא מפסקא קראי (S. auch Arachin 26a). An letzterer Stelle wendet R. auch den Grundsatz גורעין ומוסיפין ודורשין an, worüber s. Aruch s. v. גרע Anf. und Levy Wörterb. I, 302b f. — Eine Art Kanon Raba's ist auch der Satz אפילו מאה פעמים משמע, der bei Geboten, welche durch das verbum finitum mit dem Infinitiv ausgedrückt sind, bezeichnen soll, dass die Pflicht, dieselben zu üben, unbegränzt ist: zu Lev. 19,17, Deut. 22,1, und 22,7, Baba mezia 32a (s. auch Nedar. 39b, die Pflicht des Krankenbesuches). Dieser Satz ist aber nur eine Modification des schon in Sifrâ und Sifrê zu den angeführten Stellen verwendeten Satzes אפילו ד' וה' פעמים.

Die Methode des **Notarikon**, Wortzergliederung zu etymologischen Zwecken,⁸⁸) und die Änderung der Vokale zum Zwecke der Deutung ⁸⁹) hat Raba nicht selten angewendet.

VII.
Raba's Zeitgenossen und Schüler.

1. Nachman b. Isak.

Nachman b. Isak war mit Raba gemeinschaftlich Schüler Nachman b. Jakob's gewesen; ¹) auch nach Sura kam er, wo er von Nachman b. Chisda sehr hochgeschätzt wurde. ²) Dieser trug verschiedene Lehrsätze, welche ihm N. b. Isak mittheilte, öffentlich vor. ³) N. b. Isak wurde nachher Resch Kalla, d. h. Vorsitzender der in den Schlussmonaten des Winters und Sommers am Sitz der Akademie versammelten Gelehrten, und nach Raba's Tode sein Nachfolger als Haupt der von Machuza nach Pumbeditha zurückverlegten Schule.⁵) Er überlebte Jenen nur um vier Jahre (st. 356). Seine Bedeutung und Stel-

---

⁸⁸) שוחד, Keth. 105b; הדקל, פרת, Berach. 59b (s. Dikd. Sofrim); דרנא, רשא, Kethub. 10b (wie früher Jehuda Sabb. 77b); קפנדריא, Megilla 29a.

⁸⁹) לָבֵן in Lev. 13,₁₃ (s. S. 130, Anm. 75); אַתֶּם, Deut. 29,₆, Synh. 99b; מְזִמָּה, Spr. 2,₁₁, Aboda zara 17b פְּסָרִים Hoh. 7,₁₂, Erubin 21b; מְכָלִים Esth. 1,₇, Meg. 12a. — Eigenthümlich ist die Deutung von II Sam. 3,₃₅ (כתיב להכרות וקרינן להברות). Synh. 20a und von ψ 104,₁₅ (כתב ישמח וקרינן ישמח) Joma 76b.

¹) Erubin 43b, Gittin 31b.

²) Taan 21b; Baba bathra 8b. An letzterer Stelle weist er Nachman b. Chisda darüber zurecht, dass er die Gelehrten zur Staatssteuer beizutragen nötigte, und beweist ihm, dass dies Unrecht sei, aus Thora, Propheten und Hagiographen. S. auch B. bathra 36b.

³) Kethub. 63b; Schebuoth 12b; Chullin 88b. An allen diesen Stellen vertheidigt N. b. Isak den Sohn Chisdas gegen Raba, der die betreffenden Lehrsätze als Ignoranz — בורכא — bezeichnet hatte. — Dieses Wort ist nicht, wie Levy s. v. meint, nach der Form des hebr. ערכך gebildet, sondern ein aus dem neuhebr. בור mit persischer Endung gebildetes Abstractum.

⁴) Baba bathra 22a.

⁵) Scherira's Sendschreiben.

lung in der Traditionswissenschaft hat er selbst gekennzeichnet, als er einmal in einer Disputation mit Abina, einem Schüler Raba's, seine Ansicht mit den Worten bekräftigte: Ich bin weder Weiser, noch Seher, auch keine einzelne Autorität, der die Ansicht der Mehrheit gegenüberstünde; sondern ich bin Tradent und Ordner — der Lehrsätze Anderer —, und meine Ansicht ist es, nach der im Lehrhause entschieden wurde. ⁶) Mit Nachman b. Isak, dem „Tradenten und Ordner" beginnt die Reihe der mehr und mehr ihrer Selbständigkeit gegenüber den Entscheidungen der Frühern sich begebenden Schulhäupter, und in den Spuren seiner Thätigkeit lassen sich auch die ersten Anfänge der Redaktion des Talmud erkennen. Er hat nämlich, besonders um die Autoren der einzelnen Lehrsätze auseinander zu halten, mnemonische Sätze aufgestellt, von denen einige erhalten sind. ⁷) Solche Mnemonika aber waren bekanntlich ein wichtiges Hilfsmittel bei der zunächst für die gedächtnissmässige Bewahrung bestimmte Redaktion des riesigen Lehrstoffes.

Die agadischen Aussprüche Nachman b. Isak's, deren Zahl nicht unbeträchtlich ist, beziehen sich zumeist auf die Aussprüche anderer Autoren. Er liebte es, unter Anderm, nachzuweisen, dass mehrere einander entgegengesetzte Ansichten aus einer und derselben Bibelstelle sich ableiten lassen. ⁸) Besonders

---

⁶) Pesach. 105b אנא לא הכימא אנא ולא חוזאה אנא ולא יחידאה אנא. Ebenso אלא גמרנא אנא וסדרנא אנא וכן מורין בבי מדרשא כותי sagte er zu Huna b. Josua mit witziger Anwendung von Daniel 4,14: בגזרת עירין פתגמא ומאמר קדישין שאלתא ומורין בבי מדרשא כותי Pesach. 33a.

⁷) S. Jebam. 21a; Kethub. 6a; Chullin 106a; Arachin 11a; Nidda 45b. Ferner Kethub. 41b; Kiddnschin 44a unt.

⁸) Wie weit man in der Zurechtweisung des Nebenmenschen gehen dürfe, darüber gab es drei Ansichten: von Rab, Samuel und Jochanan; Nachman b. Isak meint, allen diesen Ansichten läge die Erzählung von Saul's Zorn über Jonathan (I Sam. 20,30 f.) zu Grunde. 'Arachin 16b (ושלשתן מקרא אחד דרשו). Ebenso benützt er zu der biblischen Begründung für die Ansichten derselben drei Amoräer über die Wirkungen des heissen Ostwindes die einzelnen Satzglieder in Hosea 13,15. Gittin 31b. (Raba bemerkt dazu, das wäre Art der Suraner, welche die Bibelverse auszudeuten verstehen עדי סוראה הוא דדייקי קראי). Die Controverse zwischen Jochanan und Simon b. Lakisch über die Frage, ob auch Palästina

häufig kömmt es vor, dass er von der massoretischen Vokalisation abweichende Deutungen Früherer durch den Hinweis auf die Consonantenschreibung des betreffenden Wortes, welche jene Deutung zulasse, rechtfertigt.⁹) Andererseits pflegte er aus der Bibelstelle selbst die daraus gefolgerte Ansicht zu widerlegen, um die eigene an ihre Stelle zu setzen. ¹⁰) — In seinen sonstigen Bemerkungen zu den Aussprüchen Anderer versieht er dieselben mit einer biblischen Belegstelle, ¹¹) oder er giebt eine Deutung des gegebenen Verses in der Art des ersten Autors, aber über ihn hinausgehend, ¹²) oder er giebt dem Schriftverse

---

von der Sintflut heimgesucht war, führt er auf Ezech. 22,24 zurück. Zebach. 113b. Vgl. auch Sabb. 32b, zu Jerem. 2,30.

⁹) Gen. 1,28 וכבשה כתיב („erobere sie"). Jebam. 65a; Lev. 4.13 מצות כ' („Gebot" sing.). Hor. 4a; Num. 25,12 וי'ו דשלום קטיעא היא כ' (also auch als שלם zu lesen). Kidd. 66b; 1 Sam. 2.9 חסידו כ' („seines Frommen"), Joma 38b; I Sam. 7,9, ויעלה כ' (mit dem weiblichen Objektsuffix). Aboda z. 24b; ψ 69,32 מקרן כ', Ab. z. 8a und sonst; Hiob. 29,25 ינחם כ' (als Pual passivisch zu lesen). Moed Kat. 28b. — Ebenso in Bezug auf den Zahlenwerth der Buchstaben: Exod. 16,14 מחספס כ' (ohne ו = 248), Joma 75b; Esther 5,4 ורב כ' (ohne ו = 208), Megilla 15b. — S. noch zu ψ 98,4. Kethub. 5a; I Sam. 2,24, Sabb. 55b.

¹⁰) Die Einwendungen leitet der Schulausdruck מתקיף ein: zu Deut. 1,17, gegen Chanina, Synh. 8a; zu Hab. 2,4, gegen Schamlai, Makk. 24a; zu Ri. 13,11, gegen Nachman, Ber. 61a; zu Gen. 2,9, gegen Nachman b. Chisda, Ber. ib.

¹¹) Exod. 32,32. zu Jochanans Ansicht von den Büchern des göttlichen Gerichtes, in denen die Menschen nach den drei Classen der Frommen, Frevler und Mittleren eingeschrieben sind, R. H. 16b; Hosea 6,11, zu desselben Ansicht. dass Jeremia die zehn Stämme unter Josia's Herrschaft zurückbrachte, Arachin 33a; ferner II. Sam. 12,13, Berach. 56b; Echa 3,9, R. H. 23b; Gen. 18,26, Synh. 99b; Exod. 18,22, Synh. 36b.

¹²) In dieser Art von Bemerkungen zeigt sich am deutlichsten, was Raba als Art der Suraner gekennzeichnet hatte (s. Anm. 8). Aus Prov. 23,6 hatte Joma b. Levi geschlossen. dass ein göttliches Verbot übertritt. wer von einem Missgünstigen einen Genuss hat; dazu bemerkt N. b. J., er übertrete zwei Verbote: „Geniesse nicht" und „begehre nicht." Sôta 38b. Ganz so bemerkt er — Joma 22b — zu Eleazar's Ausspruch. dass, wer Israel zählt, ein Gebot verletzt. nach Hosea 2,1: es seien zwei Verbote (לא ימד ולא יספר); und zu Simon b. Lakisch's Satz. dass. wer von dem Gelernten etwas vergisst. das in Deut. 4,9 zu findende Verbot übertritt: der

eine andere Erklärung, [13]) oder endlich er schliesst der tradirten Ansicht seine eigene gewöhnlich erweiternde an. [14])

Von den selbständigen agadischen Sätzen Nachman b. Isak's sind besonders die hervorzuheben, welche den Eifer im Gesetzesstudium zum Gegenstande haben. In ψ 17,15 sieht er die Jünger verherrlicht, welche den Schlaf von ihren Augen scheuchen und dafür in der künftigen Welt mit dem Anblicke der göttlichen Herrlichkeit belohnt werden; [15]) ebenso in ψ 44,23, die Märtyrer des Studiums, die um der Lehre willen den Genüssen des Lebens entsagen. [16]) An Sprüche 3,18 knüpft er die Mahnung, dass im Studium die Kleinen die Grossen fördern, so wie ein kleines Holz das grosse entzündet. [17]) — Stolz ist ganz und gar verwerflich, so lehrt er mit Hinweis auf Spr. 16,5, entgegen der Meinung Raba's, dass ein wenig davon zuträglich sei; [18]) Hoch-

---

genannte Vers enthalte ein dreifach ausgedrücktes Verbot. Menach. 99b. — Andere Erweiterungen zu Sätzen Jochanan's: Num. 5,10, Berach. 63a; ψ 145,14, Ber. 4b; Hiob 6,14, Kethub. 96a (und ganz so zu einem Satze Simon b. Lakisch's. Sabb 63b); Eleazar's: ψ 45,4, Sabb. 63a; Isak's: ψ 17,4, Berach. 5b; Rab's: Jerem. 17,27, Sabb. 119b; Hosea 5,7. Kidd. 70a; Chisda's: Spr. 22,14, Sabb. 33a.

[13]) Zu Spr. 21,21 (nach Isak), Baba bathra 9b; I Sam. 13,1 (Huna), Joma 22b.

[14]) Nach Jes. 54,9, zu Samuels Satz von der Dauer der Messiaszeit, Synh. 99a; zu Rab's Satz von dem Hass gegen die Bösen, nach Spr. 8,13, Pesach. 113b; nach den Sätzen Huna's und Jochanans über die Wichtigkeit des Nachmittags- und Abendgebetes beweist er aus ψ 5,4 die des Morgengebetes, Berach. 6b; die Verdienstlichkeit der Theilnahme an Hochzeitsfreuden, nach Jerem. 33,10 f. (vorher Aussprüche von Huna, Josua b. Levi, Abahu), Berach. ib. — S. auch Taan. 15a, zu ψ 97,11, eine formell dem Ausspruche Eleazar's zu Jes. 49,7 (ib. 14b) nachgebildete Bemerkung.

[15]) Baba bathra 10a. Ebenso in Chag. 14a zu Hiob 22.16 אלו תלמידי חכמים שמקמטין את עצמן משינה על דברי תורה בעולם הזה והקב"ה מגלה להם סוד העולם הבא. Das Wort משינה ist in den Ausgaben ausgefallen, steht aber in En Jakob. — In Erubin 65a bemerkt N. b. Isak: אנן פועלין דימא אנן „wir — Männer des Studiums — sind Tagesarbeiter," dürfen also des Tages nicht schlafen.

[16]) Gittin 57b.

[17]) Taan. 7a; עץ in der Bedeutung Holz.

[18]) Sôta 5a: לא מנה ולא מקצתה. In ähnlicher Wendung bemerkt er zu einer von Raba geäusserten Ansicht über das Fieber, dieses sei

mut ist im Pentateuch — Deuter. 8,14 — ausdrücklich verboten. [19]) Ebenso verwerflich ist der Zorn; wer sich von ihm hinreissen lässt, dessen Sünden übersteigen gewiss seine Verdienste. [20]) Mit einem kräftigen Spruch geisselt er die Heuchelei, die in den Mantel der Tugend sich hüllt. [21])

Die halachische Exegese Nachman b. Isak's bezieht sich zumeist auf die Mischna, deren Satzungen er biblisch begründet, [22]) oder zu deren seltenen und zweifelhaften Ausdrücken er Analogien bringt. [23])

2. Acha b. Jakob.

Acha b. Jakob hatte noch zu den Hörern Huna's in Sura gehört [1]) und liess sich in Epiphania, einem zu Pumbeditha gehörigen Orte, [2]) nieder. [3]) Raba, der ihn schon dem

---

entweder „Vorbote des Todesengels" oder „Theriak für den Körper": לא היא ולא תרייקה, Nedar. 41b.

[19]) Sôta 5a.
[20]) Nach Spr. 29,22, Nedar. 22b.
[21]) דמטמרא מטמרא ודמגליא מגליא בי דינא רבא ליתפרע מהני דחפו גונדא Sôta 22b. — Nachman b. Isak liebte gleich Raba witzige Ausdrucksweise. Siehe die Anspielungen auf die Namen der vor ihm Barajtha vortragenden Gelehrten: Berach. 39b; 53b; Gittin 41a. Vgl. Sabb. 66b. Auch auf Volkssprüche beruft er sich (אמרי אינשי): Sabb. 54a; Joma 86a; Sôta 22a.
[22]) Zu Berach. 5,1, nach ψ 2,11, Berach. 30b; Erubin 10,14, Jerem. 6,7, Erubin 104b; Rosch Hasch. 2,7, Lev. 23,2, R. H. 24a; Joma 8,1, Jes. 20,2 und Jer. 2,25, Joma 77a; Sôta 1,1, Joel 2,13, Sôta 3a. S. ferner zu Lev. 25,36, Baba mezia 61b, 71a; Lev. 25,51, Arachin 30b; Numeri 7,72, Moed Kat. 9a; Deuter. 21,17, Baba bathra 111b; ib. 21,18, ib. 126b.
[23]) Bei schwankenden Lesearten bringt er für jede derselben einen Beweis: zu B. Kamma 6,4 ליבה und ניבה, B. K. 60a; B. K. 10,5 מציקין und מסיקין, ib. 115b; Beza 5,1 משירין und משחירין, Beza 35b. — Zu Sabb. 8,1 entscheidet er für נמיאה statt נמיעה, nach Gen. 24,17, Sabb. 77a. Für קריץ, Joma 3,4, verweist er auf das Targum von Jerem. 46,20, Joma 32b; zu M. Ukzin 3,6, פריצי, auf Ezech. 18,10, Baba mez. 105a. S. auch seine Wortdeutungen zu נוני Zeph. 3,13, Berach. 28a; zu כבול, I Kön. 9,13, Sabb. 54a; zu אילונית, Kethub. 10b unten.
[1]) Jebam. 62b.
[2]) S. oben S. 83.   [3]) S. Nidda 67b.

Nachman in Machuza als bedeutenden Mann gerühmt und vorgestellt hatte, [4] citirt eine wichtige halachische Exegese von ihm, als eine „epiphanensische" [5] und ebenso Raba's Schüler, Papa. [6] Seinen Sohn Jakob schickte er in das Lehrhaus Abaji's, wohin er sich, als Jener keine Fortschritte machte, selbst begab. [7] Er überlebte noch Nachman b. Isak; [8] denn wir finden ihn unter dessen unbedeutendem Nachfolger Chana, welchen er bitter tadelte, weil er auf die Frage König Schaburs, ob die Beerdigung der Leichen biblisch begründet sei, die Antwort schuldig blieb, anstatt mit Simon b. Jochai auf Deut. 21,23 hinzuweisen. [9]

An eine seiner Predigten in Epiphania hat sich eine eigenthümliche, fast humoristische, Volkssage geknüpft. Als er nämlich die Ansicht Levi's vortrug, dass Satan, als er Hiob bei Gott anklagte, von guten Absichten geleitet war, sei der Satan in eigener Person an Acha herangekommen und küsste ihm aus Dankbarkeit für die Ehrenrettung die Füsse. [10] Diese Sage ist vielleicht darauf zurückzuführen, dass Acha b. Jakob gerne vom Satan sprach. Wenn er den Palmzweig, Lulab, am Laubhüttenfeste schwenkte, sagte er: das ist ein Geschoss in's Auge Satan's. [11] Zu Gen. 42,38 bemerkte er, Jakob habe deshalb gerade von dem auf der Reise drohenden Unglück gesprochen, weil der Satan gerade bei Gelegenheiten der Gefahr thätig ist. [12] Dass

---

[4]) Baba Kamma 40a.
[5]) Kidduschin 35a.
[6]) B. K. 54b.
[7]) Kidd. 29b. Über seinen Sohn s. noch Menach. 43b; über einen ebenfalls Jakob genannten und von ihm erzogenen Tochtersohn. Sota 49a.
[8]) Beider Sätze werden oft neben einander tradirt; s. Sabb. 105a, Erubin 65a, Synh. 7a, 36b.
[9]) Synh. 46b. S. Grätz, G. d. J. IV, 366. — Die sonderbare Ursache seines Todes ist Baba bathra 14a angegeben.
[10]) אתא שטן ונשקה לכרעיה Baba bathra 16a.
[11]) גירא בעינא דשטנא. Sukka 38a. Menach. 62a. Ein ähnlicher Ausdruck wurde schon von Chisda angewendet. Sukka 30a oben.
[12]) שאין השטן מקטרג אלא בשעת הסכנה ... jer. Sabb. 5b (II,3). Dass die Lesart א"ר אחא (*) בר יעקב die richtige ist, beweist der Umstand, dass der Ausspruch nach dem Chijja b. Abba's gesetzt ist, was nicht der Fall gewesen wäre, wenn die durch unrichtige Auf-

nun Acha Macht über die bösen Geister zuschrieb, beweist die Sage, wie er durch Gebet einen siebenköpfigen Dämon aus dem Lehrhause Abaji's vertrieb. [13]) Verschiedene seiner erhaltenen Aussprüche weisen auch darauf hin, dass er in der Geheimlehre Kenntnisse hatte. [14]) — Sonst hat sich von ihm eine ziemliche Anzahl von Beispielen sowol agadischer [15]), als halachischer [16]) Schriftauslegung erhalten, welche beweisen, dass er diesem Zweige der Traditionswissenschaft mit Eifer oblag.

3. Abba b. Ulla.

Einst wurde im Lehrhause ein aus Palästina gekommener Ausspruch vorgetragen, der lautete: „Wer ist ein Sohn der zukünftigen Welt? Wer bescheiden und demütig ist, unbemerkt kommt und unbemerkt geht, fortwährend in der Lehre forscht und sich nichts zu Gute hält!" Da wandten sich Aller Augen auf Ulla b. Abba, der allen diesen Bedingungen entsprach. [1]) Der Sohn dieses sonst weiter nicht bekannten Mannes war wahrscheinlich Abba b. Ulla, [2]) nach seinem Grossvater benannt,

---

lösung der Abbreviatur ר"א בר יעקב entstandene Leseart in Gen. rabba c. 91, Ende (Eliezer b. Jakob), die ursprüngliche wäre. Acha b. Jakob kömmt auch sonst im jerusalemishhen Talmud vor; s. Frankel, Mebo, S. 62b.

[13]) Kidd. 29b. Vgl. seine Bemerkung zu einer Amuletvorschrift Abaji's, Sabb. 66b.

[14]) Die „obern und untern Wasser" (Gen. 1,6) sind nur um Haaresbreite von einander entfernt. Chag. 15a. Über Erdbeben, nach Jes. 66,1, Berach. 59a; über Donner, ib.; über die unterirdische Flut nach Hiob 41,24, Baba bathra 75a; zu Ezech. 1,22, Chag. 13a; zu Deut. 4,29, Gittin 88b; Hiob 22,16, Chag. 13b.

[15]) Gen. 36,20, Sabb. 85a; Exod. 16,9, Joma 75b; Exod. 32,16, Erubin 54a (die Grundlage des Satzes ist von Simon b. Lakisch, Aboda z. 5a); Num. 14,29, Baba bathra 121b; I Sam. 20,26, Pesach. 3a; I Kön. 2,8. Sabb. 105a (נמרצת als Notarikon gedeutet); Jesaia 3,4. Chag. 14a; Ezech. 14,5. Kidd. 40a; Kohel. 1,8. Joma 19b.

[16]) Gen. 18,4, Horaj. 5b. 6b.; Exod. 13,8. Pesach. 116b; Exod. 13,9. Kidd. 35a; Num. 11,16. Synh. 36b; Deut. 5,14, B. K. 54b; 14,26. Joma 76a; 16,3, Pesach. 117b; 17,20. Kerith. 5b.

[1]) Synh. 88b.

[2]) Gewöhnlich רבא בר עולא geschrieben. Er ist zu unterscheiden von

dessen Zeit nicht genau bestimmt werden kann, in dessen Namen aber Erklärungen vor Raba ³) und Papa ⁴) erwähnt werden, der auch noch mit Ulla, dem Schüler Jochanan's, verkehrte, ⁵) also jedenfalls zu den ältern Zeitgenossen Raba's gehörte. Er hat hier eine Stelle gefunden, weil aus seinen agadischen Vorträgen Beispiele erhalten sind, ⁶) welche beweisen, dass er zu den Pflegern der Agada in Babylonien gehörte. Dieselben beziehen sich auf Jesaia 3,₂₄ ⁷); 3,₁₆ ⁸); ψ 73,₄ ⁹); Koheleth 7,₁₇. ¹⁰)

4. Abba b. Schela.

Abba b. Schela ¹) tradirt im Namen Chisda's, Nachman's und Mathna's und war zur Zeit Raba's Richter, ²) vielleicht in Pumbeditha. Es giebt eine Anzahl Schriftauslegungen von ihm, theils selbständige, ³) theils auf die Aussprüche Anderer sich beziehende. ⁴) Er verwendete, gleich Raba, auch

---

dem spätern רבה בר עולא. Doch sind die beiden Namensschreibungen zuweilen verwechselt.

3) Erubin 21b, zu להג, Koh. 12,₁₂, das. A. b. U. mit לען identificirt.
4) Chullin 91a, zu Gen. 32,₂₆.
5) Jebam. 77a.
6) Alle mit דרש bezeichnet und im Tractat Sabbath. In Joma 9b ist die Deutung zu Jes. 3,₁₆ anonym und kürzer.
7) Sabb. 62b. En Jakob hat das richtige רבא בר עולא. Jalkut corrumpirt zu רבה בר רב הונא.
8) Sabb. ib. Für רבא בריה דרב עילאי ist, wie schon Heilprin vermutet, zu lesen רבא בריה דרב עולא. Ein ר'אבא בר עילאי tradirt im Namen Rab's, jer. Berach. 14c.
9) Sabbath 31b. Mit dem vollen Namen רבא בר רב עולא.
10) Ib. Für דרש רב עולא hat Jalk. das richtige ד' רבא בר עולא. — Dazu kömmt noch die Deutung von Hiob. 6,₂₄, Jebam. 62b.

1) רבא בר שילא; s. oder auch ר' בר רב שילא oder רבה בר שילא; s. Seder haddoroth s. v.
2) Kethub. 104b. Eine richterliche Maxime von ihm, Kethub. 105b.
3) Zu 1 Kön. 7,₃₆, Joma 54ab; Jes. 62,₆, Menach. 87a; ψ 119,₉₁, Ned. 41a; Hiob 38,₂₅ (העלה) erklärt durch 1 Kön. 18,₃₂), Baba b. 16a.
4) Zu einem Satze von Jochanan, Hiob 9,₁₀, Taan. 2a; zu einer Ansicht Simon b. Jochai's, Jes. 33,₁₂, Sota 35b; Widerlegung eines Einwandes Josef's zu I Chr. 4,₁₂, Baba b. 123b. — Zu halachischen Zwecken: Jes. 33,₁₃, Bechor. 54b; Jes. 30,₂₃, Menach. 87a.

Volkssprüche zu denselben. ⁵) Die Schulsage lässt ihn, wie auch andere Amoräer, mit Elija, dem Propheten, verkehren. ⁶)

5. Papa.

Während nach Raba's Tode Nachman b. Isak die Schule von Pumbeditha neu begründete, wurde durch Papa in einem Orte nächst Sura, Naresch, ein Lehrhaus begründet, ¹) aus dem die neue Schule von Sura hervorging, welche durch Aschi ²) zu so grossem Ruhme gelangte. Papa's Lehrer war ausser Raba besonders Abaji, mit dem er oft über Fragen halachischer und agadischer Exegese disputirte. ³) Bei Raba treffen wir ihn gewöhnlich mit Huna b. Josua zusammen; ⁴) beide erwarben sich Gelehrsamkeit und Reichthum zugleich und wurden darob von ihrem Lehrer glücklich gepriesen. ⁵) Er scheint sie überhaupt bevorzugt zu haben und gab ihnen Weisungen darüber, wie sie sich solchen seiner Entscheidungen gegenüber, die ihnen nicht einleuchten, sowol während seines Lebens, als nach seinem Tode

---

⁵) Zu Hiob 3.21. Berach. 8a; Lev. 22,7, Berach. 2b. Dies letztere Volkswort איערב שמשא ואידכי יומא erklärt Levy (II. 142a) irrthümlich für ein „palästinisches Sprichwort" während das. ausdrücklich bemerkt wird, dass man im „Westen" die Erklärung R. b. S.'s nicht kannte. Ein ähnliches Volkswort – טהר טיהריה דיומא – weist R. b. S. bei der Erkl. von טהרו של מזבח (Joma 5.6) – zurück und verweist auf לטהר Exod. 24,10. Zebach. 38b. Joma 15ab; 59a.

⁶) Chag. 15b.

¹) Scherira's Brief. Nach dieser Quelle fungirte Papa 19 Jahre und starb 375. Er hätte sein Lehrhaus demnach um 356, im Todesjahre Nachman b. Isak's begründet. Über die Stadt Naresch hatte er keine günstige Ansicht; s. Chullin 127a. Er wählt sie als Beispiel, um die Lage des biblischen Thimna (Ri. 14,5) zu beleuchten. Sôta 10a.

²) Aschi's Vater Schimi, war ein Hörer Papa's. S. Taan. 9b.

³) S. Rosch H. 17b; Joma 26a; Nedar. 30b; 52b; Sôta 3a; Baba bathra 118ab, 122a. 123a; Chullin 7b.

⁴) S. Kiddusch. 32b.

⁵) Horaj. 10b. Doch tadelte sie Raba auch. wegen irrthümlicher Entscheidungen zu eigenen Gunsten, in seiner derben Weise, Kethub. 85a, Gittin 73a.

zu verhalten haben.⁶) Papa war der Bedeutendere von ihnen, und Raba musste zuweilen in Folge seiner Einwände gegen öffentlich vorgetragene Entscheidungen dieselben öffentlich widerrufen. ⁷) Auch nach Raba's Tode blieben sie zusammen; Huna b. Josua bekleidete in dem Lehrhause, welchem Papa vorstand, die Würde des Resch Kalla. ⁸)

Es wird zwar ausdrücklich berichtet, dass sie gemeinschaftlich Agada studirten; ⁹) doch war auch hierin Papa seinem Collegen überlegen. Während von dem letztern sich nur wenige Schriftdeutungen erhalten haben, ¹⁰) ist Papa in der Agada des babylonischen Talmud mit zahlreichen Aussprüchen vertreten. Am meisten stechen unter denselben hervor die Parallelen zwischen Sprüchen des Volkes und Sätzen der heiligen Schrift, die bei ihm noch häufiger sind als bei Raba. In der Regel knüpfte Papa das oft sehr treffend gewählte Volkssprichwort nicht an den Bibelsatz selbst an, sondern an die Deutung desselben durch eine frühere Autorität. ¹¹) Er legte auf diese volksthümli-

---

⁶) Baba bathra 130b f.
⁷) S. oben S. 117, Anm. 12.
⁸) Berach. 57a. Dass Huna b. Josua in Naresch lebte, sieht man Erubin 56a (vgl. Chullin 127a).
⁹) Sabb. 89a.
¹⁰) Zu I Sam. 2,24. Sabb. 55b; Echa 5,14, Sôta 48a; Zacharia 9,17, Baba b. 12b; über den Gelehrtenstolz, Sôta 5a. Bemerkenswerth ist seine Theorie der Priesterwürde: Die Priester sind Abgesandte — Vertreter — Gottes; denn wären sie unsere Vertreter, wie wäre' ihnen etwas zu thun gestattet, was uns selbst nicht erlaubt ist. Joma 19a.
¹¹) Exod. 18,9 (Rab und Samuel). Synh. 94a (Jalkut: בר סבא, Ausgaben רב); Num. 22,7, Synh. 105a; Josua 13,22 (Jochanan), Synh. 106a; Richter 16,21, (Jochanan). Sôta 10a; I K. 22,22 (Rabina d. Ältere). Synh. 102b; II Kön. 19,35, Synh. 95a; Jesaia 7,20 (Abahu). Synh. 96a; Jesaia 28,19 (Simon b. Jochai). Synh. 95b; Jerem. 30,6 (Jochanan). Synh. 98b; Jer. 39,3 (Simon b. Jochai). Synh. 103a (S. meine Bemerkungen in Grätz. Monatschrift. Jahrg. 1876. S. 238f.); ψ 147,14 (Jehuda), Baba mezia 59a; Spr. 3,6 (Raba). Berach. 63a (s. Dikduke Sofrim); Spr. 29,9 (Simon b. Jochai), Synh. 103a; Koheleth 3,11 (Rab), Berach. 43b. — Zu der Sage, dass Nadab und Abihu, die Söhne Aharons von dem Tode Aharons und Mose's sprachen, der ihnen die Herrschaft bringen werde, wendet Papa dasselbe Sprichwort an (Synh. 52a), welches, nach Gen. r. c. 67, mit etwas andern

chen Sentenzen so grosses Gewicht, dass er in seinen Unterredungen mit Abaji dieselben als Argumente gegen die Ansichten Rab's [12]) und Samuel b. Isak's [13]) anführte. — Seine sonstigen Schrifterklärungen sind zumeist Erläuterungen und Nachträge zu Sätzen Früherer, [14]) aber auch selbständig auftretend, [15]) besonders zu halachischen Zwecken. [15])

Die talmudische Hermeneutik hat Papa mit einem Kanon bereichert. Zu Rab's Regel, dass es in der heiligen Schrift kein „Früher und Später" giebt, d. h., dass mit der Aufeinanderfolge der Sätze kein zeitliches Nacheinander bedingt ist, bemerkte er, dies gelte bloss in Bezug auf verschiedene Abschnitte, aber nicht auf Sätze innerhalb desselben Abschnittes. [17])

Ausdrücken Nehemia, der agadische Gegner Jehuda's auf Esau angewendet hatte, der vom Tode seines Vaters spricht (Gen. 27,41). In Lev. r. c. 20 ist das Sprichwort, wie es in Gen. r. steht, also in seiner palästinensischen Form, ebenfalls — durch Berechja — auf Nadab und Abihu angewendet. — Andere von Papa angewendete Volkssprüche findet man Sabb. 32a; Sukka 22b; Gittin 30b; Nidda 31a. S. auch Jeb. 118b, Sabb. 155b.

[12]) Baba mezia 59a; Chullin 58b (eine humoristische Thierfabel).

[13]) Berach. 59a.

[14]) Rab hatte gesagt, die Vorhersagung, Lev. 26,38. „ihr werdet umkommen unter den Völkern", mache ihm um Israels Bestand bange; dazu bemerkte Papa, ואבדתם habe hier wol denselben Sinn wie אבד in ψ 119,176: „Ich bin abgeirrt wie ein verlornes Lamm, o suche deinen Knecht!" Makk. 24a. Ebenso sieht er einen Grund zu unerschütterlicher Zuversicht in der Verheissung Ezech. 36,27. im Anschluss an einen analogen Ausspruch Jochanan's (Sukka 52b, nach Berach. 32a Chama b. Chanina's). — S. ferner zu Deut. 5,1 (Jose b. Chalafta), Jebam. 109b; Deut. 23,11 (Josua b. Levi), Pesach. 3a; II Sam. 3,14 (Josua b. Korcha), Synh. 19b; I Kön. 3,1 (Josef), Jebam 76b; Zach. 1,8 (Jochanan) Synh. 93a; Zach. 8,19 (Simon d. Fromme), Rosch Hasch. 15b; Esther 3,2 (Chisda), Megilla 15b.

[15]) Zu Exod. 23,28 (Josua 24,12), Sôta 36a; Jesaia 1,25. Sabb. 139b. Synh. 98a; ψ 7,12 und Nachum 1,6, Aboda zara 4a; Zachar. 3,3. Synh. 93a; ψ 36,7, Arachin 8b; I Char. 16,27. Chag. 5b.

[16]) Zu Gen. 17,7, Jebam. 100b; Lev. 23,2. Rosch Hasch. 24a; Lev. 24,14,23, Synh. 42b; Jesaia 57,14. Moed Kat. 5a; Ez. 7,22. Aboda zara 52b (den Hasmonäern in den Mund gelegt, in Bezug auf das auch im I. Buche der Makkabäer, 4,46. berichtete Verfahren).

[17]) Pesach 6b.

VIII.
Aschi und seine Zeitgenossen.

Wer, wie Aschi, der Neubegründer des Lehrhauses von Sura, [1]) es sich zur Aufgabe setzte, das gesammte Material von Traditionen und Discussionen, welches sich während zweier Jahrhunderte in den babylonischen Schulen zu den verschiedenen Tractaten der Mischna angehäuft hatte, zusammenzustellen und kritisch zu sichten, dem musste sich oft die Gelegenheit darbieten, auch den agadischen Theil dieses Materiales mit Bemerkungen zu bereichern. [2]) Es zeugt von der geringen Neigung zur agadischen Schrifterklärung, dass die Anzahl der unter Aschi's Namen erhaltenen Aussprüche dennoch eine verhältnissmässig geringe ist. Dieselben beziehen sich zum grössern Theile auf die Sätze früherer Amoräer, sie erläuternd [3]) oder erweiternd: [4])

---

[1]) S. Grätz, G. d. J. IV. S. 378 ff.

[2]) Als er am Schlusse eines Lehrvortrages zu der Erörterung des Mischnasatzes über die vom ewigen Leben ausgeschlossenen israelitischen Könige gelangte, sagte er: „Morgen werden wir den Vortrag mit der Besprechung unserer Collegen eröffnen" (למחר נפתח בחברין). Der etwas unehrerbietige Ausdruck bewirkte Aschi in der darauffolgenden Nacht einen Traum, in dem ihm einer der erwähnten Könige, Manasse, ob solcher Vertraulichkeit beschämende Vorwürfe machte. Das bewog ihn, am andern Tage die Namen Achab und Manasse in einem für ihre Träger günstigen Sinne zu deuten. Synh. 102b. — In Bezug auf den Ausdruck חברין, der nach Raschi darauf hinweist, dass jene Könige auch Gesetzeskundige waren, darf vielleicht daran erinnert werden, dass vielmehr die Gelehrten „Könige" genannt wurden (Gittin 62a, s. oben S. 72), und dass Aschi selbst gelegentlich von seiner Würde als Schulhaupt sagte (Sabb. 156a) אנא מלך: die Funktion des Schulhauptes wird schon im Talmud (vgl. Horajoth Ende) mit dem Verbum מלך bezeichnet.

[3]) I Sam. 11,8 (Isak). Joma 22b; II Kön. 18,37 (Abahu). Synh. 95b; ψ 149,5 f. (Isak). Berach. 5a: zu Josef's Satz, dass es zwei Städte Namens Kedesch gab, bringt er als modernes Beispiel Seleucia und Akroseleucia. Makkoth 10a: zu den Erzählungen des Rabba b. b. Chana. Baba bathra 73b f.

[4]) Zu Gen. 24,61 (Nachman), Ber. 61a; Num. 17,5 (Rab), Synh. 110a; Deut. 16,21 (Simon b. Lakisch), Synh. 7b; Josua, 22,30 (Chanina), Zebach. 101b.

Auch einige selbständige Auslegungen Aschi's sind im Talmud überliefert, ⁵) sowie Beispiele halachischer Exegese. ⁶) Es sei noch bemerkt, dass von den babylonischen Amoräern nach Raba und Nachman b. Isak nur Aschi es ist, von dem angegeben ist, dass er einen Vortrag über das Buch Esther hielt und denselben mit Deut. 4,34 einleitete. ⁷)

Kahana, Aschi's Lehrer, ⁸) war der Hörer von Papa und Huna b. Josua gewesen. ⁹) Er interessirt uns hier nur wegen seiner Unterredung mit Mar b. Rabina. ¹⁰) Diesen fragte er einmal, ¹¹) mit welchem Rechte Abaji aus ψ 45,4 entnehmen konnte, dass Waffen als Schmuck betrachtet werden, nachdem der fragliche Satz sich auf die Worte der göttlichen Lehre bezieht. Als nun Mar erwiederte, dass nach dem alten Grundsatze niemals das Bibelwort seines geraden Sinnes entkleidet wird, ¹²)

---

⁵) Zu Exod. 20,23, Synh. 7b; Lev. 14,56, Sôta 5ab; Deut. 29,14, Sabb. 146a'; Zeph. 2,14. Sôta 48a; Jerem. 23,29, Taan. 4a; Koh. 5,9, Makk. 10a; Daniel 12,13, Synh. 92a.

⁶) Zu Gen. 23,4, Berach. 18a; Lev. 24,14, Synh. 43a; Deut. 17,15, Synh. 19b; ψ 45,17. Baba bathra 65a. — Die Worte ושמרו את משמרתי Lev. 18,30 benutzt er, Moed Kat. 5a, anders als sein Lehrer Kahana, Jebam. 21a. — Die Herleitung eines bekannten Rechtsgrundsatzes aus Exod. 24,14 (durch Samuel b. Nachman) erklärt er für überflüssig, weil jener Grundsatz aus der blossen Vernunfterwägung erwiesen ist (הא למה לי קרא סברא היא), Baba Kamma 46b. — S. auch oben S. 70.

⁷) Megilla 11a.

⁸) S. Berach. 39a, 42a כי הוינן בי רב כהנא.

⁹) S. Sabb. 89a.

¹⁰) Mar b. R. war Hörer Nachman b. Isak's (Sabb. 108a) und wahrscheinlich Sohn des ältern Rabina. Zeitgenossen Raba's. Die Sätze dieses Letztern lassen sich nicht immer mit Gewissheit von denen seines jüngern Namensgenossen, des „letztern Amoräers" scheiden. Doch sind gewiss von ihm die Aussprüche zu Deut. 33,9, Joma 66b; I Kön. 22,22, Synh. 102b; ψ 22,31. Synh. 110b. Von Mar, seinem als Asketen (Pesach. 68b) berühmten Sohne sei hier nur die Anwendung von Jes. 14,23 hervorgehoben (Berach. 57b) sowie sein schönes Gebet (Berach. 17a), über welches Luzzatto im Zion. II, 27 geschrieben hat. Doch hält Luzzatto M. b. R. für den Sohn des letzten Amoräers (אחרון האמוראים בזמן).

¹¹) Sabb. 63a.

¹²) S. oben S. 113.

sagte Kahana: Mit achtzehn Jahren hatte ich schon alle Theile der Mischna erlernt, aber diesen Grundsatz höre ich heute zum ersten Male. Dieses Geständniss wirft ein Licht auf die Art des Bibelstudiums jener Zeit. — Dass diesem Kahana [13]) die berühmte palästinensische Midraschsammlung, Pesikta di R. Kahana Entstehung und Namen verdankt, ist eine Annahme Fürst's, [14]) deren Grundlosigkeit von selbst einleuchtet. [15])

Amemar, das Haupt der Schule von Nahardea, verkehrte viel mit Aschi. Als er in Nahardea in den täglichen Gebetritus den Dekalog aufnehmen wollte, wurde er durch Aschi mit demselben Argumente daran verhindert, welches einst Chisda dem Rabba b. b. Chana entgegengehalten hatte. [16]) Es sind einige unbedeutende Schriftauslegungen von ihm erhalten; [17]) ebenso von einem andern angesehenen Zeitgenossen,

---

[13]) Von ihm rührt noch die Anwendung von ψ 137,8 auf eine Scene aus der Zerstörung Jerusalems her. Gittin 58a.

[14]) Literaturbl. des Orients. Jhg. 1848. S. 106.

[15]) Auch die Ansicht Bubers (Einleitung zur Pesikta, S. IV), dass dieses Midraschwerk nach dem ältern Kahana, einem der frühern Schüler Rab's, benannt ist, kann nicht richtig sein, nachdem viel jüngere Autoritäten darin genannt sind; die Stelle, mit der Buber seine Ansicht stützt (Sabb. 152a), ist anders aufzufassen. S. oben S. 6, Anm. 38f. — Die wahrscheinlichste Erklärung des Namens P. di R. Kahana hat schon Zunz (Gottesd. Vortr. S. 193) gegeben. Von dem ältern Kahana hat sich sehr wenig Exegetisches erhalten. Besonders hervorzuheben ist sein Gespräch mit Samuel über die Bedeutung des biblischen Zeitwortes חלף. Jebam. 102b, sowie sein Gespräch mit einem Ketzer, wobei er Hoh. 7,3 deutet, Synh. 37a. S. noch die Deutung der Wörter תירוש (Joma 76b) und שחם (Chullin 27a); ferner zu ψ 33,9, Sabb. 52a; Esther 1,16, Megilla 12b; Zach. 9,15, Zebach. 54b.

[16]) S. oben S. 88.

[17]) Als ihm Huna b. Nathan die ihm von König Jesdigerd zu Theil gewordene Auszeichnung erzählte (s. Grätz, G. d. J. IV, S. 382), sagte Amemar, es habe sich an ihm die Prophezeiung in Jes. 49,23 erfüllt. Eigenthümlich ist die Anwendung von ψ 90,12, um zu beweisen, dass der Weise höher stehe als der Prophet. ונביא nimmt nämlich Amemar nicht als Verbum, sondern als das Hauptwort mit der Bedeutung Prophet, Baba bathra 12a. — S. ferner zu Maleachi 3,6, Sota 9a; ψ 144,5, Baba bathra 45a; Hiob. 1,20, M. K. 20b; Hohel. 4,7, Synh. 36b.

Mar Zutra, [18]) von dessen Schriftdeutungen zuweilen angegeben wird, dass es zweifelhaft ist, ob sie von ihm oder von Aschi herrühren. [19]) In des Letzteren Hause schaltete er bei Gelegenheit eines Trauerfalles im Tischgebete ein durch die Reinheit der Sprache ausgezeichnetes, ergreifendes Trostgebet ein, [20]) welches beweist, mit welcher Gewandtheit noch damals die Sprache der heiligen Schrift gehandhabt wurde.

Von Aschi's Zeit an ist kein babylonischer Amoräer zu nennen, unter dessen Namen irgend eine beachtenswerthe Schriftauslegung oder nur Erläuterung früherer Agada sich erhalten hätte. [21]) Die Beschäftigung mit der Agada beschränkte sich fortan auf die Bewahrung und Anordnung der in den Lehrhäusern bis dahin überlieferten Aussprüche. Wol mag bis zum Schluss der Amoräerepoche noch der eine oder andere agadische Satz in die Sammlungen des babylonischen Talmud aufgenommen worden sein, bis dieser als literarisches Werk festgestellt war; vielleicht fand auch noch manches Element aus der inzwischen sich fortwährend entwickelnden und vermehrenden Agada Palästina's Eingang in den Lehrhäusern von Sura und Nahardea; aber die Lust und Fähigkeit zu agadischer Production hatte lange aufgehört, bevor in allmäligem Übergang auf die Zeit der Amoräer die der Saboräer folgte. —

---

[18]) Zu Lev. 15,31. Moed Kat. 5a; Amos 6,7. ib. 28b; Nachum 1,12. Gittin 7b; ψ 32,6, Berach. 8a; Spr. 30,9. Beza 16a; Hiob. 5,26, M. K. 28a.

[19]) Zu Gen. 1,6, Chag. 15a; Chaggai 2,14, Pesach. 17a; ψ 149,5, Berach. 5a.

[20]) Berach. 46b. Am Schluss des Traktates Semachoth ist das Gebet in sehr gekürzter Fassung anonym (רבנן אמרי) aufgenommen.

[21]) Von Rabina, dem Letzten der Amoräer, findet sich eine Deutung zu Lev. 11,45. B. Mez. 61b; ψ 50,23, Moed Kat. 5a; Koh. 11,10, Taan. 4a.

Anhang.

Chronologischer Excurs über Rabba, Abaji und Raba.

Mit Anknüpfung an die Controverse zwischen Rabba und Abaji, wonach Ersterer die Beschäftigung mit der Lehre als Sühne des auf den Nachkommen Eli's lastenden Fluches (I Sam. 3,14) nennt, Abaji hingegen auch Wohlthätigkeit mit dem Studium vereint zu solcher Sühne nötig hält, wird im Talmud (Rosch H. 18a, Jebam. 105a) berichtet, Rabba und Abaji wären beide Abkömmlinge des Hauses Eli gewesen; doch sei Jener, weil er nur das Verdienst des Studiums für sich hatte, nur vierzig Jahre alt geworden, Abaji, der auch Wohlthätigkeit übte, sechzig. Die vierzig Jahre Rabba's stellt auch Raba (Moed Kat. 28a) den 92 Chisda's gegenüber. Trotz dieser mit voller Glaubwürdigkeit auftretenden Beweise dafür, dass Rabba b. Nachmani bloss ein Alter von 40 Jahren erreichte, muss diese Angabe als unmöglich bezeichnet werden.

1. Rabba fungirte, wie im Talmud selbst (Berach. Ende, Horajoth Ende) bezeugt wird, 22 Jahre; auch Raba bemerkt zweimal, dass Josef und Rabba zweiundzwanzig Jahre lang über gewisse Fragen disputirt hätten, ohne zu einer Entscheidung zu gelangen (Kethub. 42b, Baba Kamma 16b). Er wäre also bei seinem Amtsantritte achtzehn Jahre alt gewesen, was an sich unwahrscheinlich ist. Dazu kömmt, dass er nicht unmittelbar nach Jehuda's Tode die Würde als dessen Nachfolger übernahm, sondern, wie Scherira ausdrücklich meldet, während des Interregnums Huna b. Chija's, nach Sura zu Chisda sich begab, und erst kurz vor des Letztern Tode (309) sein Amt antrat. Rabba starb demnach um 331, was mit der Angabe des Seder Tannaim stimmt, dass Josef, — der 2½ Jahre nach Rabba fungirte, — im Jahre 333 aus dem Leben schied (S. Grätz,

G. d. J. IV², S. 416). Rabba wäre demgemäss, bei der Annahme von vierzig Lebensjahren, im Todesjahre Jehuda's (299) erst sieben Jahre alt gewesen, was geradezu absurd ist, da er ja schon nach dem Tode Jehuda's neben Josef als der würdigste zur Nachfolgerschaft galt. Es sei hier bemerkt, dass die Zahl 631 Seleuc., d. h. 320, welche Scherira für das Todesjahr Rabba's angiebt, so entstand, dass man die 22 Jahre nicht von dem thatsächlichen Amtsantritt Rabba's sondern vom Tode Jehuda's an rechnete; dies konnte um so leichter geschehen, als auch im Talmud bei einer hervorstechenden Gelegenheit die Amtirung Rabba's unmittelbar der Jehuda's folgend angenommen wird (Gittin 60b).

2. Huna starb 297. Rabba wäre nach der gewöhnlichen Annahme damals erst sechs Jahre alt gewesen; das ist aber unmöglich, weil er zu den Hörern Huna's gehörte und als solcher mit Chisda verkehrte (Gittin 27a).

3. Abaji starb 338, also 7 Jahre nach dem Tode Rabba's, nachdem er 4—5 Jahre Schulhaupt gewesen. Dass Scherira ihn 14 Jahre fungiren lässt, beruht auf dem bei Rabba's Todesjahr begangenen Irrthum. Jedenfalls ist die von Scherira selbst für den Tod Abaji's angegebene Jahreszahl 649 Sel. die richtige, die Varianten 647, 648 nicht von Belange, die von Simson aus Chinon angegebene Zahl 660 aber so entstanden, dass zum Todesjahr Josef's die für richtig angenommene Funktionsdauer von 14—15 Jahren zugezählt wurde. — Wenn nun Abaji im Jahre 338 sechzig Jahre alt starb, so war er im Todesjahre Rabba's 53 Jahre alt gewesen, also um 13 Jahre älter, als dieser sein Oheim, Erzieher und Lehrer. Selbst Scherira's Jahreszahl 320 für richtig angenommen, bleibt Abaji um drei Jahre älter als Rabba.

4. Raba muss mit Abaji in ungefähr gleichem Alter gestanden haben, da wir sie beide zusammen als Knaben bei Rabba antraffen (s. oben S. 109). Nun wurde Raba nach einer sehr bestimmt lautenden Nachricht im Todesjahre Jehuda's geboren (Kidduschin 72b). Selbst angenommen, dass dies nur Sage, konnte eine solche Angabe nicht entstehen, namentlich da es sich um einen so gefeierten Mann handelt, wenn nicht in der That die Zeit von Raba's Geburt von dem Todestage Jehuda's

nur wenig entfernt war. Raba's Geburt fällt also in, jedenfalls um das Jahr 299; der ungefähr gleichalterige Abaji kann daher nicht 278 (338 weniger 60) geboren sein.

Dies zuletzt angeführte Argument ist es, welches uns aus diesem chronologischen Labyrinth zu entkommen hilft. Wenn Abaji, gleich Raba, um 399 geboren war, so starb er 338 im Alter von vierzig Jahren. Wenn man dies festhält und in der Eingangs angeführten Nachricht die Angaben umkehrt, dem Abaji ein Alter von vierzig Jahre, Rabba von sechzig zuertheilt, so sind alle Schwierigkeiten gehoben. Rabba wurde demgemäss im Jahre 371 geboren und war um 28 Jahre älter als Abaji. Dass aber in der That jene Nachricht ursprünglich so gelautet haben muss, beweist der — auch von Tossephoth z. St. bemerkte — Umstand, dass Rabba nach Abaji's eigener Äusserung Gesetzesstudium mit Wohlthätigkeit verband (Synh. 98b ויטי— הא תורה והא גמילות חסדים) Vgl. auch Baba bathra 8a, die Angaben über sein Almosen-Budget. Andererseits besass Abaji nur geringes Vermögen (s. Grätz. l. l. S. 355, vgl. Sabb. 33a) und war so weniger im Stande, Wohlthätigkeit zu üben. In Folge dieser Emendation muss man auch in der Parallele zwischen Rabba und Chisda dem Erstern statt 40 Jahre sechzig zuschreiben, was noch immer einen auffallenden Gegensatz zu den 92 Chisda's bildet.

Es sei nicht verschwiegen, dass Raba's Geburtsjahr 299 mit dem Umstande collidirt, dass er noch Chisda's (st. 309) Schüler war. Nach Sukka 29a recapitulirte er mit Rammi b. Chama gemeinschaftlich, was sie beim Vortrage Chisda's gelernt hatten. Nach Baba bathra 12b sitzen die Genannten vor Chisda, der sein Töchterchen im Schosse hält und sie scherzend frägt, welchen von beiden sie zum Manne wünsche. Als sie antwortete: Beide, setzt Raba schnell hinzu: und ich möge der zweite sein. Und so erfüllte es sich auch. Doch kann an beiden Stellen angenommen werden, dass Raba, der jedenfalls jünger als Rammi b. Chama war, noch im Knabenalter stand. Wahrscheinlich war er mit Rabba, bei dem er, wie wir wissen, als Knabe lebte, nach Sura gekommen. In andern Fällen, wo ebenfalls durch die Annahme des Geburtsjahres 299 für Raba Schwierigkeiten entstehen, muss man רבא in רבה verbessern, so Beza

28 a אמ׳ ליה רבא; Erubin 43a קמיה דרבא בפומבדיתא ..., wo schon die Angabe in „Pumbeditha" für Rabba spricht; Joma 75b, die Nachricht vom Tode Chisda's.

Eine andere Schwierigkeit bildet die Erzählung in Kethub. 63a, wonach Raba's Sohn Josef (רב יוסף בריה דרבא) in's Lehrhaus Josef's in Pumbeditha geschikt wird, um daselbst sechs Jahre zu bleiben, aber schon nach drei Jahren zurückkehrt, von Heimweh getrieben. Raba aber konnte, wenn 299 geboren, selbst im Todesjahre Josef's 333, keinen erwachsenen Lehrhausfähigen Sohn haben. Es ist daher gerathen anzunehmen, dass hier gar nicht von Raba's Sohn, sondern von Josef, dem Sohne R. Abba's die Rede ist, der auch Schüler Schescheth's war, nach Erubin 7b, Baba Kamma 112 b.

www.ingramcontent.com/pod-product-compliance
Lightning Source LLC
Chambersburg PA
CBHW030307170426
43202CB00009B/911